U0925356

全球化经济合作学

俞剑平　编著

浙江大學出版社

图书在版编目（CIP）数据

全球化经济合作学／俞剑平编著．—杭州：浙江大学出版社，2001.10（2013.1 重印）

ISBN 978-7-308-02814-1

Ⅰ.全… Ⅱ.俞… Ⅲ.国际合作：经济合作－高等学校－教材 Ⅳ.F114.4

中国版本图书馆 CIP 数据核字（2001）第 073585 号

全球化经济合作学

俞剑平　编著

责任编辑　樊晓燕

封面设计　刘依群

出版发行　浙江大学出版社

（杭州市天目山路 148 号　邮政编码 310007）

（网址：http://www.zjupress.com）

排　　版　杭州中大图文设计有限公司

印　　刷　临安市曙光印务有限公司

开　　本　850mm×1168mm　1/32

印　　张　11

字　　数　276 千

版 印 次　2001 年 10 月第 1 版　2013 年 1 月第 8 次印刷

书　　号　ISBN 978-7-308-02814-1

定　　价　16.00 元

浙江大学出版社发行部邮购电话（0571)88925591

内容简介

本书主要探讨在全球化经济大背景下，如何有效地配置资源。围绕这一主题，本书就全球化经济合作的理论、技术资源、资本资源、劳动力资源、土地资源等在世界各国间的配置和重新组合，进行了系统的论述。

本书视角新颖，论证翔实，分析深刻，具有较强的理论性和现实感。本书每一章除正文外，都有学习目的、先行材料、关键词、小结、思考练习、综述材料、网址推荐等。本书主要针对我国高等院校经贸类专业的（远程、在校）本科生、研究生课程进修生、硕士研究生的教学要求而写，但在内容和形式上也兼顾了在职经贸类人员和其他对此学科感兴趣的读者的需要，阅读本书，均可获得一定的启示。

前　言

在人类历史上，自从有了国家，便有了对外经济联系。自第二次世界大战以来，世界各国的经济交往日益密切，全球化经济合作日益发展。经济学家们对于全球化经济合作产生的原因、理论、方式、效应等展开了争鸣，大大地推动了全球化经济合作学的研究，并使其成为一门主要学科。

本书是作者多年来在浙江大学对本科生、研究生的教学及研究成果的积累。在以往的教学过程中，师生共同感觉找一本相对合适的教材十分不易。为此，作者于20世纪90年代初开始着手依据本人教学经验和几年来为多家企业引进外资等工作实践及平时对全球化经济合作学的研习，编写讲义，希望能写出一部既能阐述全球化经济合作学的基本原理，又能反映我国国情；既便于教学，又可以自学之书。本书概念清晰、层次分明，是一本运用现代信息手段的全球化经济合作学教材。

本书在撰写和出版过程中，得到了浙江大学经济学院的领导、同事和朋友们的大力支持和帮助，我的研究生黄舜、谢华香等做了大量的资料收集、书稿整理等工作，其中，黄舜参与第八、第九章的初稿撰写，谢华香参与第十、第十一章的初稿撰写。因此，本书也包含着他们（她们）的辛勤劳动。全书由作者本人统一修改定稿。书中引用了不少领导同志、专家学者的重要参考文献，从中得到许多的启迪，汲取了不少的营养。在此，我谨向上述各位同志表示崇高的敬意和由衷的感谢！

由于本人才学浅薄，加之研究能力有限，难免有不妥之处。断流之水，可以鉴形；竹头木屑，曾利兵家。何幸如之，所谓河海一流，泰山一壤，盖亦欲共裨其高深耳。读者有云，其悯撰劳而赐之斧正焉，企予望之！

俞剑平

2001年9月于杭州玉泉　行一斋

目　录

第一章

全球化经济合作的资源探析

▶学习目的

1. 了解自然资源与社会资源
2. 了解资源与财富的转化途径

▶先行材料

全球化资源最优配置的典范——浙江省天荒坪抽水发电站

随着现代化的发展和人们生活水平的不断提高，先富起来的地区对电力资源的日消费产生失衡现象，每天用电的高低谷之差日趋增大。为解决这一问题，不少发达国家采用抽水发电的方法来避免电力资源的损失。我国的华东地区已出现类似现象。为此，有关电力部门决定在浙江省天荒坪建造抽水发电站。由于国内的技术设备还有待提高，如果采用现有的技术，设备利用率只能在50%以下。为了争取有效利用率在70%以上，该项目实施了国际招标，以便使世界上发达国家的技术为我所用。

清朝时帝国主义列强“八国联军”攻打我国，掠夺我国之财富。改革开放的今天，天荒坪抽水发电站为提高发电效率，引进了八国的先进技术，使“八国联军”为我所用。全球化的资源得到最佳配置，发挥出最大效益，可谓一个鲜活的案例。

▶关键术语

自然资源　社会资源　资源与财富的转化

第一节　自然资源和社会资源

全球化经济合作是建立在千变万化的全球资源基础之上的。所以，若要真正实现全球化经济合作，使其发挥最大效益，必须全面了解和认识资源。

对于资源，从不同的角度、根据不同的标准有着各种各样的分类方法。例如，按照生产要素的实物形态，可以划分为人力资源和物资资源；按照投入生产与否，可以划分为在用资源和待用资源；按照其来自地区之分，可以划分为国内资源和国外资源；按照资源的用途不同，可划分为生产资源和生活资源，也可分为农业资源、工业资源、服务性资源等等。而且，资源的划分还可以层层细分，例如，资源可划分为自然资源和社会资源，其中自然资源又可划分为可再生资源和不可再生资源，而其中的可再生资源还可划分为动物资源和植物资源……通常我们将资源分成以下几类：(1)按资源的根本属性的不同，划分为自然资源和社会资源；(2)按利用限度划分为可再生资源和不可再生资源；(3)按其性能和作用的特点，划分为硬资源和软资源。

一、自然资源

（一）自然资源的概念

自然资源是对具有社会有效性和相对稀缺性的自然物质或自然环境的总称。联合国出版的文献中对自然资源的涵义解释为："人在其自然环境中发现的各种成分，只要它能以任何方式为人类提供福利的都属于自然资源。从广义来说，自然资源包括全球范围内的一切要素，它既包括过去进化阶段中无生命的物理成分，如矿物，又包括地球演化过程中的产物，如植物、动物、景观要素、地形体、空气、土壤和化石资源等。"自然资源是一个相对概念，随着社会生产力水平的提高和科学技术的进步，先前尚不知其用途的自然物质逐渐被人类发现和利用，自然资源的种类日益增多，自然资源的概念也不断深化和发展。在国土开发利用中自然资源包括土地资源、气候资源、水资源、生物资源、矿产资源、海洋资源、能源资源、旅游资源等。

1. 土地资源

土地是地球陆地表面部分，是人类生活和生产活动的主要空间场所，"土地包含地球特定地域表面及其以上和以下的大气、土壤及基础地质、水文和植被，它还包含这一地域范围过去和目前的人类活动的种种结果，以及动物就它们对目前和未来人类利用土地所施加的重要影响"。土地是由地形、土壤、植被、岩石、水文和气候等因素组成的一个独立的自然综合体。土地资源数量有限，位置固定，随着生产和科学技术的发展，人类影响的程度越来越大，对土地资源的重要性也越来越为人们所认识。

2. 气候资源

气候资源是指地球上生命赖以产生、存在和发展的基本条件，也是人类生存和发展工农业生产的物质和能源。气候资源包括太阳辐射、热量、降水、空气及其运动等要素。太阳辐射是地球上一切生物代谢活动的能量源泉，也是气候发展变化的动力。降水是地球上水循环的核心环节，生命活动和自然界水分消耗的补给源。空气运动不仅可以调节和输送水、热资源，而且可将大气的各种组分不断输送扩散，供给生命物质的需要。

3. 水资源

水资源是指在目前的技术和经济条件下，比较容易被人类利用的补给条件好的那部分淡水量。水资源包括湖泊淡水、土壤水、大气水和河川水等淡水量。随着科学技术的发展，海水淡化前景广阔，因此，从广义上讲，海水也应算作水资源。

4. 生物资源

生物资源是指生物圈中全部动物、植被和微生物。生物资源的分类也是各种各样的，通常采用生物分类的传统体系，将生物资源分为植物资源和动物资源，在植物资源中又可以群落的生态外貌特征划分为森林资源、草原资源、荒漠资源和沼泽资源等；动物资源按其类群可分为哺乳动物类资源、鸟类资源、爬行类动物资源、两栖类动物资源以及鱼类资源等等。

5. 矿产资源

经过一定的地质过程形成的，赋存于地壳内或地壳上的固态、液态或气态物质，当它们达到工业利用的要求时，被称为矿产资源。其分类方法较多，一般多按矿物不同的物理性质和用途划分为黑色金属、有色金属、冶金辅助原料、燃料、化工原料、建筑材料、特种非金属、稀土稀有分散元素等8类。

6. 能源资源

能够提供某种形式能量的物质或物质的运动都可以称为能源。大自然赋予我们多种多样的能源，一是来自太阳的能量，除辐射能外，还有经其转换的多种形式的能源；二是来自地球本身的能量，如热能和原子能；三是来自地球与其他天体相互作用所产生的能量，如潮汐能。能源有多种分类形式，一般可分为常规能源和新能源，常规能源指当前已被人类社会广泛利用的能源，如石油、煤炭等；新能源是指在当前技术和经济条件下，尚未被人类广泛大量利用，但已经或即将被利用的能源，如太阳能、地热、潮汐能等。

7. 海洋资源

海洋资源是指其来源、形成和存在方式都直接与海水有关的物质和能量。可分为海洋生物资源、海底矿产资源、海水化学资源和海洋动力资源。海洋生物资源包括生长和繁衍在海水中的一切有生命的动物和能进行光合作用的植物。海底矿产资源主要包括滨海砂矿、陆架油气和深海沉积矿床等。海水化学资源包括海水中所含大量化学物质和淡水。海洋动力资源主要指海洋里的波浪、海流、潮汐、温度差、密度差、压力差等所蕴蓄着的巨大能量。

8. 旅游资源

旅游资源是指能为旅游者提供游览、观赏、知识、乐趣、度假、疗养、休息、探险猎奇、考察研究以及友好往来的客体和劳务。人们在旅行中所感兴趣的各类事物，如国情民风、山川风光、历史文化和各种物产等，均属旅游资源。旅游资源可分为自然旅游资源和人文旅游资源两大类。自然旅游资源指的是大自然造化出来的各种特殊的地理地质环境、景观和自然现象。人文旅游资源是人类社会中形成的各种具有鲜明个性特征的社会文化景观。

（二）自然资源的特点

1. 有限性

有限性是自然资源最本质的特征。资源的有限性有两个方面的含义：第一，任何资源在数量上是有限的。资源的有限性在矿产资源中尤其明显。由于任何一种矿物的形成不仅需要有特定的地质条件，还必须经过千百万年、上亿年漫长的物理、化学、生物作用过程，因此，相对于人类而言是不可再生的，消耗一点就少一点。其他的可再生资源如动物、植物，由于其再生能力受自身遗传因素的制约，受外界客观条件的限制，不仅其再生能力是有限的，而且利用过度，使其稳定的结构破坏后就会丧失其再生能力，成为非再生性资源。与其他有限资源相比，太阳能、潮汐能、风能等这些恒定性资源似乎是取之不尽、用之不竭的，但从某个时段或地区来考虑，所能提供的能量也是有限的。第二，可替代资源的品种也是有限的。煤、石油、天然气和水力、风力等资源都可用于发电，但总的来看，可替代的投入类型是有限的。例如，温室技术可替代土地资源而生产粮食，空间的利用可以替代工业及住宅用地的不足，但作为人类生存必须具有的淡水和氧气至今还没有找到可以替代的资源。

2. 区域性

区域性是指资源分布的不平衡，存在数量或质量上的显著地域差异，并有其特殊分布规律。自然资源的地域分布受太阳辐射、大气环流、地质构造和地表形态结构等因素的影响。因此，其种类特性、数量多寡、质量优劣都具有明显的区域差异，分布也不均匀，又由于影响自然资源地域分布的因素基本上是恒定的，在特定条件下必定会形成和分布着相应的自然资源区域，所以自然资源的区域分布也有一定的规律性。例如我国山西省煤炭资源的探明储量占全国总储量的27%以上，人们把山西比作“煤海”；长白山区林地面积和木材蓄积量分别占全国的11%和13.8%，人们把长白山比作“林海”。我国水资源南多北少；能源资源南少北多；水能集中在川、滇、黔、桂、藏五个省区；金属矿产资源基本上分布在由西部高原到东部山地丘陵的过渡地带。从世界范围来看，资源的分布也是不均匀的，探明储量约占世界总储量的58%的石油，集中在波斯湾石油沉积盆地，全世界煤炭总量的87%分布在美、中和前苏联三大国或地区。再例如，由于太阳辐射热量与地球表面的纬度呈递变规律，从赤道向极地依次为雨林、季雨林、常绿林、落叶阔叶林、针叶林等；随着水分循环的地域差别，从沿海向内陆分别为森林、森林草原、草原、荒漠等。

自然资源区域性的特点要求人类在开发利用资源方面应以因地制宜为原则，充分考虑区域、自然环境和社会经济特点，才能使自然资源的开发利用和保护兼有经济效益、环境效益和社会效益，为人类造福。

3. 整体性

整体性是指每个地区的自然资源要素彼此有生态的联系，形成一个整体，触动其中一个要素，可能引起一连串的连锁反应，从而影响到整个自然资源系统的变化。这种整体性，在再生资源方面表现得尤为突出。例如，森林资源除经济效益外，还具有含蓄水分、保持土壤的环境功能，如果森林资源遭到破坏，不仅会导致河流含沙量的增加，引起洪水泛滥，而且使土壤肥力下降，土壤肥力的下降又进一步促使植被退化，甚至沙漠化，从而又将使动物和微生物大量减少。相反，如果在沙漠地区通过种草种树慢慢恢复茂密的植被，水土将得以保持，动物和微生物将集结繁衍，土壤肥力将会逐步提高，从而促进植被进一步优化及各种生物进入良性循环。总之，各种资源在不同时间、空间条件下，是按不同的比例、不同的关系联系在一起，从而形成不同的组合结构，并构成不同的生态系统。自然资源的整体性要求对自然资源必须进行综合研究和综合开发。

4. 多用性

多用性是指任何一种自然资源都有多种用途，如土地资源既可用于农业，也可用于工业、交通、旅游以及改善居民的生活环境等。同一种资源可以作为不同生产过程的投入因素，不同的行业对同一种资源存在着投入需求；同一行业的不同部门以及同一部门的不同经济单位，甚至于同一经济单位的不同企业或同一企业的不同车间、班组或工序都会同时存在着对同一种资源（如电力）的需求。自然资源的多用性只是为人类利用资源提供了不同用途的可能性，到底采取何种方式来利用则是由社会、经济、科学技术以及环境保护等许多因素决定的。

资源的多用性要求在对资源开发利用时，必须根据其可供利用的广度和深度，实行综合开发、综合利用和综合治理，以做到物尽其用，取得最佳效益。

（三）自然资源与经济发展的关系

1. 自然资源是经济发展的基础

经济的发展需要依赖于自然物质和能量的不断供应，而且这种依赖性随着世界人口的增长及人民生活水平的提高日益加强，经济的发展是以自然资源消费量增长为基础的。例如，从 1990 年国民生产总值看，美国、日本、原苏联、原联邦德国、法国、意大利、英国、加拿大、巴西和中国依次为前十位的经济大国，对十国的能源、矿产资源的生产和消费的分析表明，这些国家经济的增长是建立在对资源的大量消耗的基础上的，要想成为经济大国，必须得到充足的资源。从生态经济观点来考虑，人类社会对自然资源的需求，不仅是指维持人类种群繁衍的物质生活享受，还包括精神文化生活需求和维护生态环境需求。在原始社会时期，人从自然环境中取得维持生存的天然资源，基本上依赖于自然界的恩赐就能满足人类有限的需求。但随着人口的增长，对自然资源的需求量增大，到了 18 世纪中叶，人口剧增，生产力迅速发展，导致人类以掠夺式开发利用自然资源，生态环境质量下降，人地矛盾加剧。尤其是第二次世界大战以来，世界人口急剧增多，社会生产力迅猛发展，人类以牺牲自然资源为代价来换取经济繁荣，生态环境加速恶化，自然环境所能提供的资源难以满足日益增长的人口的需求，从而严重地影响着世界经济与社会发展，甚至威胁着人类的生存。从 20 世纪 70 年代开始，北美、西欧一些国家出现石油危机，生产下降，世界经济曾一度萧条，失业率普遍上升。科学技术的发展使人们以种种说法来显示当代的特征——“信息时代”、“资源是从人的头脑中开发出来的时代”等。资本的内涵也由此得到扩展，“信息资本”、“知识资本”、“人力资源”……并要人们相信，有了资本、技术、知识、信息，便会有经济的大发展。资源，特别是自然资源在经济中的重要地位，则进一步淹没在“信息社会”、“知识爆炸的时代”之中，但是我们应该看到，自然资源是“米”，资本、知识、信息、技术等是“巧妇”，没有自然资源只能是“巧妇难为无米之炊”。

2. 只有合理开发和利用自然资源，才能保证经济的持续发展

对可持续发展的概念，Geerling 等生态学家认为是“自然资源及其开发利用之间的平衡”；经济学家 Edward B. Barbier 在 1985 年将可持续发展定义为“在保持自然资源的质量及其所提供服务的前提下，使经济发展的净利益增加到最大限度”。可见，没有自然资源的合理开发利用，根本就谈不上可持续发展。我国在当前以及今后相当长的时期内，都要以经济建设为中心，以实现到 21 世纪中叶达到中等发达国家水平的战略目标。要想实现这一宏伟目标，我国的经济必须以较高的速度发展，这是我国实现可持续发展的前提，这就必然要消耗大量的资源。但按照现在的高投入、高消耗、低效益、高污染的传统发展模式，不可能顺利实现这一目标。要实现这一目标，必须要实现经济增长方式的根本转变，从粗放型向集约型转向，即从“忽视技术和管理，依靠大量低效率地消耗各种资源来实现经济的增长”向“依靠提高资源配置效率和利用效率来实现经济的增长”转向。

二、社会资源

（一）社会资源的概念

社会资源是指自然资源以外的其他所有资源的总称，它是人类劳动的产物。社会资源包括人力资源、智力资源、信息资源、技术资源和管理资源。

1. 人力资源

人力资源以人口为自然基础，指人口中那些已经成年并且具有和保持着正常劳动力的人，它是由一定数量的具有劳动技能的劳动者构成的。人力资源的质和量的规定性包括两个方面：一是作为劳动者的人的数量，二是劳动者的素质。一定数量的人力资源是社会生产的必要的先决条件，但经济的发展主要靠人口素质的提高，人力资源的质量在经济发展中将起到越来越重要的作用。

2. 智力资源

智力资源是近年来一些学者提出的一个新观念。他们认为在以物质形态存在的资源（第一资源）和知识形态（知识资源或称第二资源）之外，国家还拥有一种“智力资源”。智力资源主要指开发创造知识资源、开发利用物质资源的科技队伍和管理队伍。

3. 信息资源

信息资源是指可供利用并产生效益的一切信息的总称，是一种非实体性、无形的资源，普遍存在于自然界、人类社会和人类的思维领域之中。随着人类社会的发展，面对新的技术革命，社会将从工业化社会转入信息社会(或称知识、智力社会)。信息作为一种重要的资源，对促进现代社会生产和科技发展以及人类的认识过程有着极其重要的意义。现代工业社会正面临一场以扩展和延长人类信息功能为目标，以信息化、智能化、综合化为特征的信息革命，利用现代信息科学和信息技术对信息进行获取、传递、交换、存储、检索、更新、处理、分析、识别、判断、提取和应用，是信息资源开发、管理和利用的主要内容。信息资源可分为数量信息及质量信息，直接信息及间接信息。信息资源还有其他分类方法。

4. 技术资源

技术资源是指人们可用于创造社会财富的各种现实技术和潜在技术。现代科学技术已成为推动生产力发展的第一要素资源，也是实现资源生态经济发展的第一要素资源。

5. 管理资源

管理资源是对管理在经济增长与社会发展过程中所起作用的比喻，当其与人力、物力、财力等资源相结合的，将显示出重要作用。因此，它是与人力资源、物力资源、财力资源并列的一种资源。

(二) 社会资源的特点

1. 易变性

易变性是社会资源最大的特征。社会资源不像自然资源那样相对稳定，由于受不同历史时期生产关系和生产力发展水平的影响，社会资源容易变化，在人类不断创新和扩展科学技术知识、劳动技能、生产科研设备和经营管理技术及各种经济技术信息的情况下，使各种社会资源也得以更新和扩展，而且更新的速度较快、周期较短。通常对社会资源的改造也较自然资源容易得多。

2. 不平衡性

社会资源发展和分布上的不平衡性是由自然资源分布的不平衡性、政治和经济发展的不平衡性以及投资政策、资金政策、教育政策、科学技术政策、产业政策、经济管理体制、经营管理方式等因素直接或间接影响决定的,在经济技术基础较好的地区,经济资源、智力资源、信息资源、技术资源等相对较多,也较集中,反之则较少和分散。

3. 社会性

人类用以创造社会财富的劳动资源、智力资源、技术资源、经济资源和信息资源,无不是在一定的社会活动中造就出来的,一切社会资源都是社会劳动的产物,在各个不同的社会阶段,具有不同的种类、数量和质量的社会资源,而且不同的历史年代,不同的民族、文化,不同的外界条件,不同的社会活动方式,都会形成不同种类、数量、质量的社会资源。社会资源的社会性还突出地表现在:它们没有疆界,不分民族种族,谁都可以掌握并用来创造新的社会财富。

4. 继承性

社会资源的不断积累、发展、壮大,一方面来源于人类在现实生活中对社会资源的不断更新、扩展,另一方面,也是更重要的一方面,是来源于对前人已有社会资源的继承,一切发明创造不仅需要有现实生活、生产、科学实验上的丰富经验,更多的是在接受前人的经验教训和基本知识的基础上才能实现。没有这种继承,仅凭个人的实践,所能获得的知识和财富是极为有限的,甚至不足以使人类生存下去。例如,人类自从学会了劳动的技能,这种学会劳动的因子就通过遗传物质一代一代地传下来,同时人们在成长过程中,又通过学习,在获得前人已经积累起来的科学技术知识的基础之上,去获得新的劳动技能和知识,进而不断创造新的知识和技能，使人类社会、经济不断发展，科学技术水平和文化生活水平不断提高。

第二节　资源与财富的转化途径分析

一、资源财富化的历史演变

人类社会的发展史，是资源财富化的历史。从资源财富化的历史演变过程来看，农业文明的辉煌就发生在中国。从公元前3世纪起，中国以农业为中心的科学技术逐步取得了世界领先地位，进入了农业经济发达的封建社会，可以说，中国就是世界农业文明的中心。中国传统农业中有南方稻田多熟制、北方轮作复种和间作套种制度、水旱轮作田的耕作体系等精耕细作制度，其实质是一个综合利用自然资源的农业生态体系。中国农业文明持续千年的繁荣与辉煌，原因就在于有当时先进的科学技术做坚实的后盾。正如李约瑟博士在《中国科学技术史》中所说的："在3～13世纪，中国保持了一个让西方望尘莫及的科学知识水平。"在人类进入工业文明社会的200多年时间内，生产了农业文明社会不可比拟的物质财富，而且这种生产发展，具有加速度的性质。工业文明带来的财富增长，加快了世界经济的全球化进程，促进了国际分工的扩大和深化，使国际分工越出了国界，极大地影响了世界资源的分配和利用，世界经济越来越趋于外向化、全球化。从资源开发利用、资源与财富转化的趋势看，世界产业结构正在发生巨大变化；从资源开发利用范围和程度看，近半个世纪以来，发展中国家的经济增长已有所好转。

二、资源与财富的转化途径

资源的财富化得以实现的前提是以科学技术为标志的生产力

水平的发展与提高，其模式为：资源—科学技术—财富，即以科学技术为中介，实现由各种自然资源相互作用而体现出来的自然生产力和社会生产力的有机结合。科学技术的每一次重大突破、重大进步、自然资源开发利用的规模和程度、自然力转化为现实生产力的力度和广度都得到迅速扩大和提高，推动物质财富的迅速增长。

1. 改造性的转化利用

传统农业文明的发展，是改造性的转化利用方式。传统农业生产力的资源利用方式，包含了许多资源与财富转化利用的科学性。我国有机农业就是传统农业的精华，其地力常新，经数千年而不衰，是世界农业的一个奇迹。刘光辉等将传统农业生产力的主要特征概括为以下 5 点：(1)合理用地，积极养地，用养结合，“地力常新”；(2)因时、因地、因物制宜，增施有机肥；(3)宜农则农，宜牧则牧，宜渔则渔，农牧结合，多种经营；(4)充分利用各种资源，采用多种种植制度，“桑基渔塘”，种养结合，扩大物质能量转化的范围和效率；(5)精耕细作，选育优良品种，综合防治病虫害，保护和利用自然资源。由上可见，我国传统农业生产在充分利用自然资源的同时，对自然资源注重保护和管理；在扩大社会生产力的同时，注重科学技术的应用。传统的农业生产开始从依附自然走向积极地干预自然，有目的地利用资源生产人类所需要的物质财富。从更深层意义上讲，传统农业的改造性利用方式所体现出的在利用自然资源中适应自然的思想，至今仍有重大的理论和实践价值。

2. 掠夺性的转化作用

科学技术的不断突破，进一步提高了人类开发利用自然的能力，加大了开发利用的广度和深度，其利用方式也发生了根本性改变，走向了掠夺性的利用方式。与传统农业改造性利用方式相比，现代掠夺性利用自然资源的方式具有明显的经济主导型特征，其影响的范围、程度遍及全球。这种利用方式，是出于完全的人类中心主义，将人类凌驾于自然之上，成为大自然的独裁者。它忽视了资源是在生态经济系统中相互联系、相互制约从而共同构成一个有机整体的整体性，其结果造成资源质量的严重下降，使整个自然资源系统的结构和功能失调，系统产生了质的变化。另一方面，现代生产过程产生的废弃物排放到自然系统，污染和破坏了水资源、土壤资源等，使其失去了使用价值，也就相当于在原来开发利用量的基础上再加上一个增量。现代科技推动了生产力的迅速发展，人类完全摆脱了对自然的依附，对自然的改造性、适应性演化为对大自然的掠夺式的征服。突出地表现在：(1)人类对自然资源的利用领域，从土地、自然界延伸到整个生物圈，继而延伸到宇宙空间，同时也把污染扩大到了宇宙空间；(2)从横向来看，对自然资源的利用已跨越了国界，发达的资本主义国家利用其强大的经济实力，一方面向发展中国家掠夺资源，另一方面又向发展中国家转移污染，使资源全球共享缺乏公正性；(3)极大地加速了自然资源在生产过程中的消耗速度；④掠夺式的资源利用方式，使人类在获得物质极大满足的同时，也把人类自己推向了危机的边缘，迫使人类共同努力寻求解决资源与财富、环境与发展相互协调的新途径，寻求有效的资源利用与转化方式。

3. 协调性的转化利用

以信息科学技术、生命科学技术、新能源与可再生能源科学技术、有益于环境的高新技术、新材料科学技术、空间科学技术、海洋科学技术以及软科学技术为标志的新技术革命正在兴起，知识经济时代已经到来。在知识经济时代，在对资源利用的时候，必须充分利用新的科学技术知识来考虑利用层次的问题、各类资源的相互关系问题；在对不同种类的资源进行不同层次的利用的时候，又必须考虑地区配置和综合利用问题。科学技术的新突破，人类对自然资源的认识观念有了创新，资源利用中的一些概念也有了新的质的规定性，因而资源利用的新途径也会产生根本性的变革。协调性的转化利用方式，是以智力劳动为主的，生产力的结合将是一种自觉的结合。新的科学技术的发展，将从根本上改变人与自然的关系，改变资源与财富的转化利用方式，从而也从根本上改变生产力的构成及其对自然资源的利用途径。

▶本章小节

本章的先行材料用浙江天荒坪的例子来说明了资源如何在全球范围内进行有效配置。通过这个材料，我们逐一揭示了自然资源与社会资源的区别以及资源转化为财富的途径。

▶思考练习

1. 按照资源的利用限度可以把资源分为　　(　　)

   A. 自然资源和社会资源。

   B. 可再生资源和不可再生资源。

   C. 硬资源和软资源。

   D. 工业资源和农业资源。

2. (复选)在社会主义社会，财富主要表现为　　(　　)

   A. 劳动资料。

   B. 劳动对象。

   C. 商品储备。

   D. 参加生产过程的自然资源。

   E. 非生产部门的建筑物和设备。

3. 试述中国在利用资源过程中存在的问题。

▶综述材料

中国主要资源的保证程度

资源保证程度包括两个方面:一是在适当开采强度下的服务年限;二是对远景社会经济发展需求量的满足状况。根据已探明的资源及中国的经济技术条件,中国主要资源保证程度(何希合等,1997)可划分如下:

1. 非再生资源的保证程度

(1)保证程度高的。此类资源一般探明储量丰富,预测远景储量大,矿石质量较好,可充分满足国民经济长期发展需要,并可适量出口。此类资源主要有煤、钨、锑、汞、锡、铅、锌、钒、钛、稀土、石墨、滑石等。钨、锡、锑等是中国传统出口矿产,锌、钒、钛、稀土也可望在国际市场上占有重要地位,该类矿产中有不少属战略资源,考虑中国是个发展中国家,未来的经济发展对战略资源的需要,中国必须进行必要的国内储备。

(2)保证程度中等的。此类资源比较丰富,能自给或基本自给,但不同程度地存在质量问题或开采难度大的问题。如铁、锰、铜、铝、镍、云母、石棉、磷、硫铁等。

(3)保证程度低的。此类资源探明储量不多,但远景储量较好,只要加强地质工作,增加资源储备,可望满足或基本满足社会经济长期发展的需要。此类资源有石油、天然气、铜、铬等。

(4)保证程度差的。此类资源探明储量少,远景储量不明,开发利用条件较差。这类资源有铬、铂、金、金刚石、钾盐等,目前和将来都不能满足发展的需要,因此必须通过进口解决。

2. 再生资源的保证程度

(1)耕地。1992 年中国耕地为 9542.58 万公顷，至 1996 年底减少 45.5 8 万公顷。中国耕地经过了稳定增加到稳定减少的历史过程，近 10 多年来减少的势头有所缓和。由于大规模的基础设施建设，交通线路的开辟，农村城市化，大中城市设立开发区，减少了耕地面积，使粮食生产不足。1996 年中国进口粮食 1223 万吨，其中小麦 825 万吨，总额为 29.54 亿美元；出口粮食(大米小麦)198 万吨，金额为 6.85 亿美元。中国 1998 年还有 5000 万人处于贫困线以下，而大都市人均年综合消耗粮食已接近 1 吨。由此可见，中国人地矛盾将日趋突出。

中国粮食播种面积已经降至 1.1 亿公顷警戒线以下，待开发潜力只有两方面：一是中低产田和三荒地改造；二是粮食贸易。中国中低产田占耕地 71.26%，如能将中低产田全部初步改造一遍，一年可增加 1 亿吨粮食，扣除损失和种子用粮，将解决相当于 2 亿人口用粮；中国有荒山、荒地和荒滩 0.687 亿公顷，也有相当大的潜力。不过以上潜力的挖掘需要相当大的投资和相当长的时期才能实现。另外，中国同世界的粮食贸易的发展可间接地利用国外耕地资源，预计近期最大贸易量可达 1500 万吨。

(2)森林。1992 年中国森林面积居世界第五位，覆盖率居世界第二十九位，林木蓄积量为第六位。木材需求量与人口总量、基础设施建设、生活水平提高参数紧密相关。中国是世界上人口最多的国家，近年来，国民经济发展迅速，人民生活水平显著提高，造成了木材需求直线上升。长期以来，中国森林一直处于“赤字”运行状态，在相当长的时期内仍将满足不了需求。由于林业管理和开发利用的逐步加强，近年木材生产和供给结构格局基本维持平衡，扩森林面积的能力、开源节流的能力和木材综合利用的能力将继续得到提高。到 2010 年以后，中国森林资源有可能保持自给。

(3)草地。草地资源是放养畜牧业的物质基础。中国有草地面积 4.0 亿公顷,可利用面积 3.13 亿公顷,可利用率为 78.33%。1996 年中国生产牛羊肉共 734.9 万吨,奶类产品 735.8 万吨,二者中有一定比例的产品不是来自草地畜牧业。中国由于耕地短缺,森林资源不足,预计将来有一部分草地将用于耕地开垦和发展林业及混农林业。由于人口增加和生活水平提高给耕地带来的压力,加上人们食物结构的改善,对肉类、奶类的需求增长,草地畜牧业不可能满足需要。亚热带热性灌木草丛区、热带和南亚热带稀疏灌木草丛区将有一部分用来发展经济林木和果树,一部分将用来发展旱作农业,良好的草山坡更趋于集约化畜牧业生产。温带草原、草甸和荒漠区利用强度有所加大,但同时也有荒漠化、草地退化等的威胁。到 2010 年,中国草地面积将减少 7 000 万公顷左右,草地畜产品将有一定量缺口。

(4)水资源。中国水资源总量较大,但人均、地均水量较少,特别是时间分布极不均衡,更加剧了供求矛盾。长江及其以南地区水资源丰富,利用率低;北方水资源少,而且大量超采地下水;东部沿海用水较多,但利用程度低;西北水资源极为短缺;西南水资源丰富,但利用难度大;中国城市,特别是大中城市普遍面临着缺水问题。要保证中国的水资源供给,主要靠大江大河拦蓄、区域调水、治理污水、提高渠系水利用率和海水直接利用和淡化及生产布局调整。若这些措施得到全面实施,中国东部沿海、华北和西北缺水将得到很大程度的缓解。

(5)水生资源。水生资源是保持和改善人民生活水平的重要的物质来源。在中国,海产品甚至成了衡量生活水平高低的一个重要标准。中国有淡水总面积 1747 万公顷,可养殖面积为 675 万公顷。1996 年养殖面积为 467 万公顷,淡水水产品产量为 1275.2 万吨;有海洋面积 4.73 亿公顷,可养殖面积(包括滩涂)为 502.01 万公顷，已养殖面积为127.2万公顷，海水水产品产量为2012.8万吨。1996年水产品总量为3288万吨。淡水水面还有30.81%的潜力，海水水面还有74.46%的潜力，可见海淡水水产生产有巨大的潜力，特别是海洋和远洋渔业的发展，可望极大地提高中国水产品产量。由于水产品被视为一种保持和改善人民生活水平的物质资源，难以预测其保证程度，不过发展水产业可以大量节约粮食、肉类等食物消费，间接地缓解人与耕地和草地的矛盾。

▶网址推荐

到联合国技术信息促进系统 www.tipsonline.org.cn 去了解国际经济合作和资源方面的内容

到国际经济贸易干部管理学院 www.moftec.gov.cn 去查找有关资源的内容

到中国国际经济技术交流中心 www.cicete.org 去了解中国利用本国资源参与国际经济合作的情况

到国际贸易经济合作研究院 www.caitec.org.cn 去了解中国利用本国资源参与国际经济合作的情况

第二章

全球化经济合作的理论分析

▶学习目的

1. 了解全球化经济合作的基本概念
2. 了解对外开放理论的哲学思考
3. 掌握邓小平的对外开放理论及其重大意义

▶先行材料

二战后对外开放理论的发展与变化

第二次世界大战后有关对外开放理论的发展和变化，与世界政治经济形势的发展和变化有着紧密的联系。第二次世界大战以后，世界政治经济形势发生了一系列重大的变化：一方面，随着中国和东欧、亚洲一系列国家获得解放，走上了社会主义发展的道路，大批殖民地和附属国挣脱了帝国主义的殖民锁链，取得了政治独立，成为发展中国家，使帝国主义为所欲为的时代成为过去，不得不重新调整其经济战略；另一方面，随着新技术革命的兴起，生产力迅速提高。现代化交通运输和通讯联络工具的不断推广、新兴工业部门的不断涌现、新产品的不断开发、国际分工的不断变化，使生产国际化的趋势越来越明显。生产国际化的扩大导致了市场国际化的扩大，市场国际化的扩大又推动了资本国际化的发展。不论是资本主义国家、发展中国家还是社会主义国家，统统被卷进了世界经济的密网之中。因此，尽管战后国际关系十分错综复杂，各种矛盾比较尖锐，但国家(地区)之间的经济技术联系却在日益密切地发展。世界经济的发展，国际经济活动规模的空前扩大，客观上需要有一些新的理论来解释它的原因、特点、变化以及相互间的影响。战后有关对外开放的理论就是在这样的历史背景下不断演变和发展起来的。

战后有关对外开放理论的研究和探讨十分活跃，出现了许多从不同角度和范围，用不同的方法来解释、论证国际经济活动的理论和派别、如相互依赖理论、科技贸易理论、国际贸易与经济增长理论、国际贸易乘数理论、国际贸易资本移动理论、跨国公司理论、发展经济学理论、对外直接投资理论、国际经济一体化理论等等。这些理论和派别一般都与古典学派或战前的其他理论派别或多或少有着这样或那样的联系，但在广度和深度上都有新的发展与变化，具有鲜明的时代特点。

▶关键术语

全球化经济合作的基本概念　哲学思考　耗散结构论

混沌理论　邓小平的对外开放理论

第一节　全球化经济合作的概念、对象

一、定义

全球化经济合作(GEC——global economic cooperation)是指世界各个主权国家、国际经济组织和超越国家界限的自然人与法人,基于平等互利的原则,在生产领域内,通过各种生产要素的相互转移而展开的较长期的经济协作活动,包括资本、技术、劳动力、土地资源等各种要素的国际间转移与重新配置的经济活动。

二、含义

根据这个定义,可以看出全球化经济合作具有这样几个方面的含义:

第一,全球化经济合作的主体是不同主权的国家(地区)、国际经济组织、各国的企业,以及它们之间超越国家的自然人、法人(包括地方政府、经济组织机构、企业)的经济协作。所涉及的政、文、法、管等远比国内经济协作复杂。

第二,全球化经济合作的原则是平等互利。合作各方均为平等,不同于历史上的宗主国对殖民地附属国的经济。

第三,全球化经济合作主要是在生产领域进行。从以往发生在流通领域的国际经济联系方式已经不适应科技进步和生产力的需要了。以全球化的生产资源的最佳配置才能适应现代化的大生产要求。当前,全球化经济合作的范围已向第三产业发展。

第四,全球化经济合作的内容是不同国家的生产要素的优化组合。各国必定有其优势生产要求,只不过是量和质的差异,通过

合作，才能产生效益，发展生产。

第五，全球化经济合作是较长期的经济协作活动。有的项目长达数十年，有的甚至达九十多年。

学科研究对象的确定是学科建设的重要理论根据。要创立一门新学科，首要任务是明确该学科的研究对象。根据全球化经济合作的定义，生产要素的全球化移动和重新组合配置是全球化经济合作的实质内容。所以，我们应当以生产要素在国际间的移动和重新组合配置为对象，研究以各种形式出现的生产要素移动的规律和在这一领域进行全球化经济协调的有效机制。

生产要素是指具体的生产过程得以正常进行所必需的各种物质条件和非物质条件，而这些条件随着全球化经济合作实践的发展而不断发展；各条件在其合作过程中的作用大小亦在不断变化之中；新的条件在不断出现和发展壮大。

目前对生产要素的类型和种类划分，学术界从各自的观察角度和不同层面去分析，产生了不同的划分标准，但比较通行的做法是根据其要素在生产过程中的职能将生产要素划分为资本、技术、劳动力、土地、管理、信息、旅游等种类。生产要素的全球化移动包含着如下几层意思：第一层意思，是指以全球化经济合作形式出现的生产要素在国家间或区域组织间的直接移动与重新组合配置；第二层意思是以商品为外化形态在全球间所展开的间接移动；第三层意思是指各要素有时是交叉重叠和直接间接的多元立体转移，而近年来这种形式呈主要发展趋势。

当前，本学科主要研究第一层和第三层含义上的生产要素全球移动，揭示其动因，分析其带来的各种经济效益和一定的社会效益，研究其要素移动的形式、格局、规律，以及加速世界经济、科技等发展的作用，比较各国对参与其活动的政策和影响，研究全球经济协调的机制和进行全球经济协调对生产要素等全球移动所产生的积极意义。

第二节　全球化经济合作的哲学思考

全球化经济合作的创建与发展离不开哲学思想的指导,而全球化经济合作的实践又为理论发展提供了条件。

一、一般系统论

贝塔朗菲从生物学和生命现象出发,研究了有机体开放的系统模型,提出了具有普遍意义的"一般系统论"。他指出了系统的开放性、整体性、目的性、动态性、有序性和有机关联性等等。他定性地说明了这些观点,也曾努力地用定量方法描述,以便使一般系统论成为一门逻辑的与数学的科学,但没有成功。

贝塔朗菲的一股系统论是从用一般形式的微分方程定义的系统出发阐述关于系统的普遍原理的。但只是从形式上给出了系统的微分方程模型,没有给出建立这种方程模型的方法;只是定性地分析系统的演化行为,没有给出一般性的结论和可操作的方法。

因此,从哲学的系统观点和思辨的角度来说,对全球化经济合作系统的研究具有指导性的意义。

二、控制论

维纳把生物学、生理学和行为科学与机器控制中的伺服系统理论相结合,把"在动物和机器中控制和通讯的科学"定义为控制论。反馈的概念是维纳控制理论的核心,通过反馈发现行为与目标的偏差,根据偏差调整行为来达到目的。根据应用领域的不同,控制论又逐渐形成工程控制论、经济控制论、生物控制论和社会控制论四大分支。

三、耗散结构论

普利戈金研究偏离平衡态的热力学问题，发现了远离平衡态的稳定结构，提出了耗散结构理论。耗散结构理论揭示了宏观系统运动的规律性，即只要系统是开放的，则必然会与外界发生能量、物质和信息等的交换，这种交换使系统的熵不断减少，从而导致系统由无序演化为有序。他还提出了基于耗散结构的自组织理论，揭示了自然界从低度有序向高度有序演化的规律性，这种自组织现象可以推广到生物科学和社会科学领域。

四、协同学

哈肯通过对激光的研究总结出一般性的结论——协同导致有序，从而创立了协同学。协同学中除了很多概念和耗散结构理论是一致的以外，指出平衡态的结构不一定是无序结构，不远离平衡态也可出现有序结构。当子系统之间没有形成协同时，系统呈现不出整体性质，系统是无序的。当子系统之间形成协同时，系统就呈现出一定的有序结构。另外，协同学还提出了用于简化模型的序参量和支配原则。协同学对于建立方程模型、进行稳定性分析、描述系统演化行为和阐明自组织机制等方面，都有严格的分析和论证，较一般系统论和耗散结构理论的定量化程度要高。

全球化经济合作发展系统是复杂巨系统，如果从定量的角度进行分析，势必要用大量的变量和数据进行描述。由大量变量和数据构造出的系统模型不仅大大增加了系统的复杂性，很可能系统模型的演化反而偏离客观实际，反映不出系统的主要特征。协同学的序参量和支配原则对减少变量和数据、简化模型、反映系统主要特征方面对可持续发展研究是很重要的。

五、突变论

托姆在奇点理论的基础上创立了突变论。经典的微积分方法主要是对连续性现象进行定量分析，而自然界中存在很多不连续现象，突变论就是研究这种过程本身是连续的，而连续的原因造成不连续结果的现象及其数学解的理论和方法。托姆用微分拓扑方法证明，若一个系统的控制变量不大于 4，状态变量不大于 2，则系统有 7 种突变类型。突变论提出了结构稳定性和运动稳定性的区别，这在研究系统演化行为时是有重要意义的。因此，突变论在物理学、生物学和经济学方面都取得了很多成果。

突变论是一种定性理论，很多情况下不能给出精确的定量结果，通常要在严格的约束条件下才能求出突变论的结果。另外，突变论主要适于处理简单的有势系统，对复杂系统则力不从心，这就限制了它的适用范围。对于全球化经济合作系统研究来说，从哲学角度讲，在持续发展的过程中，必然会产生各式各样的突变现象。

六、超循环理论

艾根在快速化学反应的研究中，通过对生物体内化学反应和生物分子演化的研究，创立了具有普遍意义的超循环理论。超循环理论认为，只有通过复杂的循环和所谓超循环，才有可能实现蛋白质和核酸的相互作用，因此超循环是生命的起源和生物进化之本。艾根把超循环的概念推广到研究整个自然界的演化行为，认为自然界的各种现象都是通过超循环的形式进化和发展的。超循环理论研究非平衡态系统的进化和演化行为，因此属于自组织理论。

超循环理论也从动力系统的研究出发，使用了微分方程模型、稳定性理论和计算机仿真等，但给出的数学模型比较简单，不足以描述复杂巨系统的全部演化行为。超循环理论的有些提法也还处于思辨和假说范畴，不能指导解决实际应用问题。

超循环理论对自然现象以超循环的形式进化和发展的概念、系统内各种子系统之间的复杂的相互作用以及竞争和协同和在整体上是以循环的形式表现出来的观点，对全球化经济合作发展系统的建模是极为有益的。

七、混沌理论

混沌理论是很多科学工作者在不同的研究领域发现、提出和发展起来的。混沌理论指出，非线性动力学系统经过长时期的演化后，可能会出现混沌。系统出现混沌的主要特征包括：系统对初始值具有敏感性；系统的长时期演化行为具有不确定性；确定性的系统中可以产生非确定性的结论（即从有序到无序，而前述各种理论主要研究从无序到有序），在确定性与随机性之间建立了桥梁。混沌理论认为，系统内因是系统存在演化的根据，外因是变化的条件，外因通过内因而起作用。在一定的条件下外因会起重要的作用，但系统行为的发生与发展主要取决于系统内部的固有特性。一个线性系统对初始值是不敏感的，而一个非线性系统则可能对初始值敏感，这仅取决于系统的内部结构和参数。

全球化经济合作系统是包含大量非线性因素的系统，而非线性是产生混沌的根本所在。因此，全球化经济合作系统有可能发生混沌，但系统形成混沌是经过长时期演化后而造成的，对全球化经济合作系统定量研究时，关心的是系统是否会形成混沌，在什么情况下、什么时候形成混沌。混沌理论也是一种自组织理论，它的自组织是通过非线性演化方程的迭代实现的。如果能恰当地构造非线性演化方程，通过对方程进行反复迭代来描述系统未来一个时期的演化行为，可能为混沌理论的应用，为揭示复杂巨系统内在的本质和对管理系统的模拟开辟一个新的领域。

八、神经网络

自从 Culloch 和 Pita 提出了神经元的数学模型，Hebb 提出了学习规则，就兴起了对人工神经网络的研究，许多学者为此开展了多方面的探索，取得了很大的进展。从方法论讲，人工神经网络具有自学习和自组织能力，具有大量可调参数和高度非线性并行计算能力，它允许输入数据不太准确，允许对系统模型的公式化表示不清楚，因此国外一些学者把经济预测问题转化为模式识别问题，通过模拟人脑思维提高预测能力。例如 TKIMOTO 等研制的 TOPIX 系统，基于模块化神经网络做股票价格预测，效果较好。而模糊逻辑与人工神经网络相结合的神经模糊系统则更接近真实的人脑思维，更具有处理一般性问题的能力，使预测效果更好，国外一些学者也在做这方面工作。

现阶段设计神经网络的基本准则是：要求神经网络做那些人已经了解的工作，或者是用大量的已知数据对神经网络进行有效的训练。神经网络的学习功能从原则上说可分为有指导性的学习和无指导性的学习两种，但目前实际应用的还都是有指导性的学习。对缺乏统计数据和先验经验的系统的未来一个时期的演化行为（全球化经济合作系统演化行为的定量研究）问题，无法对神经网络进行有效的训练。

第三节　邓小平的全球化理论

邓小平的全球化理论主要贯彻在他的对外开放思想中。邓小平的对外开放思想，是他提出的建设有中国特色社会主义基本理论的重要组成部分。他运用马克思主义历史唯物主义和辩证唯物主义的观点，从社会经济发展的一般规律和中国的国情出发，阐述了我国社会主义现代化建设实行对外开放的必要性和必然性，得出了中国的发展离不开世界的科学结论；他解放思想，开阔思路，有创见地提出了实行全面开放，加快我国社会主义现代化建设进程的许多重要思想和主张；他还明确提出了在对外开放中必须坚持社会主义方向的重要原则。邓小平的对外开放思想，集科学性、实践性、针对性于一体，形成了一套适合中国特点的社会主义对外开放理论体系。

一、邓小平对外开放思想的主要内容

1. 中国的发展离不开世界，必须实行对外开放

邓小平说："中国的经济开放政策，这是我提出来的。"(《建设有中国特色的社会主义》增订本，第 65 页)为什么要提出这一政策呢？邓小平从人类社会历史发展的规律，从历史的经验教训，从中国的具体国情等方面作了系统的阐述。

(1) 邓小平从社会历史发展规律的高度，阐述了对外开放是人类社会发展的必然规律的思想，得出了中国的发展离不开世界的科学结论。这一结论，是邓小平精辟分析当今世界形势和当今时代特点的结果，它符合马克思主义的基本原理，是邓小平整个对外开放思想体系的重要基石。邓小平指出："现在的世界是开放的世界。"(《建设有中国特色的社会主义》增订本，第 54 页)"任何一个国家要发展，孤立起来是不可能的，……不开放不行，不加强国际交往不行。"(《建设有中国特色的社会主义》增订本，第 105 页)他还指出我们必须"尊重社会发展规律"，(《建设有中国特色的社会主义》增订本，第 105 页)实行对外开放。他认为："任何一个民族，一个国家，都需要学习别的民族、别的国家的长处，学习人家的先进技术。我们不仅因为今天科学技术落后，需要努力向外国学习，即使我们的科学技术赶上世界先进水平，也还要学习人家的长

处。”(《邓小平文选》第310页)

(2) 邓小平在总结我国历史经验的基础上,明确提出了闭关自守是使中国长期处于停滞和落后状态的一个主要原因的重要思想观点。他认为,关起门来搞建设是不行的,“我们吃过这个苦头,我们的老祖宗吃过这个苦头。明成祖死后,明朝逐渐衰落,中国被侵略了。以后清朝康、乾时代,不能说是开放的。如果从康熙算起,也有近二百年的闭关自守。把中国搞得贫穷落后,愚昧无知。我们建国以后,第一个五年计划也是对外开放,只不过是对苏联东欧开放。以后关起门来,没有什么发展。”(《建设有中国特色的社会主义》增订本,第77页)“经验证明,关起门来搞建设是不可能成功的”(《建设有中国特色的社会主义》增订本,第67页)闭关自守只能是更加落后于世界,落后于时代,存在着被开除球籍的危险。

(3) 邓小平从我国的基本国情出发,阐述了对外开放对社会主义现代化建设的重要作用。他一直强调要认识我国底子薄、人口多、耕地少、资源相对短缺、生产力还不发达的基本国情。因为,只有“认识落后,才能改变落后”。(《邓小平文选》,第88页)经过三十多年的建设,虽然我国已经建立了门类齐全、有相当规模的物质生产部门,形成了比较完整的工业体系和国民经济体系,但是,从总的来看,经济还不发达,按人口平均的国民收入还很低,物质产品不丰富,教育、科学、文化事业也比较落后,远远不能满足人民群众日益增长的物质文化生活的需要。许多薄弱环节和新的课题,急需我们去解决。他认为,“中国的科学技术力量很不足,科学技术水平从总体上看要比世界先进国家落后二三十年。”(《邓小平文选》第149～150页)

(4) 邓小平从国家的长远利益着眼,阐述了必须坚定不移地实行对外开放的思想观点。由于过去“左”的思想影响和历史上的种种原因,一些人在思想上对实行对外开放存在着这样或那样的担心和疑虑。邓小平反复强调指出："开放伤害不了我们。我们的同志就是怕引来坏的东西，最担心是会不会变成资本主义。……会带来一些消极因素，要意识到这些东西，但不难克服。你不开放，再来个闭关自守，五十年要接近经济发达国家水平，肯定不可能。到那时，国民生产总值人均达到几千美元，我们也不会产生新资产阶级。基本的东西归国家所有，归公有。国家富强了，人民的物质、文化生活水平提高了，而且不断增长，这有什么坏处！在本世纪内最后的十六年，无论怎么开放，公有制经济始终还是占主体。同外国人合资经营，也有一半是社会主义的。合资经营的实际收益，大半是我们拿过来。不要怕，得益处的大头是国家，是人民，不会是资本主义。……不是说四个坚持吗？这是真正坚持社会主义，否则是'四人帮'的'宁要社会主义的草，不要资本主义的苗'。"(《建设有中国特色的社会主义》增订本，第 77～78 页)

2. 必须实行全面开放，加快我国社会主义现代化建设步伐

邓小平指出，开放政策是中国的希望。没有对外开放政策，就不可能实现下一个世纪五十年的真正变化。在怎样开拓对外开放的广度和深度的问题上，在对外开放的具体形式、途径和步骤上，邓小平都有一系列明确的思想和主张。

(1) 邓小平提出了我国的对外开放是"对世界所有国家开放。对所有类型的国家开放"(《邓小平重要谈话》，第 32 页)的重要思想。他认为，国家不论大小强弱，意识形态一致与否，都应该在平等互利的基础上互相往来。按照邓小平的概括，对世界所有国家和所有类型国家开放，主要划分为三个大的方面：

第一，对西方发达国家的开放。这是对外开放的一个重要方面，"我们吸引外资、引进技术等等主要是从那里来的。"(《建设有中国特色的社会主义》增订本，第 87 页)经历了长期充分发展的资本主义世界拥有发达的生产力，这是客观存在的事实。一百多年前，马克思和恩格斯就指出："资产阶级在它不到一百年的阶级统治中创造的生产力，比过去一切时代创造的全部生产力还要多，还要大。(《马克思恩格斯选集》第1卷，第256页)社会主义制度虽然优于资本主义制度，但大多数国家的经济基础比较薄弱，发展历史毕竟比较短暂，因而生产力还没有得到充分发展，必须向西方国家学习。列宁、毛泽东同志在领导社会主义建设时，都阐述过这一思想。因此，邓小平在提出全面开放的思想时，强调要把西方发达国家作为对外开放的重点，以更好地"向资本主义发达国家学习先进的科学、技术、经营管理方法以及其他一切对我们有益的知识和文化。"(《建设有中国特色的社会主义》增订本，第32页)

第二，对东欧国家和苏联的开放。在两种社会制度并存的世界，社会主义国家之间应该加强联系，密切往来，在经济上互相开放，促进发展。苏联和东欧国家不仅在技术上、管理上也有许多值得我们借鉴、学习的地方，而且合作的领域也比较广泛，可以搞合资经营、技术合作，帮助我国进行技术改造等等。因此，邓小平指出，对苏联和东欧国家的开放，是我国对外开放必不可少的一个方面。

第三，对第三世界发展中国家的开放。虽然第三世界发展中国家大多由于历史上长期遭受帝国主义、殖民主义的侵略和掠夺，面临着起点低、技术落后、资金短缺等问题，但第三世界国家"都有自己的特点和长处"，(《建设有中国特色的社会主义》增订本，第171页)应该"相互交流，相互学习，相互合作，"(《建设有中国特色的社会主义》增订本，第87页)推进南南合作。邓小平认为，对第三世界发展中国家的开放，"这里有很多文章可以做，"(《建设有中国特色的社会主义》增订本，第87页)可以解决很多问题，前景是比较光明的。这也是对外开放不容忽视的一个方面。

(2) 邓小平主张要大力开展对外贸易。对外贸易是我国对外经济关系的主要部分，发展对外贸易，除了可以充分利用国外资源和国际市场，互通有无，调剂余缺，取人之长，补我之短以外，还可以充分利用国际分工的作用，用较少的劳动消耗取得较大的经济效果，实行社会劳动的节约。从这个意义上说，对外贸易是促进国民经济顺利发展的必不可少的组成部分和重要条件。邓小平指出，我们“要争取多出口一些东西，换点高、精、尖的技术和设备回来，加速工业技术改造，提高劳动生产率。”(《邓小平文选》第 29 页)他不仅从现实角度，也就是目前我国对外贸易额占世界贸易额的比例太小的角度强调要积极发展对外贸易，而且还从发展的角度强调了积极发展对外贸易的重要性。他说：“现在我国的对外贸易额是四百多亿美元吧？这么一点进出口贸易额，关起门来能翻两番呀?……我国年国民生产总值达到一万亿美元的时候，我们的产品怎么办？统统在国内销？什么都要自己制造？还不是要从外面买进来一批，自己卖出去一批?”(《建设有中国特色的社会主义》增订本，第 76 页)不大力发展对外贸易，翻两番困难，翻两番之后再前进就更困难。

(3) 邓小平主张要大胆利用外资。利用国际间各种资金来补充本国资金不足，提高本国技术水平，发展国民经济，是国际上通行的一种有效方式。邓小平多次指出，我国建设资金不足，要创造条件，多吸引外资。他说，我们要“吸收外国资金、技术，甚至欢迎外国企业到中国办工厂。……从这些合资经营的企业中，我们可以学到一些好的管理经验和先进技术，……我们还欢迎外国独资经营，我们从中得到税收，学到技术和管理经验，……现在外国投资有限。我们倒是觉得这种投资太少，还不能满足我们的需要。”(《建设有中国特色的社会主义》增订本，第 117～118 页)他认为，我国“社会主义的经济基础很大，吸收几百亿、上千亿外资，冲击不了我们的社会主义基础。……吸收外国资金肯定可以作为我国社会主义建设的重要补充，今天看来可以说是不可缺少的补充”。(《建设有中国特色的社会主义》增订本，第 55 页)他强调，要把外资尽可能地用在刀刃上，用在基础工业和技术改造上。

(4) 邓小平主张要积极引进国外先进科学技术。他指出：“四个现代化，关键是科学技术现代化。没有科学技术的高速度发展，也就不可能有国民经济的高速度发展。”(《邓小平文选》，第 83 页)因为，科学技术就是生产力。“现在世界上，人类进步一日千里，速度非常快。科学技术方面更是这样，落后一年，赶都难赶上。”(《建设有中国特色的社会主义》增订本，第 147 页)我们“必须清醒地看到，我们的科学技术水平同世界先进水平的差距还很大，科学技术力量还很薄弱，远不能适应现代化建设的需要。”(《邓小平文选》，第 87 页)他认为，“科学技术是人类共同创造的财富”，(《邓小平文选》第 88 页)完全可以采取“拿来主义”，为己所用。通过引进先进科学技术，可以使我们在更高的起点上前进，不必再走别人走过的漫长、曲折的道路，既节约时间，又节省经费，可以较快地补上与先进国家的差距。因此，“我们要积极开展国际学术交流活动，加强同世界各国科技界的友好往来和合作关系”，(《邓小平文选》，第 88 页)“动员人们虚心学习，迅速掌握世界最新的科学技术。”(《邓小平文选》，第 87 页)

(5) 邓小平主张要积极引进国外先进管理方法。他认为，管理也是一种技术。我国在管理方面也比较落后如果引进了先进的科学技术而没有相应的科学管理方法，先进技术也发挥不了作用。因此，在引进先进技术的同时，必须积极引进先进的管理方法。他指出：“我们要学会用经济方法管理经济。自己不懂就要向懂行的人学习，向外国的先进管理方法学习。不仅新引进的企业要按人家的先进方法去办，原有的企业改造也要采用先进的办法。……这样我们才能进步得比较快。”(《邓小平文选》，第 140 页)如果不下大力气把当代世界各国具有普遍适用性的经济行政管理经验学到手，就难以实现现代化。

(6) 邓小平主张要积极引进国外人才。他认为，“接受华裔学者回国是我们发展科学技术的一项具体措施，……同中国友好的学者中著名学者多得很，请人家来讲学，这是一种很好的办法，为什么不干？”(《邓小平文选》，第 178 页)世界各发达国家都把引进国外人才作为加快经济发展的一个重要办法，我们也要更多、更好地“利用外国智力，把外国人请来参加我们的重点建设以及各方面的建设，办教育，搞技术改造。对这个问题，我们认识不足，决心不大。不要怕花它几个钱。他们长期来也好，短期来也好，专门为一个题目来也好。请他们来，帮助解决一些问题。我们现在搞现代化建设，既缺少经验，又缺少知识，应该把他们请来帮助我们。外国人来了之后，应该很好地发挥他们的作用”。(《建设有中国特色的社会主义》增订本，第 20 页)

(7) 邓小平主张要积极发展对外文化交流。他说：“经济上实行对外开放的方针是正确的，要长期坚持。对外开放文化交流也要长期发展。(《建设有中国特色的社会主义》增订本，第 31 页)思想文化的对外交流，与科学技术的对外交流一样，可以使我们开阔视野，广泛吸取有益的知识。自从人类社会进入文明时代以来，国家民族之间的文化交流就一直没有中断过。马克思、恩格斯非常注意这一历史现象，他们在《共产党宣言》中就对各民族的精神产品的共有性问题进行了专门的研究。列宁也曾提出要用资本主义遗留下来的全部文化来建设社会主义。我们必须认真研究国外优秀的思想文化成果，吸收其有益的新思想、新观念和有积极意义的文学艺术风格和手法等等。邓小平指出：“西方如今仍然有不少正直进步的学者、作家、艺术家在进行各种严肃的有价值的著作和创作，他们的作品我们当然要着重介绍。”(《建设有中国特色的社会主

义》增订本，第 32 页）

（8）邓小平提出了要设立经济特区的重要思想，他说，可以划出一块地方，实行特殊政策，“名字叫经济特区”。（《邓小平重要谈话》，第 34 页）“从特区可以引进技术、获得知识、学到管理，……而且会扩大我国的对外影响”。（《建设有中国特色的社会主义》增订本. 第 41 页）在国土上划出一块地方实行有别于国内的特殊政策，采用减免关税及其他优惠办法，吸引外资和国外先进技术，以促进经济的发展，是许多国家发展经济的一条成功的经验。一些原来经济很落后的国家和地区，依靠这种形式，使经济有了很大发展。一些社会主义国家也设立了类似的特区，取得的效果也比较好。邓小平认为：“特区是个窗口，是技术的窗口，管理的窗口，知识的窗口，也是对外政策的窗口。”（《建设有中国特色的社会主义》增订本，第 41 页）

3. 对外开放必须坚持社会主义方向

邓小平指出，在改革开放中坚持社会主义方向，这是一个很重要的问题。“我们现在讲的对内搞活，对外开放是在坚持社会主义原则下开展的。”（《建设有中国特色的社会主义》）增订本，第 117 页）怎样做到在对外开放中坚持社会主义方向，邓小平提出了一些必须遵循的基本原则。

（1）邓小平提出在对外开放中必须坚持社会主义道路，反对资产阶级自由化。他指出：“我们搞现代化，是搞社会主义的四个现代化，不是搞别的现代化。”（《建设有中国特色的社会主义》增订本，第 98 页）“我们执行对外开放政策，学习外国的技术，利用外资，这只是社会主义建设的一个补充，而不能离开社会主义道路。”（《建设有中国特色的社会主义》增订本，第 151 页）他说：“无论怎么开放，公有制始终还是占主体”，（《建设有中国特色的社会主义》增订本，第 78 页）“中国的主体是社会主义”，（《建设有中国特色的社会主义》增订本，第 47 页）“没有这个前提，资本主义就要吃掉社会主义”。(《建设有中国特色的社会主义》增订本，第 93 页）我们决不学习和引进资本主义制度，搞所谓“全盘西化”，也要警惕西方一些国家利用我们的对外开放搞“和平演变”。如果“要搬那一套，非乱不可”。(《建设有中国特色的社会主义》增订本，第 152 页）因此，在对外开放中必须坚持社会主义道路，坚持人民民主专政，坚持党的领导，坚持马列主义毛泽东思想。他强调，四项基本原则是对外开放政策和其他政策的基础，要用四项基本原则统一人们的思想。他说，“我们在实行对外开放政策的时候，已经意识到将带进资本主义国家的一些消极影响……所以我们同时必须反对资产阶级自由化。”(《邓小平重要谈话》，第 9 页）“不刹住这股风，就不能实行开放政策。……要实行开放政策，就不能搞资产阶级自由化”。(《建设有中国特色的社会主义》增订本，第 110 页）

（2）邓小平提出在对外开放中必须坚持独立自主、自力更生的方针。他指出：“我国的现代化建设，必须从中国实际出发。无论是革命还是建设，都要注意学习和借鉴外国经验。但是，照抄照搬别国经验、别国模式，从来不能得到成功。……中国的事情要按照中国的情况来办，要依靠自己的力量来办。独立自主，自力更生，无论过去、现在和将来，都是我们的立足点。”(《建设有中国特色的社会主义》增订本，第 3 页）。

（3）邓小平提出在对外开放中必须坚决抵制资产阶级腐朽思想的侵蚀。他指出：“对外开放，资本主义那一套腐朽的东西就会钻进来，”(《邓小平文选》，第 364 页）我们在坚持实行对外开放的过程中，一定要“保持清醒的头脑，坚决抵制外来腐朽思想的侵蚀，决不允许资产阶级生活方式在我国泛滥。”(《邓小平文选》，第 372 页）

二、邓小平对外开放思想的战略意义

邓小平的对外开放思想，作为马克思列宁主义和中国社会主义建设具体实际相结合的产物，作为他创立的建设有中国特色的社会主义基本理论的重要组成部分，无论是在理论方面还是实践方面，都有十分重要的意义。

邓小平对外开放思想在理论方面的意义首先在于，它冲破了“左”、右两种思想的干扰和影响，丰富和发展了马克思主义关于对外开放的理论。我们知道，在邓小平之前，革命导师和领袖就比较注意研究对外开放问题。马克思、恩格斯在直接研究资本主义生产方式的过程中，在人类历史上第一次作出了对外开放是社会化大生产发展的必然趋势的科学论断，对于指导社会主义国家的对外开放，有着重要的意义。邓小平提出现代化建设必须坚定不移地实行对外开放的重要思想，并就实行对外开放的必要性、必然性和实行对外开放的方法、途径以及对外开放中必须坚持的基本原则，作了科学的阐述，提出了一系列新的思想、新的论点和新的主张。

当然，邓小平对外开放思想的重要意义远不止这些，他的对外开放思想，以及我国在他的这些思想指导下取得的巨大成就和进步，将大大增强我国的国际地位，对于采用“一国两制”方式解决台湾、香港、澳门问题，对于建立国际政治新秩序和建立国际经济新秩序等等，都有重要的影响。随着时间的推移，邓小平对外开放思想的威力和巨大作用，还将不断地显示出来。

这里补充说一下，江总书记的十五大报告的第九部分讲得非常之好，他指出，我们既要与第三世界保持团结、合作关系，又要在五项原则的基础上处理好与发达国家的关系，扩大互利合作，共同对付人类生存和发展所面临的挑战。同世界各国和地区广泛开展贸易往来，经济技术合作和科学文化交流，促进共同发展。努力提高对外开放水平。面对经济、科技全球化趋势，我们要以更加积极的姿态走向世界，完善全方位、多层次、宽领域的对外开放格局，发展开放型经济，增强国际竞争力，促进经济结构优化和国民经济素质提高。

第四节　全球化经济合作的竞争理论

一、古典竞争理论的发展

古典经济自由主义产生于17世纪的英国，经过一个多世纪的发展，到18世纪下半叶，才经亚当·斯密之手发展起来，后由古典学派的代表人物将其综合，成为完整的理论体系。经济自由主义是古典派经济学说的灵魂。经济自由主义是在重商主义衰落后，作为欧洲国家的新兴的产业资产阶级意识而发展起来的经济思想。它的杰出代表人物是英国的亚当·斯密和大卫·李嘉图。18世纪古典经济学家最伟大的贡献就是发现了自由市场经济运行机制的有效性。经济自由主义发展的历史过程中，形成了若干成为该理论支柱的信条。这些信条都建立在“完全竞争”和完善市场神话的假定上。古典竞争理论的一个重要特征就是以这一假定为基础。

在西方，理论界一直致力于在经济、政治和社会、思想等多方面进行有关竞争理论的研究，研究的重点始终围绕着有关竞争的四个核心问题：(1)竞争或规制是民众社会组织的正确和适当的基础吗？(2)竞争或合作是人们行为的更为“自然”的方式吗？(3)面对是否竞争，人们有没有任何现实的其他选择？这一强加于人的竞争是否可能有益？(4)竞争行为与更为广泛奉行的社会或群体行为方式能够和谐共存吗？

西方学者在寻找上述四个有关竞争问题的答案的过程中，是从以下四个方面进行理论探源的，而且这四个方面的理论渊源对当代西方竞争理论以及人们的行为方式都产生了深远的影响。首先是斯密的思想，斯密在1776年发表的《国民财富的性质和原因的研究》(下文简称《国富论》)为当代竞争性资本主义提供了理论思想的大部分源泉。《国富论》还引入了一个显然已纳入斯密经济制度的问题，即随着经济的进步，竞争行为的范围在逐渐缩小。在此还将补充某些来自穆勒的思想，其次是达尔文的思想。达尔文在其发表于1859年的巨著《物种起源》中，宣传了“适者生存”的思想。达尔文有关竞争的思想被引入到社会生物学者的思想中，并创造出一个极为精辟的修辞——自私基因(the selfish gene)——这一基因可能提示了人们与生俱来的合作与竞争的本能。第三是马克思的思想，对马克思来说，竞争是驱动毫无规律的资本主义盲动的源泉所在，是新旧两股力量永恒的碰撞，同时也是资本家不得不参与的一场生死搏斗。第四，以弗洛伊德的心理分析为起点，迅速扩大到更为广泛的社会心理范围。在此，竞争被视为具有某种先天与后天的东西。人们发现个人的行为是个性与环境的共同产物，这一发现如果在移植过程中没有太多的扭曲的话，可以适用于人们的商业行为，这里主要是指人们的群体行为。

亚当·斯密主张自由竞争，认为竞争协调经济，有利于社会。由于国民财富增长过程的竞争主要是通过市场价格而实现的，因此竞争与市场机制密切相关。竞争可以激发人们的主观努力，从而推动财富增长。穆勒对斯密的竞争理论进行了补充，他在《政治经济学原理》中也曾说，竞争也许不是可能设想的最好的刺激，但在现今是一种必要的刺激，要到什么时候，进步才不再仰赖竞争，对此无人能预见。

斯密给后人留下了自由竞争的思想，生物学家达尔文则提出了“物竞天择，适者生存”的思想。在市场经济中，达尔文主义的选择似乎仅仅表现为最适合企业或产品才能生存,经济运行的过程好像就是驱逐弱者。由此而来的竞争观念表现为对抗性竞争,企业在市场经济中面对激烈的竞争,优胜劣汰,"适者生存"。

马克思并没有独立的专门的竞争理论,他的竞争理论体现在或者说贯穿于他的价值理论和资本与剩余价值理论之中,而且是服从于他的价值理论与剩余价值理论。马克思的竞争理论主要包括以下几个方面:(1)竞争规律是同价值规律共同起作用的规律。在价值规律的作用下,各经济主体之间展开殊死竞争,这里的竞争主要表现在生产者之间的竞争以及与此相关的生产者与消费者之间的竞争,可以说,资本主义现实经济是在剩余价值规律、价值规律、竞争规律共同作用下运行的。(2)竞争是增加相对剩余价值的推动力量。(3)竞争引起生产要素的流动和资源的再配置。(4)竞争是利润分配的调节机制。马克思在竞争理论发展史上第一次揭示了竞争过程的动态性质。

"进攻性"是弗洛伊德把心理模型应用于竞争理论的一个基本概念。根据弗洛伊德的传统理论,进攻性的能量总在不断地积聚,而且必须得到释放。这一能量既可以以社会能够接受的方式释放,也可以以社会所不能接受的方式释放。

二、当代竞争理论分析

从20世纪初叶到二三十年代,西方宏观经济学发展的基本线索是国家干预主义经济思潮向经济自由主义思潮的挑战。在这一理论背景下,当代竞争理论的一个重要特征是逐渐放弃了把完全竞争作为现实和理想的竞争模式的教条,认为竞争不是作为一种静止的最终状态,而是作为一个动态的变化过程,因而把研究重点放在了现实市场竞争过程。

1. 新古典竞争理论——完全竞争

19世纪后半叶,新古典学派的经济学家们在总结该世纪前半叶理论发展的基础之上建立了新古典竞争理论，力图推出指导竞争的资本主义制度运动的基本原理，其结果则是产生了以自由市场或交换制度为核心的完全竞争的经济制度的思想。

新古典经济学家认为，完全竞争模式之所以有用，基于以下两个重要原因：(1)完全竞争模式充分注意到稀缺经济资源的分配效率或最佳使用问题。在一切经济制度中，不论社会性质如何，重要的基本问题之一就是有效率地分配现有的稀缺资源。在完全竞争模式中，生产由反映消费者偏好的市场机制自发地决定，企业要获得最大的效率和利润，就必须按照边际成本等于边际收益的原则安排生产。(2)完全竞争模式是一个面向消费者的模式。因为，它促使每个厂商把生产规模调整到平均成本的最低点，以达到生产的最优境界，这不仅能使价格降低，还能使生产资源得到最有效的利用。在这个模式中，分配效率是同消费自由和职业自由密切相关的。而消费自由和职业自由是评价各种经济自由和职业自由的经济制度。

虽然完全竞争的经济模式在经济分析上是非常有用的。但是它作为一种分析方法或手段，还是有某些严重的局限性的。归纳起来，完全竞争模式主要存在两个重大的局限性。其一，1875 年以后，完全竞争经济模式逐渐不能反映大规模生产和寡头垄断企业在现实世界中实际的经济制度。其二，完全竞争模式没有说明 1875 年市场支配力的产生和扩大的问题。在完全竞争模式中，当涉及竞争经济市场结构缺陷时，这些缺陷只是属于最终能被竞争经济的自发调节力量所能消除的缺陷。

2. 产业组织理论

产业组织理论是以微观经济学为基础，具体分析产业内企业相互竞争与垄断关系的理论。其目的是要处理好竞争与效率的关系，也就是在要素投入既定的前提下，为优化资源配置，既要鼓励市场竞争，使企业有足够的改善经营管理，推动技术进步，提高经济效益的动力和压力，又要充分利用规模经济性，避免过度竞争带来的低效率。

产业组织理论以微观经济学为其理论基础，以实证研究为其特征，具有较完整的体系和可操作性。特别是新产业组织理论更是建立在较能反映实际状况的市场模型基础之上，分析定量化，属于实验性经济之一。然而，其缺陷也是显而易见的。首先，它难以解决微观与宏观的冲突。其次，它的客观基础是私有制的市场经济，所以对非市场经济国家的适用性受到限制。再次，它尚未深入探讨有关政府行为对企业的引导问题。

3. 奥地利学派的竞争理论

奥地利学派熊彼特的创新与动态竞争理论起到了开创性的作用，熊彼特认为，创新、公司重组和周期循环是动态效率的关键因素。熊彼特的理论可以大致归纳为以下三点：(1)完全竞争并非理想的典范。(2)垄断没有消除竞争，只是改变了竞争的方式。(3)垄断有利于减轻萧条和经济波动。总之，完全竞争不仅是不可能的，而且是低劣的，它不应被树为理想效率的典范。反垄断的产业学说从基础上说是错误的，政府根据这种学说来制定和实行产业组织政策的行为也是错误的，熊彼特从创新理论的角度和发展过程的角度，对传统经济学的产业组织理论及其政策学说提出了挑战。

4. 波特的国家竞争优势理论

迈克尔·波特(Michael Porter)是美国著名的管理学家，哈佛大学商学院教授，并兼任世界上许多大公司和政府机构的咨询顾问，是当今世界有关竞争策略与国际竞争力方面的权威之一。

波特的竞争优势理论的核心思想体现在他的“国家竞争优势四要素”模型中，波特认为一国的国内经济环境对企业开发其自身的竞争能力有很大影响，其中影响最大、最直接的因素就是图 2.1

所示的四项：生产要素、需求要素、相关和支持产业以及企业战略、组织结构和竞争状态。在一国的诸多行业中，最有可能在国际竞争中取胜的是那些国内“四因素”环境对其特别有利的那些行业，因此，“四因素”环境是产业国际竞争力的最重要来源。

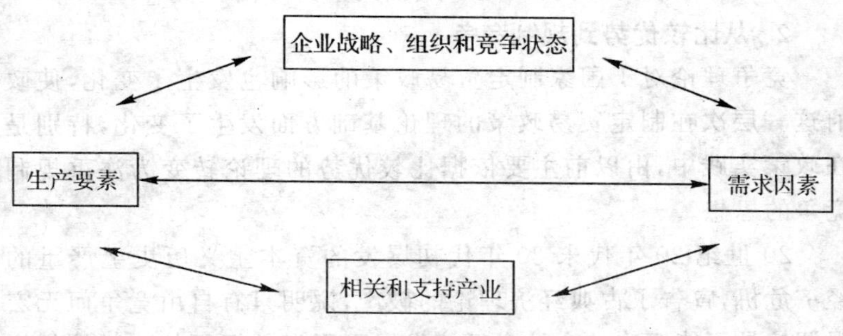

图 2.1 国家竞争优势的决定因素

资料来源：M. E. Porter，1990. The Competitive Advantage of Nations，P.72

三、全球化经济合作的竞争观念转变

1. 全球化经济合作的竞争观念转变

随着知识经济时代的到来，整个世界的文化乃至思想必将发生前所未有的巨大而深刻的变化。作为西方经济理论的鼻祖，亚当·斯密认为，竞争可以降低产品的成本和价格，从而使整个社会得到因企业效率提高而导致的好处。在斯密之后的二百余年里，竞争能提高效率并使社会收益的观点一直贯穿于整个西方经济理论之中，竞争被认为是降低产品价格，改进产品质量以及创造新产品的动力。在知识经济时代，竞争的重要性并没有改变，而且变得更为重要。与工业经济相比，知识经济中的竞争观念却发生了根本性的转变。

在工业经济时代，人们固守大规模生产方式。在知识经济时代，生产要素结构发生了根本性的变化，生产方式由大规模转向灵活分散，企业需要一种有机的、灵活的、适应性的结构形式，是一种柔性组织。在报酬递增规律作用下，管理以观察、定位、组织平等、使命、团队和灵巧为特征。由于竞争观念的转变，在知识经济时代，经济不是以生产为导向，而是以成就大事为导向。

2. 从比较优势到规制竞争

竞争理论对于国家制定贸易政策的影响也发生了变化，使政府这一层次在制定贸易政策的理论基础方面发生了变化，特别是在政策实践中，由以前主要依据比较优势的理论转变为注重规制竞争的思想。

20 世纪 20 年代末 30 年代初爆发的资本主义历史上严重的经济危机，宣告了古典经济理论的破产，说明只有自由竞争而无宏观调控是不能解决整个社会经济发展不平衡的问题的。比较优势理论的最大优点是强调了“看不见的手”的作用。只要市场价格机制起作用，只要存在资源稀缺性，比较优势就会不以人们的意志为转移而客观地发生作用。但是，这也导致了它的最大缺点，这一学说忽视了“看得见的手”的作用。由于竞争自然调节的局限性，国民经济无法处于长久的均衡状态。要使国民经济持续稳定地发展，除了“看不见的手”之外，还必须有国家对国民经济进行宏观调控这一“看得见的手”。然而，在运用“看得见的手”的功能为前提。也就是说，“看得见的手”的运用不能过度，要适度。否则，竞争作为推动社会前进的发动机的功能就会受到影响，社会前进的动力就会减弱，速度就会变慢，这从欧美发达国家 20 世纪 70 年代以来普遍出现的经济“滞涨”现象，就可以得到证明。因而更为重要的是，为了在未来作出正确的战略选择，成功的企业和政府必须正确找到自己的位置，以确认自己处于何种形式的竞争，并且还要把握有关竞争变化的进程。可以说，最为成功的企业和政府最终将属于那些能够迅速适应产业结构调整的以及政治环境变化的企业和政府，同样，最为成功的企业和政府最终还将属于那些克服历史惯性而致力于改变规则甚至改变其所参与竞争的全球产业结构的企业和政府。

3. 从对抗性竞争到合作性竞争

当今时代是一个竞争与合作并存、垄断与反垄断共生的大分化、大改组的时代。要想在这个时代里使中华民族立足于世界之林，就必须勇敢地面对经济全球化的机遇和挑战，积极参与国际竞争与合作、国际分工与交换，在自强不息的竞争中发展自己，在互惠互利的合作中壮大自己，从而提高我国在国际经济和政治舞台上的竞争力和地位。实事求是地讲，在20世纪80年代我国对外开放是从“利用”国际市场和国外资源的良好愿望开始的，然而，而后的十几年对外开放的实践告诉人们，仅仅想“利用”外方是不够的，而且单方面受惠的对外开放也是不存在的。实行对外开放就是将我国经济与国际经济全面接轨，就是使我国经济成为国际分工体系的一个组成部分，而国际分工的格局则是在国际竞争中形成的，所以，实行对外开放的真正涵义实际上就是参与国际竞争，而不是获得来自国外的恩惠。可以说，对外开放和国际竞争根本就是同一枚硬币的两面。因而，20世纪90年代以后国际竞争和国际竞争力的问题受到了我国越来越大的重视，1993年11月《中共中央关于建立社会主义市场经济体制的决定》指出：积极参与国际竞争和国际合作，发挥我国经济的比较优势，发展开放型经济，使国内经济和国际经济实现互接互补。按照我国国情和国际经济活动的一般准则，规范对外关系，不断提高国际竞争力。

▶本章小节

本章介绍了全球化经济合作的哲学思考。其中的耗散结构论、混沌理论等思想都是很值得我们重视和学习的。此外，本章还重点介绍了邓小平的对外开放的理论,突出其对中国经济建设的重大意义。同时,本章还介绍了全球化经济合作的竞争理论。

▶思考练习

1. 试述邓小平的对外开放思想的主要内容及其重大意义。
2. 耗散结构论是由谁提出的?其主要内容是什么?
3. 混沌理论是由谁提出的?其主要内容是什么?
4. 简述竞争理论的发展过程。

▶综述材料

明末清初的闭关锁国政策及其后果

明朝中后期,中国资本主义生产关系初步萌芽,生产力水平逐渐提高,尤其在江南一带,商品经济开始繁荣,促进了对外贸易的发展。但到了明朝晚期,国内封建宦官专权,导致统治阶级内部矛盾日趋激化,阶级矛盾日益尖锐。日本倭寇和西方海盗式的殖民者不断对沿海进行骚扰、侵略,对统治者构成严重威胁。在这种情况下,明朝统治者认为,对外开设通商口岸对政权统治的稳定是十分不利的,于是开始收缩对外政策。明嘉靖年间政府禁止外国船只抵达广州,到崇祯时期,明朝政府更是明确规定不准外国船进人珠江口内,只承认荒芜的澳门是外国船可以停泊、外国商人可以暂时居住的地方。加之对对外贸易及通商口岸加收关税等限制性政策,不仅抑制了刚刚萌芽的商品经济的发展,而且也逐渐形成了闭关锁国的对外政策。明朝政府这种消极的防范和自卫政策并没有改变它必然走向灭亡的历史命运。

1644年,中国封建社会的最后一个王朝——满清王朝确立了统治地位，然而明末所采取的闭关锁国政策并没有改变，而且为了巩固清王朝的统治变得更加明显了。清王朝建立之初，为了对付明朝遗将郑成功父子驻守台湾的抗清势力，维护其满清初建王朝统治秩序，采取了限制中外往来的种种措施，从顺治十二年到康熙二十三年（1655—1684 年）实行了近 30 年的海禁政策。

1681 年，清王朝平息了“三藩之乱”，消除了国内的隐患。1683 年，又降服了盘踞台湾的郑克爽，清王朝完成了统一大业。这时候，康熙帝认为清王朝的统治已经稳固，废止海禁的条件已经成熟，同时清朝政府也认为，开放海禁、适当发展海外贸易，是沿海一带人民休养生息、增加国库收入的一条重要途径。于是，1685 年，康熙下令解除海禁，允许沿海商人自由下海，各外国商人也可在华各通商口岸从事贸易活动。

当时清政府规定为通商口岸的只有四个地方，即广州、漳州、宁波、云台山（今连云港附近），而且对东南沿海的对外贸易进行严格管制，主要有贸易活动的地方只有广州一个口岸。

随着统治者狂妄自大、对微不足道的蛮夷小国的鄙视和对自命为高于万邦的“天朝”的珍惜，通商口岸的外贸活动日益萎缩。清朝前期二百多年时间，总体上是采取了一种闭关锁国的政策。

▶网址推荐

到 158China 海融证券网 www.158china.com 去了解中国对外经济合作的理论与政策的最新动态

到 www.sdetn.gov.cn 去了解中国对外经济合作的最新战略

第三章

资本要素的全球化移动研究

▶学习目的

1. 了解资本要素全球化移动的历史
2. 理解资本要素全球化移动的概念及经济动机
3. 理解资本要素全球化移动的效益与形式
4. 了解资本要素全球化移动的现状及作用

▶先行材料

资本要素国际移动与资本输出的区别

资本要素的国际移动这个范畴首先是从生产力的角度、从生产力的国际化发展的角度提出来的。资本要素和资本是两个有着一定联系但又有着明确区别的概念。资本要素是指那些通过直接或间接的形式最终投入产品和劳务生产过程的中间产品和金融资产。这里的中间产品是指厂商用于生产产品所使用的物质形态的经济货物,如厂房、机器、工具、原材料等,这些货物没有进入人们的生活消费,而是成为从最初生产到最终消费的中介物,成为生产另一种产品的物质前提和条件。厂商把这些货物与其他生产要素(如劳动力、土地、技术等)配置而进行另一些特殊产品的生产。从这种意义上说,它们是中间产品,也是直接进入产品和劳务的生产过程的资本要素。这里所说的金融资产包括货币、股票、债券或借款等非物质形态的资产形式。这些形式的投资品从生产过程来看,并不是直接投入,而必须转化为特殊产品生产所需要的生产原料和生产设备。也就是说,金融资产是间接投入产品和劳务的生产过程的。但应看到,这些金融资产具备流通性,能够方便地转变为各种生产原料和生产设备,甚至转变为其他的生产要素。因而,金融资产(从一定意义上说与货币资本的流动性类似)属于我们现在从生产力的角度进行分析的范围,也是资本要素的组成之一。从以上论述可以看出,资本要素是生产过程中投入的直接形式和非直接形式的物质条件(为与"生产三要素论"的土地要素相区别,这里的"物质条件"可以更明确地概括为"非自然的物质条件")的统称。从生产力与生产关系的对立统一关系来看,资本要素是资本主义生产关系的物质载体,但同样可以是非资本主义生产关系的其他生产关系的物质载体。在阐述国际经济合作原理时,我们分析问题的角度有别于政治经济学,我们着重从生产力角度分析作为生产要素的资本在生产中的特定地位和作用,分析资本与其他生产要素的组合与配置。当然,资本要素本身虽然并不能等同于资本,但在资本主义生产方式甚至其他生产方式中被经济使用时,其"趋利性”仍是其被使用的首要经济动机，也就是说，它被赋予了“趋利性”，否则，也就不会被称为资本要素。这也就是人们经常造成资本要素和资本这两个概念混同的客观原因。

从上述生产力角度对资本要素的国际移动所下的定义，可知其必然有别于资本输出的概念。这种区别可以简要概括如下：

(1)流向不同。资本输出一般是指资本从资本主义生产发达的宗主国流向其经济落后的殖民地或附属国，或者是指资本过剩的发达国家的资本流向资本缺乏的经济落后国家；而资本要素的国际移动是多向性的，它不仅包含着资本要素从发达国家向发展中国家的“垂直流动”，也包含着资本要素从发展中国家向发达国家的“逆向流动”，还有发达国家之间的、发展中国家之间的“水平流动”。这种流向上的明显区别本身就表明资本输出与资本要素的国际移动是两个不同的概念。

(2)含义不同。资本要素的国际移动与资本输出之所以会形成流向上的区别，是因为它们本身的含义不同。资本输出从本质上讲是资本关系的输出或者伸展，这必然要求资本输出的物质载体是从资本主义生产关系确立的国家向尚未确立的国家，或者是从资本主义生产成熟的国家向尚未成熟的国家流动；资本要素的国际移动从本质上讲是生产力高效率发挥的要求，是寻求社会生产力诸要素最佳组合配置，提高生产要素效率的具体反映。因此，由生产力优势及相对缺乏决定的资本要素的国际移动并不会呈现单向性，而是多向性的，即以生产要素的禀赋差异为前提，而不论资本主义生产关系成熟度如何。

(3)主体不同。列宁所说的严格意义上的资本输出的投资主体是宗主国的金融资本，一般意义上由过剩资本决定的资本输出是以资本主义生产发达的国度区别为前提，而资本要素的国际移动的主体并没有国度的前提，主要是微观经济单位根据自己的生产要素禀赋和自己的经营策略安排的。因此，参与资本要素国际移动的主体可以是发达国家的跨国公司，也可以是发展中国家的中小企业。国家为了民族的利益，无论其采取什么样的生产方式，均可以在资本要素的国际移动中平等地采取有利于自己经济发展的政策和法律来约束和管理资本要素的流进与流出。

(4)结果不同。资本输出的宏观经济结果是再生出宗主国与殖民地、附属国的剥削与被剥削的经济关系，或者世界资本主义生产关系；而资本要素的国际移动的宏观经济结果是生产资源在世界范围内的流动与重新配置，使生产力尽可能得到最佳的组合和发挥尽可能大的效用。

资本要素的国际移动是生产力高度发达、经济生活打破行政国界和经济国界的产物及表现形式，它虽然是在资本主义生产方式的基础上产生的，也曾被赋予资本关系的物质载体属性，但其本身是生产力关系的产物，与资本输出有着根本的区别。

▶关键术语

资本要素　资本要素的国际移动　资本全球化
经济全球化　国际直接投资

第一节　资本要素全球化移动

资本输出与利用外资是资本要素移动的两个方面，其行为早在资本主义的自由竞争阶段就已开始。以后随生产国际化、资本国际化的发展，利用外资也进一步发展，并对世界各国经济的加速发展起到越来越大的推动作用。

一、第二次世界大战前利用外资的三个阶段

1. 自由资本主义阶段的利用外资

19 世纪末以前为自由资本主义阶段，那时利用外资的特点为：

(1)利用外资的规模小，参与者也较少。在自由资本主义阶段，输出资本主要是英、法少数几个老牌资本主义国家。而利用外资的国家主要是美国等获得政治独立的后起的资本主义国家。

美国于 1776 年成为独立国家，建国后不久就开始利用外资，至今有 200 多年的历史。据统计，到 1789 年外国在美的资本总额约为 6000 万美元，时过 61 年(1850 年)后美国外资总额增加到 2.2亿美元。美国经济起飞是在 1843—1860 年期间，主要依靠铁路建设，其中外资对铁路建设起了重要作用。在此期间，建造了 27 万英里长的铁路，仅在 1853 年就利用外资约 4440 万美元，占外资总额的 70.4%。

但当时利用外资的规模小，美国 1850—1873 年 23 年间共引进外资约 10 亿美元，1874—1895 的 21 年中共引进外资约 10 亿美元。外资流入量占当时国民生产总值的 10%。

(2)利用外资形式单一，只限于集中投入产业。美国当时主要采用发行证券和债券的形式，吸收外国的间接投资。外资吸收的期限较长，最长可达 99 年。而近 2/3 的外资投入到当时铁路和公用事业的建设。

(3)当时引资国利用外资的结果有两种，一种是成功引进外资促进本国经济快速发展，如美国。另一种则导致债券危机，如借款国的外汇收入锐减而无力偿还，主要有阿根廷和巴西；或引资(借款)弥补国内财政赤字，而财政危机又导致了外债危机，这类国家包括秘鲁等。

2. 垄断资本主义阶段的利用外资

19 世纪末到 20 世纪初，资本主义从自由竞争阶段发展到垄断阶段。此阶段利用外资的特征主要有：

(1)利用外资的格局有了新的变化。除英、法外，美、德、日也加入了资本输出的行列；而资本输入国家，除发展中国家外还有殖民地、附属国，以及发达资本主义国家，其中 3/4 在工业化国家如西欧国家、俄、日、美、加、澳等；1/4 在发展中国家如印度、埃及、美洲国家、非洲国家和中国。[①]

(2)利用外资的规模进一步扩大。随着各资本主义国家资本输出大量增加，不同类型国家利用外资的规模也迅速扩大。1913—1914 年，世界各国利用外资总额约为 440 亿美元，其中欧洲国家输入 120 亿美元；北美国家输入 150 亿美元；拉丁美洲国家输入 85 美元；亚洲国家输入 60 亿美元；非洲国家输入 47 亿美元；澳洲国家输入 23 亿美元。

(3)利用外资的形式多样化。在此期间，英、美、法一般以利用间接投资为主，但也在逐渐采用直接投资的形式，如美国 1914 年利用直接投资达 26.32 亿美元。美国在 1914 年吸收外国间接投资占总投资的 4/5，直接投资占 1/5。

3. 两次世界大战期间的利用外资

两次世界大战期间利用外资的特点如下：

(1)国际资本流动格局的变化。第一次世界大战结束后，1917 年俄国十月革命胜利，建立了世界上第一个社会主义国家。利用外资格局除发达资本主义国家、发展中国家外，社会主义国家也积极利用外资，发展本国经济。

(2)利用外资速度减慢。1913—1938 年，主要资本主义国家的

---

① 罗斯托编：《从起飞进入持续增长的经济学》，四川人民出版社出版，第 329 页。

资本输出从440亿美元增加到530亿美元左右，平均年增长速度下降到0.6%，这主要是由于战争影响，以及战争期间出现的经济危机和债务危机，国际投资环境大大恶化。

苏联虽然自1921年以后也利用一些外资，但进展较慢。第二次世界大战期间由于苏联同美、英等国结成反法西斯同盟，苏联从美、英、加等三国分别获得108亿美元、3500万英镑和1000万加元的贷款。

(3)利用外资的主体有变。早期，利用外资的主体是以英国为主，到20世纪20年代美国逐渐成为主要的资本输出国，那时至少有42个国家的政府向美国政府贷款。

二、二次世界大战后全世界资本要素流动状况

随着科学技术的高速发展，资本要素的流动也日益加快，流动的规模不断扩大，各国利用外资也就呈现出新的不同特点。

1. 利用外资的规模扩大

国际货币基金组织成员国的外资流入量在1980—1986年6年间增加了63.49%，平均年增长率达10%以上。近年来增长更快，至1997年全球直接投资总额累计超过3万亿美元。

2. 利用外资目标差异拉大

利用外资发展本国经济的战略目标各国差异较大，发达国家主要以追求高额利润为目标。发展中国家包括新兴工业国家，都在大力发展外向型经济，努力提高本国工业化水平，所以这些国家利用外资主要是为了赶超发达国家。

3. 利用外资的方式、方法不同

(1)先进的工业国家利用外资的方式有两种：一是以吸收外国私人直接投资为主，如德国；二是靠借外债为主，如日本。发展中国家和地区利用外资的方式也不尽相同，例如新加坡主要是利用直

接投资为主，而韩国则是以借外债为主。

(2)各国在吸引外国直接投资方面，所采取的方法有明显的不同。一些国家采取设置自由港的方法，实行资本自由流动，政府较少干预。而有的国家在吸引外国直接投资上采取建立出口加工区的做法，政府在资本投向上进行指导，鼓励外商投入出口创汇外向型产业，或运用先进技术，实行进口替代，政府实行既鼓励又“限制”的引资政策。

4. 利用外资的经济效益

日本、德国和亚洲的“四小龙”利用外资发展经济比较成功，宏观经济效益也较高。经过 30 年左右的发展，大大缩短与美国的差距。亚洲四小龙人均国民生产总值已接近或超过某些经济发达国家。1996 年，新加坡人均国民生产总值为 11160 美元，韩国人均国民生产总值为 10548 美元，台湾人均国内生产总值为 12774 美元，香港人均国内生产总值为 23202 美元。然而，美国和巴西利用外资后期由于债务过多，对其利用外资的经济效益有一定的影响。

第二节　资本要素全球化移动的概念与经济动机

一、资本要素的概念

资本要素是指通过直接和间接的形式，最终投入产品、劳务和生产过程的资本货物如生产资料和金融资产如债券、借款等。在这里，资本要素与资本在概念上有一定的区别，资本是指能增殖的货币，范围更窄。

二、资本要素全球移动的经济动机

1. 直接投资的经济动机

国际直接投资的经济动机也即国际直接投资的目的，由于投资者既受本身企业条件的限制，也受企业所处的社会经济环境的制约，导致对外直接投资的动机错综复杂，主要有以下几种：

(1)利润导向型。为了获取更大的利润是企业对外直接投资最原始的动机，也是最根本的目的。企业为了降低生产成本，为了扩大销售量，提高利润率，会选择最合适的国家直接投资，分工合作。

(2)劳动力导向型。发达工业国家对发展中国家进行直接投资，其中有一个重要的目的就是利用发展中国家廉价且有保证的劳动力，以降低生产成本。

(3)自然资源导向型。一些企业的原料供应来自国外，最终产品又部分销往原料国，那么在原料国直接投资，从事生产经营活动，可免去原料进口和产品出口的相关费用。另外，有的企业为了获得稳定的原料供应，也会到相应的国家投资，建立原材料开采生产企业，如我国上海宝山钢铁厂为保证铁原料的稳定供给，在澳大利亚投资开办铁矿场。

(4)市场导向型。一些企业通过出口将其商品打入国外市场，但由于存在各种各样的贸易壁垒，阻碍企业的正常出口，企业因而转为对出口国直接投资，就地生产和销售，维持原有的市场或开拓新的市场。也有一些企业，对国外某一市场的开拓达到一定的程度，为了迅速得到产品的反馈信息，给顾客提供更好的服务，以巩固和扩大其市场份额，会在当地直接投资进行生产和销售，或者建立相应的售后服务和零部件供应点。例如汽车厂商，往往选择到东道国直接投资，就是为了能更好地为顾客提供售后服务，同时扩大自己的市场占有份额。另外，还有些企业出于全球战略的考虑，也会选择对外直接投资。

(5)技术与管理导向型。这种投资的目的主要是为了获取和利用国外先进的技术、生产工艺、新产品设计以及先进的管理知识等。一些先进的技术和管理经验通过公开的方式不容易得到，但通过在国外设立合资企业或兼并、收购当地企业的方式可以获取,利用这些技术和管理经验,可促进企业的发展,提高其在国际市场上的竞争力。技术和管理导向型一般集中发达国家和地区。

(6)分散投资风险导向型。分散投资风险导向型投资主要是为了分散和减少企业所面临的各种风险。一些投资者在社会稳定国家投资的目的是为了寻求政治上的安全感。"不能将所有的鸡蛋放在同一个篮子里",显然企业的投资如果过分集中在某个国家或地区,一旦遇到风险,其回旋的余地就很小而会出现较大的损失。

(7)优惠政策导向型。一些东道国为吸引外资,往往对国外投资者实行一些优惠政策,如优惠的税收和金融政策、优惠的土地使用政策等,这些优惠政策对国外投资者作出投资决策有一定的诱导作用。这些投资者的对外直接投资也就是以优惠政策为导向。

除了以上几种国际直接投资的经济动机外,还存在一些其他动机,如信息导向型、跟随型、公司决策个人偏好型等等。

2. 国际间接投资的经济动机

从国际间接投资的角度分析,其经济动机大致有四种:

(1) 利息、股息导向型。国际间接投资者通过对外借贷或购买外国股票、债券等间接投资方式,以获取更高的利息或股息收益。

(2) 降低风险导向型。这点与对外直接投资有些类似,投资者为了将投资风险降至最低,会将资本转移到较安全的国家。

(3) 带动出口导向型。国际间接投资一个重要的目的在于促进本国出口,如为进口国提供出口信贷,一国为另一国提供贷款,但同时规定借款国必须用这笔贷款的全部或部分来购买贷款国的产品。

(4) 合作导向型。政府之间和国际经济组织的贷款一般为合作导向型,这些贷款的目的在于促进双方的经济合作和加强经济联系。

第三节　资本要素全球化移动的经济效应与形式

资本要素的国际移动能够优化资本要素在世界范围的配置，提高资本要素及其他要素的使用效率，推动世界经济的发展和改善各国人民的福利水平。下面我们将分别从资本输出国和输入国的角度出发，讨论资本要素国际移动的经济效应。

一、资本要素国际移动对输出国产生的经济效应

对于资本输出国来讲，资本要素国际移动产生的经济效应主要有以下几方面：

(1) 资本输出国通过将资本要素输入其他国家或地区，尤其是资本相对短缺的国家，不仅可获得更大的利润和利息，还可为其大量的过剩资本找到出路。发达国家在经济发展过程中积累了大量资本，资本的有机构成不断提高，利润率不断下降，通过资本要素在国际间的流动可以缓解资本过剩的矛盾，提高资本要素的收益率。

(2) 资本输出可带动其他生产要素输出，而且为商品输出扩大了道路，有助于出口贸易的增加。生产资本输出可以带动设备、技术等生产资料的输出，还可以通过出口借贷资本输出拓宽商品输出渠道。这样，资本输出不但为商品输出扩大了道路，而且还可以获得利息和利润的双重利益。

(3) 一国资本输出的增加，往往能提高其在国际上的经济、政治影响，为其经济的进一步发展提供一个更好的国际环境。此外，对于输出国来讲，通过资本要素的国际移动可以分散投资风险，同时能够加强与资本输入国的经济联系。

但是，如果资本要素输出过量也会对本国经济造成一定的消

极影响。其中，最值得重视的就是本国“产业空心化”现象，它不但会影响本国的经济结构，而且不利于本国就业机会的增加，因而往往受到工会的反对。

二、资本要素的国际移动对输入国产生的经济效应

对于资本输入国而言，资本要素的国际移动同样有促进经济发展的积极作用。主要有：

(1) 资本要素的输入，在一定程度上解决了输入国资金不足的困难。发展中国家经济发展的一个主要难题就是资金不足、技术落后。通过引进外资，可增加资金来源，扩大投资能力；同时，还可以获得资本输出国的先进技术、管理经验等，从而促进该国的经济发展。

(2) 引进外资可以为输入国提供更多的就业机会。外资企业在东道国开办企业，一般都会雇佣一定数量的本地职员，这样能为东道国创造许多就业机会，并可提高工人的工资和生活水平。

(3) 引进外资，增加了资本输入国的税收和国民收入，有利于改善国家的财政状况和国际收支状况。

(4) 外资的引进，有利于促进新兴工业部门发展和壮大，有利于输入国产业结构的改善和产品质量的提高，促进本国经济发展，增强国际竞争力。

当然，如果输入国对外资管理利用不善，资本要素的国际移动也可能会对其产生各种消极的效应。比如，一国对外借债过多，诱发债务危机；或者利用外资的产业政策掌握不好，冲击民族工业，造成国民经济对外资的过分依赖；或某些关键产业被外国公司控制，不利于国民经济长期稳定地发展。

三、资本要素国际移动的形式

资本要素国际移动可以带动一揽子相关要素的移动，这主要是通过国际直接投资和国际间接投资两种基本形式来实现的。

1. 国际直接投资

国际直接投资是指在国外企业投资，有一定份额股权，参与企业管理，拥有企业经营控制权的跨国资本投资。其具体形式主要有：

（1）合资经营。合资经营又称股权式合资经营，具体来说就是指对合营各方的所有投资以货币形式进行估价，然后以此折合成股份，并计算出各自在整个注册资本中所占的比例（称作股权比例），合营各方共同参与经营，共担风险，并按各自的股权比例来分担企业的盈亏。合资经营企业的性质从法律上讲是一个法人，它具有各项法人的权利和义务；从企业责任上讲，它是有限责任公司，每个投资者对该公司所负的责任以其投资额为限，公司对债务所负的责任以其注册资本为限，投资者之间互相不负连带责任。

（2）合作经营。合作经营又称契约式合营，即合作各方不具体计算股权比例，合作各方的权利、责任、义务由合作各方事先协商并通过协议、合同加以规定。合作经营企业法人的资格具有可选择性。所谓法人资格的可选择性，主要是指合作企业不一定都具有法人资格，它们既可以办成法人形式的企业，也可以办成非法人形式的经济实体。法人式合作经营企业是指合作各方在一国境内设立的具有该国法人资格的合营实体，有独立的财产权，法律上有起诉和应诉权；非法人式合作经营企业是指合作各方不在一国境内设立具有独立法人资格的合营实体，这个合作实体没有独立的财产所有权而只有使用权，合作各方仍以各自本身的法人资格在法律上承担责任，对企业的债权债务由合作各方按照合同规定承担责任。

（3）独资经营。独资经营企业是指国外投资者，包括外国公司、企业、其他经济组织和个人，按照所在国法律，经过所在国政府批准，在其境内举办的全部为外国资本的企业、公司和其他经济组织，并由其独立经营，自负盈亏。它是与合资经营企业相对而言的单独由外国资本投资的企业。

独资企业是国际上广泛采用的直接投资方式。第二次世界大战后，西方主要资本主义国家为实现资本转移自由化，允许外国资本进入本国投资设厂，包括举办各种类型的外资企业，由投资者独立经营。目前，独资企业在吸收国外私人直接投资中所占比重较大，在大多数国家和地区，由国外投资者建立的中小企业中，独资经营居多数。

在国际直接投资中，除了新设企业外，通常采用的方法还有收购外国企业。收购外国企业，指投资者在东道国购买现有公司的全部或部分资产，或收购全部或部分股份（票），从而获得对现有公司的全部或部分控制权。收购现有企业可以使外国收购者有机会对收购到的公司重新组合，使之为其长期投资目标服务。比如，外国收购者可以把已购买到的目标公司改组成所在国的分公司，以此避免缴纳利润汇出税；或者将其变为完全受自己控制的子公司。目前，收购外国现有企业日益成为投资者进行国际直接投资的重要手段。

2. 国际间接投资

国际间接投资是指通过购买债券或股票以及提供各种类型的贷款来获取利息或股息的跨国投资行为。在这种投资行为中，投资者既没有经营目的也不拥有企业的经营控制权。国际间接投资的具体形式主要有以下三种：

（1）国际债券和股票买卖。国际债券和股票是国际资本市场上的中长期信用工具，发行或购买国际债券和股票是利用外资或对外投资的重要方式之一。

（2）国际信贷。通过国际间的借款、贷款活动使资本要素发生的国际移动。具体包括国际金融组织贷款，外国政府贷款，出口信贷以及国际商业银行贷款等。

（3）国际融资租赁。所谓融资租赁是指承租人选定机器设备，由出租人购置后出租给承租人使用，承租人按期交付租金的业务。租赁期满，对租赁设备通常有退租、续租或转移给承租人三种做法。融资租赁实际上是融通实物与融通资金相结合使承租人获得资本设备使用权甚至最终获得所有权的一种方式。而国际融资租赁就是指分居不同国家或不同法律体制下的出租人和承租人之间的融资租赁活动。通过国际融资租赁业务，承租人在一定期限内利用了出租人的资金，而在大多数情况下，出租人多从银行或金融机构融通资金，包括在国际金融市场融通资金。因此，对于出租人或为国际租赁业务提供融资的银行金融机构来说，这也是一种投资。

第四节　资本要素全球化移动的现状及其作用

一、世界范围的资本要素流动态势

1. 东盟国家经济增长强劲，投资环境不断改善

（1）政府设立外资主管或专门机构。如新加坡经济发展局、印尼投资协调委员会、泰国和马来西亚的投资委员会。这些机构对外商投资的一切事宜可全权处理，提高了行政工作效率。马来西亚投资委员会对一般项目，在外商正式提出投资申请书后两个月内就能批复。泰国投资委员会是中央投资计划机构，负责制定外资管理政策，确定投资项目和布局。它下属的吸收外资委员会专门研究消

除吸收外资的障碍，推出吸收外资的新措施。新加坡经济发展局在纽约、洛杉矶、东京、香港等20个国家的世界主要城市和金融中心设立了20多个办事机构，加强宣传和咨询服务。

(2) 建立健全涉外金融体系和法律体系。准许外国银行、保险公司、证券公司和其他金融机构开设分行或办事处，准许外国银行与本国银行合营，以方便外国厂商的投资活动。不同程度地开放金融市场，建立国内资本市场，放宽对股票市场的控制，实行自由外汇制度，允许资本自由流动和利润自由汇出，以保障外国投资者的基本权益。

(3) 减少限制，更大程度地开放市场。1989年，印尼政府把不能接受外国投资的经济部门的总数由273个减为75个。最低限度投资额从100万美元降至25万美元，这为外国特别是日本、台湾、南朝鲜的中小企业进入投资市场敞开了大门。外商投资期限从30年可酌情延至60年，合资企业的外商投资最高股权限额由8成提高到9成半。原规定外资企业在10年内必须把50%的股份逐步转让给印尼国民，现延至15年，特殊企业可延至20年。泰国还对某些外国企业完全开放国内市场，如对有利于外汇平衡、有利于开发资源等项目，实行“不开办生产同类产品的国营企业与之竞争，不限制其产品内销”的特优政策。

(4) 实行优惠税务政策。新加坡对外资公司从其海外子公司赚取的股息，在汇回新加坡国内总公司时免缴预扣税，其他盈利仅缴10%的税，而不是33%的公司税。与德国的56%、日本的42%、英国的35%的公司税比较，新加坡对外资公司的税务政策无疑是最优惠的。此外，新加坡还降低了外资公司的“中央公积金”缴纳率，1988年为10%，比本国公司低15%。泰国从1989年3月1日起，对外国贷款免去6个月的预扣税，这样可使向外国的借款费用降低1%。印尼让外企享受与本国企业同等的税务待遇，对进口的资本商品和设备免税。

(5) 设立自由贸易区和出口加工区,放宽海关管制等。

(6) 加强基础设施建设。东盟各国投入巨额资金发展交通、通信、仓贮、能源等基础设备,使投资硬环境有了极大改善。其中,新加坡的投资环境在东盟中首屈一指;泰国的旅馆、航空、通讯、金融业已与 ANIES(即 Asian Newly Industrialised Economics——亚洲新兴工业经济群,包括香港、台湾、新加坡和南朝鲜,下同)不相上下。此外,除新加坡外,东盟的其他国家在国际贸易中继续享受关税优惠待遇,货币稳定,升值幅度小,工资结构也比较合理。

综上所述,东盟正在成为发达国家和地区在亚太地区的主要的甚至是首选的投资地区(仅吸收的直接投资就已达 300 多亿美元),其吸引外资的竞争力潜力不可低估。

2. 世界经济集团化、区域化趋势对国际投资的方向将产生重要影响

伴随着世界经济一体化进程,近年国际经济集团化、区域化趋势日益扩大和发展。如欧共体及 1992 年统一大市场、美加自由贸易区、经互会、拉美一体化、阿拉伯经济集团化以及亚太经济圈、东北亚经济圈等都相继出现。种种迹象表明,这些现在和将来的经济集团的基本特征都是对“内”开放,促进贸易与合作;对“外”高筑壁垒,限制进口以保护自己。经济集团的对内开放,以至劳动力、资本、技术和商品完全自由流动,会创造出更大的市场,给资本的发展提供更广阔的空间和更多的机会。

据欧洲委员会预测,通过拆除贸易壁垒、发挥规模经济效益、提高企业效率等,欧共体可从 1992 年统一大市场中受益 1700～2500 亿欧洲货币单位,按 1988 年价格计算,相当于世界国民生产总值的 4.25%～6.5%。但经济集团的排他性,很可能使目前已存在的国际贸易保护主义倾向强化。正是争取发展空间和机会、避开贸易壁垒的双重动机，造成了集团内部成员国间相互投资的洪流。这种投资有三个明显特征：一是投资数额巨大，每笔大至几亿、几十亿、甚至上百亿美元；二是直接投资占绝对比重；三是跨国性兼并和收购企业，且日益集中于不动产、金融保险和服务业。

联合国跨国公司中心对占全球海外投资总额90%的9个主要西方国家的研究报告表明，企业兼并和收购是对外投资的主要形式。1985年，美、英、意、法4国共进行了340宗跨国兼并和收购，1987年剧增到639宗。从投资方向看，主要是北美与西欧的逆向对流，日本资本近年也加紧了向上述两地区的渗透。阿拉伯产油国是世界重要的海外投资国，但20世纪80年代以来，阿拉伯世界先后成立的海湾合作委员会、阿拉伯合作委员会和马格里布联盟等三个经济集团使相当一部分阿拉伯海外投资转为集团内或区域性投资，而两伊数千亿美元的战后重建计划将给阿拉伯资本回流创造新的市场。

3. 国际投资区域和产业倾斜使投资环境要素的优先选择顺序改变

高新技术产业的兴起、国际金融保险业的发展对国际资本流向已经并将继续产生影响，发展中国家往日吸引外国资本的资源优势和劳动成本优势已经淡化。一方面，国际市场初级产品的价格比较稳定或呈下跌趋势；另一方面，劳动成本在生产成本中的比重已相对甚至绝对减少。况且，与发达国家比较，发展中国家和地区的劳动成本上升趋势更快。据美国劳工统计局报告，1988年，美国、日本、瑞典、意大利、西德的劳动成本增幅分别为0.3%、10.5%、7.9%、2.9%、1.8%，而台湾、南朝鲜等都在11%～19%之间。当然，劳动成本因素在今后一段时期内，对ANIES和东盟国家中的中小投资商还有一定吸引力，但这种吸引力在逐渐减弱是一个基本趋势。目前外国投资者选择海外投资地区的决定性因素已是市场、经济环境和劳动力素质，实力雄厚的跨国公司尤其如此。

二、亚洲地区资本重点流动的格局及特点

1. 亚洲地区吸收外国直接投资的现状

亚洲地区虽然在金融危机影响下，各国经济增长有所减缓，但近期有止缓的迹象，复苏呈现端倪。其地区的经济增长速度仍是全球最快的区域。1996 年，流入整个亚洲地区的外国直接投资增长 25%，达到创记录的 850 亿美元。中国在 1996 年、1997 年、1998 年度成为世界第二大外国投资接受国，全年吸收外国直接投资 1996 年为 423 亿美元，1997 年为 453 亿美元，比 1996 年增长 7.1%，1998 年为 456 亿美元。1996 年中国吸收外资总额占全球的 12.1%，占亚洲吸收外资的 50%。2000 年中国吸收外商直接投资达 407 亿美元，排名世界第二，发展中国家第一。

1996 年，香港、韩国、新加坡和台湾新兴工业化国家和地区吸收外资较上年增长 27%。新加坡保持亚洲第二大外资接受国地位，达到 94 亿美元的水平。流入韩国外资达 23 亿美元，流入台湾的外资达 14 亿美元。截止到 1996 年底，外资公司设在香港的地区总部和代表机构数达 2307 个，比 1995 年增加 12%。流入印尼、马来西亚、泰国和菲律宾等国家的外资可见表 3.1。

由于东盟国家已开始受到市场容量和基础设施方面的制约。其在亚洲地区的引资份额从 1990—1996 年的 61%，降到 1994—1996 年的 30%。流向南亚的投资 1996 年约为 35 亿美元，这主要反映在流入印度的资金大幅度增长，达 34%，1996 年达 26 亿美元。西亚经济在 1994 和 1995 年滑坡之后，1996 年引资呈现增长趋势，达 19 亿美元，其中土耳其一国独占 11 亿美元，沙特阿拉伯占 1000 万美元。日本吸收国际投资的规模一直很小。1993 年日本

外资流入达到巅峰，约为30亿美元，而1995年跌至420万美元，1996年增至2.2亿美元。

表3.1 亚洲主要国家和地区在世界直接投资总流入量中的份额(百分比)

	1983—1988	1991	1992	1993	1994	1995	1996
发达国家	78.3	72.2	68.9	63.6	59.6	65.0	59.6
发展中国家	21.6	26.2	28.6	33.5	37.0	30.4	36.9
非洲	2.3	1.7	1.8	1.7	2.3	1.5	1.4
亚太地区	11.3	14.6	17.1	23.3	24.1	20.6	24.1
拉美和加勒比海地区	7.9	9.7	9.3	8.3	11.3	8.0	11.0
中东欧	0.1	1.5	2.6	2.9	2.5	4.5	3.5
中国	2.0	2.7	6.4	12.6	14.2	11.3	12.1
中国香港	1.4	0.3	1.2	0.8	0.8	0.7	0.7
印度	0.1	0.1	0.1	0.3	0.6	0.6	0.7
印度尼西亚	0.4	0.9	1.0	0.9	0.9	1.4	2.3
韩国	0.4	0.7	0.4	0.3	0.3	0.6	0.7
马来西亚	0.8	2.5	3.0	2.3	1.8	1.3	1.5
菲律宾	0.3	0.3	0.1	0.6	0.7	0.5	0.4
新加坡	2.1	3.1	1.3	2.1	2.3	2.2	2.7
中国台湾省	0.5	0.8	0.5	0.4	0.6	0.5	0.4
泰国	0.5	1.3	1.2	0.8	0.6	0.6	0.7

资料来源：根据有关统计年鉴计算而得。

2. 亚洲国家和地区的对外投资状况

1996年，亚洲发展中国家和地区的对外投资上升了10%，达460亿美元，分别占所有发展中国家海外外资存量的五分之四。亚洲“四小龙”的对外投资在90年代就已超过了日本。1996年，亚洲“四小龙”对外投资达世界对外投资总额的11.3%。香港居于对外投资者之首，1993—1996年，香港年均输出资金200亿美元以上，为世界第五大资金输出区。东盟(马、泰、菲、印)和中国也成为对外投资强国。

1991—1995年间，亚洲发展中国家和地区的对外直接投资合计约占世界总流量的11%,超过了1980—1985年间2.2%的5倍,1996年又增至13.5%(见表3.2)。

表3.2 亚洲主要投资国家和地区在世界对外投资总量中所占份额(百分比)

	1983—1988	1991	1992	1993	1994	1995	1996
发达国家	93.7	95.8	89.2	85.7	86.0	85.0	
发展中国家:							
非洲	6.3	4.2	10.8	14.2	16.2	13.9	14.8
亚太地区	4.6	3.9	0.2	13.0	1463	12.5	13.5
拉美和加勒比海地区	0.4	—0.2	9.3	0.9	1.9	1.2	1.1
中东欧	0.01	0.02	1.3	0.1	0.3	0.1	0.2
中国	0.5	0.5	0.05	1.8	0.8	0.6	0.6
中国香港	1.6	1.4	2.0	7.4	8.5	7.4	7.8
韩国	0.6	0.8	4.1	0.6	1.0	1.0	1.2
科威特	0.3	—0.1	0.6	0.6	1.0	1.0	1.2
马来西亚	0.2	0.2	0.3	0.6	0.7	0.8	0.5
新加坡	0.2	0.3	0.7	0.8	1.2	1.2	1.4
中国台湾省	0.9	0.9	0.9	1.0	1.0	0.8	0.9
泰国	0.04	0.1	0.1	0.1	0.2	0.3	0.5

资料来源:根据有关统计年鉴计算而得。

近年来,亚洲地区对外投资呈现一些重要特征:

(1)数额增加迅速,地域分布更加广阔。北美、澳大利亚和拉丁美洲依然是传统的投资地,约占亚洲地区对外投资地区的80%以上,向欧洲的投资也迅速增长,已由1989-1991年间年均1亿美元增长到90年代中期的年均50亿美元。

投资领域从制造业向服务业、贸易企业、金融企业发展。近期还增加了对海洋运输、饭店和电子通讯等部门的投资。在欧洲,主要东道国是英、德,其次是法、荷兰。马来西亚、中国和"四小龙"的公司也开始进军非洲。

(2)亚洲的对外投资各有特色。亚洲"四小龙"的公司,主要是韩国和台湾的公司，正在资本和技术密集型行业建立全球性生产设施，它们拥有先进技术、雄厚的科研和工业基础，已开始向电子、汽车、石化和炼油业大规模投资。

新加坡和香港的公司更多地趋于向高附加值的服务业投资。主要为贸易、金融和旅游业，同时也包括一些制造部门。东盟四国主要在零部件制造和资源加工部门（如木材、橡胶和石化）发挥自己独特的比较优势。

中国与印度具有多样化的工业基础，投资辐射面也很广。日本是亚洲的发达国家，也是世界资本输出大国。1996 年日本对外投资达 230 亿美元，同比增长 9.5%，但低于 1989—1990 年的水平（410 亿美元）。20 世纪 80 年代后期，日本对外投资的主要动因是为避免贸易摩擦，而 20 世纪 90 年代中晚期日本跨国公司对外投资的主要动因是为增强国际竞争力。

近年来亚洲的跨国公司的数量、规模，在世界上占重要地位。据联合国贸发会议统计，目前亚洲发展中国家拥有 6691 家跨国公司，占整个发展中国家跨国公司总数的 84.4%，如果加上日本的 3967 家，亚洲拥有的跨国公司占全球总数的 24%。这些跨国公司主要属于日、韩、台湾、新加坡和中国。

3. 外国直接投资对亚洲地区经济发展的影响

长期以来，外国直接投资对亚洲发展中国家的经济发展有着举足轻重的影响。就整个地区而言，1995 年外国直接投资在固定资本构成中的份额和外资存量在国内生产总值的比例分别为 9%（1994 年为 8%）和 15%（1994 年为 14%）。按外国直接投资存量与国内资本总构成的比例给该地区的国家排序，显示出外国直接投资在新加坡和马来西亚有着重要作用（约占 25%）。至于外资存量与国内生产总值的比例，马来西亚最高，其次是新加坡、印度尼西亚、香港和中国。

外国直接投资对新加坡的经济发展一向有重要作用。新加坡政府十分重视为外国投资者营造有利的商业环境,其外资政策也着眼于扶植国内重点部门,以实现持久和多样化的发展。1991—1995 年间,外国直接投资大约占新加坡固定资本构成的四分之一。其制造业基本上由外资所主导。外资企业的出口量在 1994 年占新加坡总出口的 87%。自 1988 年以来,新加坡的经常项目一直盈余并不断上升,1994—1996 年间均 130 亿美元。这种盈余加上高额资本流入使得新加坡外汇储备和对外投资稳步增长。外国直接投资对新加坡国际收支平衡的影响是积极的。研究表明,在新的外资企业比当地企业有着高得多的出口偏好。统计数据显示,在新的美资企业(银行业除外)对新加坡的商品贸易平衡有积极作用。1993 年,美国从新加坡的美资公司进口的货物达 90 亿美元,比美国出口到新加坡这些公司的 40 亿美元的货物多一倍以上。同时,新加坡拥有高度发达的服务业并且已经在亚洲地区拥有作为金融和海外银行中心的牢固地位,跨国公司在这些领域十分活跃。尽管近年来新加坡的生产与出口,特别是占支配地位的电子业的生产与出口已呈下降趋势,但是它作为跨国公司的地区总部,从事采购、经营以及研究和开发等方面的作用则在日益加强。服务业的外国直接投资存量已大大超过第一和第二产业的外资存量。20 世纪 90 年代,外国直接投资流入一直保持着相当高的水平。

马来西亚是亚洲地区发展最快的国家之一,1990—1996 年年均增长 9%。在过去的 20 年里,马来西亚的产业结构转型将它置于新兴工业化国家的第二梯队之中。外资企业在这一转型过程中及制造业出口的大规模发展中发挥了重要的作用,其出口份额占 1995 年总出口的 80%,而 1981 年仅仅为 21%。目前,马来西亚已是发展中国家中最大的外国直接投资接受国之一。马来西亚的制造业主要集中于电气和电子行业,1995 年,电气、机械、应用材料和零部件的出口分别占制造业出口的66%或总出口的52%。这个以外资企业为主的行业,以高度进口、有限的技术转让和组装为特征,其附加值相对较低,而且这些年来还有些下降,已从1981年总产出的28%降为1992年的22%。1995年对该行业中18家最大的外资公司进行的调查表明,进口原材料和零部件占其总投入的78%。这个数字比整个制造业的环境水平高得多。1990—1994年间,外资企业对马来西亚贸易平衡的作用总体上为负。由于外资年均利润和其他投资收益回汇达28亿美元,外资企业面临外汇平衡困难,赤字普遍超过该国总体赤字水平。近年来,利润的回汇呈现上升趋势,可能不久就会超过外资流入。不过随着时间的推移,外国直接投资对收支平衡可能产生积极影响。如果进一步减少进口依赖和转向附加值更高的领域,这种积极影响的范围还会更大。当前马来西亚需要解决的问题是,如何通过产品的升级换代和多样化等方式,促使外资进一步朝着有利于加强国家发展目标的方向发展。

泰国因得益于日本的货币升值及其他亚洲新兴工业化国家和地区的高劳动力成本,外国直接投资大量涌入,1990—1995年年均流入量为20亿美元。出口导向型外国投资的增多促进了泰国出口的强劲增长,进而带动了经济增长,1990—1996年间年均经济增长8%。但是,泰国是亚太地区受1996年出口下降影响最重的国家之一,国内生产总值十年来第一次低于7%。20世纪90年代,泰国经常项目赤字不断扩大,约达1995年和1996年国内生产总值的8%。这主要是因为进口依赖的加大,其中外国直接投资对贸易赤字有重要影响。据统计,泰国外资企业90%的机械设备和50%以上的原材料需要进口。1995年,商品进口总量同国内生产总值的比例甚至超过42%。另一个原因是,投资收益的汇出大幅度上升。这就使得经常项目赤字大于外国直接投资增长的幅度。严重依赖进口投入以及产品的低附加值，限制了泰国从外国直接投资中最大限度地获得外汇盈余。由于泰国已在低附加值劳动力密集型行业中失去竞争力，它也同样需要产业结构的升级和多样化，使高技术行业成为主导行业。然而获得熟练劳动力和研究与开发不足却又成为主要困难。此外，产业的升级换代也需要时间。

近年来，中国一直为发展中国家中最大的外国投资接受国。1993—1996 年，中国所接受外国投资占流入发展中国家的外国直接投资的 36%，年均吸纳外资 350 亿美元。外国投资者对中国的青睐，不仅仅是由于其广阔的市场和 1990—1996 年间均超过 10%的经济增长速度，也是由于其相对低廉的劳动力成本。这就使得中国成为从事劳动力密集型产业跨国公司的一个出口平台。

外国直接投资对中国经济发展的重要性不断上升。到 2001 年 9 月底，中国共有 36 万多家外资公司。累计直接吸收外资达 3000 亿美元。据估算，外资项目雇工 2000 多万人，约占国家就业人员总数的 13%。三资企业的进出口额占国家进出口总额的 50%以上。

20 世纪 90 年代，中国的经常项目总体上为盈余。这主要是由于大量外国直接投资的流入。但外资企业对贸易却有负面影响。如果将 1994—1996 年的贸易数据分成加工（三来一补）和非加工两类，可以发现外资企业的非加工贸易每年存在着 225 亿美元的巨额赤字，占进口投资货物相当大的份额。相反，从事加工贸易的外资企业的贸易盈余呈上升趋势，1996 年达 116 亿美元。对三来一补企业进出口比例的分析表明，加工出口商品的进口量明显下降。该比例由 1994 年的 92%降至 1996 年的 78%。但是，外资企业仍比国内企业逊色，因为国内企业在 1996 年的比例为 66%，这表明，国内企业出口产品的国内附加值更高。

值得一提的是，外国直接投资对国际收支平衡的影响因各国国情而异，而且随着投资类型、工业构成和投资的成熟程度而变化。各国在吸收外国直接投资初期会增加投资量,但也会因为进口需求的增长而破坏收支平衡。此外,东道国的特有因素,如国家的发展阶段、市场大小以及资金、资源状况等都会影响外国直接投资作用的发挥。但是,从长远看,外国直接投资将会为国家经济的增长与发展产生积极的影响。这些积极影响包括:弥补东道国发展资金缺口,加速资本形成;获得实用高新技术,改善产品质量,促进产业升级;赢得规模经济,推动上游和下游工业的发展,以及促进企业合作,结成战略联盟;创造就业机会,增加财政收入等。此外,对于那些从计划经济向市场经济转型,或市场经济机制尚不健全的亚洲国家来说,外国投资还可以在体制建设、经济调整、微观经济改革、刺激竞争和促进东道国经济与发展经济接轨等方面发挥作用。

第五节 资本全球化与经济全球化

一、全球化概念

在跨越了一个世纪的今天,"全球化"已经成为挂在人们嘴边的名词了。但对究竟何为"全球化"的问题,国内外理论界和各种机构尚无一致的解答。根据国际货币基金组织,在 1997 年 5 月发表的一份报告中对全球化的描述:"全球化是指跨国商品与服务贸易及国际资本流动规模和形式的增加,以及技术的广泛传播使世界各地经济的相互依赖性增强。"这一定义所表明的只是"经济全球化"的最基本的含义或特点,即世界各国之间的商品、服务和各种生产要素(包括资本、劳动力、技术、管理、信息等)的流动更加自由和充分,全球范围内的国际经济联系和合作进一步加强,从而使得全球经济形成一个不可分割的有机整体,从这一意义上说,狭义的全球化指的就是经济的全球化。

随着人类社会向21世纪的迈进，国际经济、政治、文化环境和条件都在发生着新的深刻的变化，这意味着世界各国、各地区之间日益密切的经济交往和经济协调必然会扩展到社会其他领域的全球性的交流，从而使得全球化成为一个以经济为核心，向社会其他领域扩散，使全球成为一个包括经济、政治、文化诸领域的错综复杂的动态复合系统的历史大趋势。马克思和恩格斯在19世纪中叶的《共产党宣言》中就已提出了各民族各地区在各方面的相互往来和相互依赖的著名论点，这便是对当今全球化这一必然趋势的伟大预言。

二、资本要素全球化的概念

资本要素从狭义来说是指处于劳动、土地与最终消费资料之间的生产手段，是当代的社会生产要素之一。而从广义来解释则可以把人类社会生产除人以外的一切条件称为资本，其中可分为有实物形态的实物资本（如厂房、机器、原材料、工具）和非实物形态的无形资本（包括货币、股票、商标等）。而我们在研究和分析资本要素的全球化时显然指的是狭义的资本。

资本要素的全球化就是指资本要素在全球范围内充分自由流动，以实现资本要素的最佳组合和配置。资本要素的全球化是经济全球化的重要内容之一，而经济全球化包括三大领域：国际贸易、国际金融和跨国生产。国际金融与跨国生产都属于资本流动，前者是间接资本流动，后者是直接资本流动。换句话说，资本要素的全球化是通过在国际金融和跨国生产两大领域，以间接资本流动和直接资本流动两种形式加以实现的。冷战结束以后，国际经济形势发生了很大的变化，越来越多的国家采取对外开放的战略，在促进贸易自由化的同时，不断扩大招商引资和对外投资的范围及规模，从而使得全球性资本在为贸易服务的同时形成了自己独立的运动，而且它的运动速度更快，覆盖面更广，并形成了一些特有的发展趋势和特点，与此同时，对世界经济全球化也产生了多方面的影响。

三、资本要素全球化的特点及其成因

1993 年以来，随着全球经济一体化和国际金融体系一体化进程的深入，全球经济发展又进入一个新的较快增长与发展的阶段，对资本产生了巨大的供给和需求，推动资本在全球范围内的流动。在目前资本跨国流动的大潮中，国际资本流动呈现出一些新的特点，同时也对世界经济产生了积极和消极的影响。

1. 资本要素跨国流动的规模进一步扩大，增长势头迅猛

《1999 年世界投资报告》表明，1998 年全球外国直接投资流入额增长近 40%，达到 6440 亿美元，流出额增长 36%，达 6490 亿美元。1999 年，全球国际直接投资流量达 8270 亿美元，同比增长了 25%。而且目前仅全球国际直接投资的增幅就已明显超出世界总产值和国际贸易的增幅，显示了国际资本流动的蓬勃发展趋势。

20 世纪 90 年代以来，国际资本流动之所以会有如此迅猛的增长势头，主要原因有：

(1) 高科技发展的推动。生产要素赖以流动的重要条件是高效率、低成本的通讯、运输等设施，恰恰是在这方面，以信息技术为核心的新科技革命的突飞猛进的发展为生产要素在全球范围内的流动组合和配置铺平了道路。尤其是全球电脑网使几万亿美元的贸易、投资、金融业务能在片刻之间完成，信息高速公路的建设使资本的国际流动可以电子信息流的方式来实现，大量资金以此方式 24 小时不断地在全球流动。

(2) 跨国公司的迅猛发展加大了国际资本流动规模。跨国公司分支机构的跨国界分布使跨国公司的资金来源和资金流动都具有资本国际流动的特征。全球跨国公司母、子公司数分别从 90 年代初的 3.7 万家和 24 万家增加到 1997 年的 5.3 万家和 4.5 万家，而公司系统内部的资金流动（由母公司为子公司筹措，或经由母公司从子公司调度）规模也随之扩大。自 1994 年以来跨国并购大幅度升级，并取代新建投资，成为当今国际直接投资的最主要方式。1996 年全球跨国并购额达 2746.11 亿美元，占全球国际直接投资总额的比重高达 79%。

(3) 欧元的启动加速了国际间资本流动。欧盟各国货币的统一，取消了原来各国货币的汇率障碍并降低了国际资本流动的汇率风险，使各国之间资本流动更快捷、方便。欧元的启动使资本进出欧盟的流动环节减少，从而提高了资本流动的速度和效率。

2. 资本要素的全球范围内的流动、组合和配置是与其他生产要素密不可分的

由于生产要素在国家间、地区间的分布是不平衡的，因此生产要素在国家间、地区间是流动而不是静止的。它总是从禀赋充裕的地区流向禀赋稀缺的地区，以获得更多的收益。

这也就从理论上解释了资本要素的国际流动的原因。任何生产要素的流动都需要有载体，而作为国际直接投资主体并且控制着 1/2 的世界生产、1/3 的世界贸易和 1/3 的世界私营生产资本的跨国公司显然就是实现资本要素在全球范围内流动、组合和配置的最有效的载体。而跨国公司奉行的是全球化的战略，即它所从事的是一种在全球范围内的多层次、全方位、综合性的高级国际经济合作活动，它所追求的是在全球范围内实现资本、劳动、自然资源、技术、管理、信息等一揽子生产要素的最优配置，而不仅仅是某种生产要素的全球最优配置。换句话说："在经济全球化时代，资金往往是和技术、人才、管理、信息等一揽子生产要素一起捆绑在跨国公司的战车上流动的。”

3. 官方资本比重显著下降，私人资本的重要性日趋增加

按世界银行的划分标准，国际资本流动按其来源也可分为官方资本和私人资本。官方资本的一个显著特点就是它的援助性。1990年代以来官方发展援助的绝对额逐渐减少，由1990年的574亿美元减少到1996年的347亿美元。1997年对陷入金融危机国家的发展援助增加，使官方发展融资总额上升到442亿美元，但仍不及1995年以前的水平。官方发展融资占发展中国家长期国际资本总额的比重由1990年的52%，逐年下降到1997年的13.4%。

导致官方资本成为20世纪90年代以来国际资本流动构成中绝对额惟一持续下降的项目的原因主要是：大多数工业国财政预算削减，从而外国政府提供的双边贷款急剧减少，发达国家对发展中国家提供援助的积极性随冷战的结束而有所下降，尤其是作为最大援助国的日本也一直处于经济衰退之中。

而与此相对的私人资本却由于近几年世界经济平稳增长，企业的盈利能力和水平提高，从而能够不断进行资本积聚和积累，得到充分的扩张和发展。1990年到1997年国际私人资本流动从519亿美元增长到2846亿美元，占发展中国家长期国际资本流入总额的比重由48%上升到87%。由此可见，国际私人资本流动成了国际资本流动的主流。

4. 发达国家在国际资本流动中仍居主导地位

外国直接投资的地域分布很不均匀。世界最大的30个外资目的地吸收了全球外资流入量的95%；而最大的30个对外投资地的流出量占全球外资流出量的99%。2000年，流入发达国家的外国直接投资为1万亿美元，占全球外资的四分之三。国际资本流向的地区分布如表3.3所示。

表 3.3 国际资本流向地区分布(%)

	1993	1994	1995	1996	1997
OECD 地区	88.9	89.6	91.5	88.4	87.4
非 OECD 地区	8.2	8.3	7.1	8.3	10.7
国际开发机构	2.9	2.1	1.4	3.3	1.9
总　计	100.0	100.0	100.0	100.0	100.0
总额(亿美元)	8186	9676	12843	15716	17693

资料来源:经合组织《金融市场趋势》1998 年 2 月,第 50 页。

发达国家在技术水平、市场潜力和经营环境上具有优势,必然是日益追求质量的国际资本投资的首选之地。加之发达国家一般拥有较为完善的证券市场,这更吸引了大量的国际间接资本。从表 3.3 中可以看到流向 OECD 国家和地区的资本占国际资本的 4/5 以上,但同时也注意到流向发展中国家和地区的国际资本在稳步增加,而发达国家和地区所占的比重已开始下降。出现这一趋势主要是由于世界经济一体化的不断加深。发展中国家对外开放也在进一步扩大和新兴工业化国家和地区经济的持续高速发展,而发达国家和地区的市场已逐渐饱和经济成长变得较为缓慢。

发达国家在国际资本输出中同样仍占主导地位,1996 年发达国家的对外直接投资达 2950 亿美元,占全球对外直接投资额的 85%。在吸引国际资本流入的同时,发展中国家开始加大资本输出,发展中国家 50%以上的对外投资流入同一区域的发展中国家,如东亚与东南亚吸引的外国直接投资中 40%属于区域内投资,而发展中国家为了寻求技术和市场,也在逐步增加对发达国家的投资。从发展趋势看,发展中国家吸引和对外直接投资的速度都在加快,同发达国家的差距正在缩小。

5. 流入拉美、非洲的国际资本显著增加,流入亚洲的国际资本增速减慢

对国际资本流动的绝对额来说,1998 年以前其他任何发展中国家和地区都是无法与南亚、东亚等亚洲国家相媲美的，但1999年拉美和加勒比地区吸引的外国直接投资达970亿美元，已经超过流入亚洲的外国直接投资额910亿美元，而且外国直接投资和国际股权投资流量的增长速度来看，亚洲地区的领先地位已经受到了拉美的挑战。

拉美地区在1990年到1997年引进外国直接投资的流量年均增长率高达29%，居发展中国家之首，同期亚洲虽仍有22%的年增长率，但不及发展中国家的年均水平23.6%，而国际股权投资方面，流入拉美的总额占流入所有新兴市场的份额由1990年的34%上升到1997年的48%，同期流入亚洲的比重却由56%下降到5%(见表3.4)。

表3.4　1990—1997国际资本净流入年均增长率的比较

地　　区	外国直接投资	国际股票权证券投资
亚洲	72.30%	-2.60%
拉美和加勒比	29.30%	45.60%

资料来源:《国际资本流动新格局与我国引进外资策略》、《世界经济》1999年4月

国际资本流动向拉美倾斜的因素，除了1997年亚洲金融危机，东南亚国家货币贬值、通货膨胀、外债负担过重等在一定程度上动摇了一些国家对亚洲地区的投资信心，使得部分资金转向拉美之外，更直接的原因是90年代以来拉美推行的全面经济改革取得成效，南锥体共同市场等区域经济一体化进程加快，采取开放的外商投资政策，保障外国投资者的合法权益，这些都促使该地区成为世界最重要的国际投资中心。

与此同时，非洲的经济保持着持续增长，外资的流入也随之保持着持续增长的势头。1996年以后流入非洲的外资量趋增，1996年比1995年增长5.3%，约为49.49亿美元，占其日常资金需求的三分之一。值得注意的是美国的跨国公司如AT&T、霍尼韦尔

公司等都看好非洲，必将给非洲注入大量国际资本。此外，国际金融机构继续对非洲提供的官方发展援助和优惠贷款以及各国际投资涌入非洲建立的各种基金都成为非洲不断增长的国际资本的重要来源。

四、资本要素全球化对世界经济的影响

1. 积极的影响

在全球化的背景之下，资本的大规模流动对世界经济发展具有全方位的促进作用。

(1) 资本的全球流动，推动了全球产业结构调整，带动世界经济总量的快速增长。前已述及，资本的全球流动必然是与其他生产要素的流动捆绑在一起的，这就意味着资本在全球范围内的运动，必然带动并加速其他生产要素，如人才、技术、管理、信息等的全球性自由流动和优化配置，改变落后地区与发达地区的资源配置结构，提高资源利用效率，促进高技术的开发和研究，加速产业在国家和地区之间的转移，推动全球产业结构，并进一步推动全球贸易、投资的自由化，带动世界经济总量的快速增长。

(2) 资本的全球流动推动了世界经济市场化。国际私人资本流动是遵循市场经济规律由市场进行资源配置的一种形式，即是由市场的力量决定国际投资的数量和地区分布，在全球范围内寻找最有利可图的市场，有效合理地配置资金、技术、管理等各种资源。这直接推动世界经济市场化的进程。前苏联冷战结束后，计划经济逐步缩小，许多发展中国家在改进市场经济体制，东欧国家纷纷实行经济转轨，转向市场经济，中国也正在经历着从计划经济体制向社会主义市场经济体制的过渡。越来越多的国家融入到世界经济市场化的浪潮中来，推动着经济全球化的发展。

(3) 资本的全球化流动促进了发展中国家和地区的繁荣。巨

额资金的全球流动，不断促进各国、各地区金融中心和金融市场连成一个有机的整体。使得一国的资金余缺能在世界范围内达到调配，闲置的资金能转化为盈利的资本，尤其是发展中国家和地区不再受国内储蓄和资金积累的限制，能够充分利用国际资金和证券市场，进行资金融通，加快了国内经济发展的步伐。此外，资本流入的同时伴随着先进技术和管理经验以及企业创新精神的流入及其在整个地区内的扩散，带来了发展中国家和地区整体上投入—产出效益的增加。

近 20 年来，广大的发展中国家和地区都在扩大对外开发，采取积极的引资政策和措施。据有关资料显示，1990—1996 年发展中国家吸收的外国直接投资总额从 337 亿美元增加到 1290 亿美元，增幅达 283%，同期流入新兴市场的国际股权投资也增加了 426 亿美元。没有这些巨额资本的流入，很难想像亚洲尤其是东亚在近 20 年中，国民经济增长率能长期保持在 8%乃至 10%的较高水平上；更不会有拉美经济增长率从 80 年代的 1%增长到 90 年代的 3.5%，并逐渐摆脱经济危机和债务危机的影响，国民经济得以走上良性循环的轨道。

(4) 资本的全球流动促进了世界各国之间的协调合作，推动了经济一体化进程。资本的自由流动和汇率、利率的市场化都要求加大各国金融管理制度的透明度和灵活性，这需要各国加强世界金融合作，以满足资本全球化对世界各国金融管理体制提出的要求。西方大国每年都要举行一次财长会议，以磋商和协调各国的货币及财政政策。截至 1996 年 6 月，158 个国家签署了 1150 个双边投资保护协定，其中 2/3 是 90 年代签订的。正是在这样多边和双边机制的基础上区域经济集团及区域经济一体化取得了长足的发展，世界各区域先后建立了不同层次、不同内容、不同宗旨和形式的经济合作组织，如北美自由贸易区、欧盟、亚太经合组织等，这些区域经济集团都遵守着双赢或双输的游戏规则，以寻求与他国共同发展为基础的本国利益的最大化，从而加强了各国之间的多方面的协调与合作，有利于解决多边体系中存在的争议。

(5) 资本的全球流动，有利于发达国家占有更大的世界市场，加强同各国的经济技术合作。资本的全球化为发达国家的大量剩余资本提供了广阔的活动空间，使得其能在全球范围内寻找有利可图的投资场所，以谋取最大经济利益。跨国公司是当代国际经济关系的主要载体，国际投资额的 90%被跨国公司所控制，而世界跨国公司中 80%以上的跨国公司是发达国家的，因此，90%以上的跨国公司投资来自发达国家。国际投资的剧增，就意味着发达国家跨国公司向全球的不断扩张，不断占有更大的投资、销售、劳动力的世界市场。

国际资本向高新技术产业的渗透，推动发达国家的科技创新，同时使发达国家实现向资本技术密集型的产业升级，以及与其他各国的经济技术合作，不断研究开发和生产出技术和知识含量高的产品。

2. 消极影响

(1) 资本的全球流动加大了各国之间的经济差距，贫富两极分化更为严重。资本流动的目的是为了获取高利润、分散风险，所以，资本的流入必然是一种正相关的运动，即所在国经济环境越好流入的资本越多。但最需要资本的地方却是最贫穷的地方，而流入这些地方的资本却极少。以非洲为例，1990 年至 1995 年期间，撒哈拉以南非洲地区吸收的外资总额仅占发展中国家外资总额的 1.5%。面对着资本流动的这样一种规律和特征，加之发达国家与发展中国家、以及发展中国家内部发展程度不同的国家之间本来就存在较大的整体水平差异，在全球化进程中的竞争力必然不同，所以发达国家与发展中国家、不同发展程度的发展中国家之间的经济差距必然是在逐步加大，而贫富两极分化的现象也日趋严重。在20世纪60年代，富国比贫国富30倍，到了90年代差距却扩大到富国收入比贫国收入高150倍。在1960—1991年之间，世界上最富裕的20%的人口收入份额从70%上升到85%，同期，最贫穷的20%人口的收入份额则从2.3%下降到1.4%。各国经济差距拉大，贫富两极分化已成为世界经济持续、稳定、健康发展的隐患。

(2) 在资本全球化的过程中，国家的主权受到冲击和削弱，主权的本质在发生变化。在跨国公司的全球扩张过程中，生产结构越来越具有全球性，而跨国公司的全球化战略在不断地打破各民族国家的市场障碍，同时又决定着各国的产业分布，从而形成一种各国政府已难以完全控制本国的生产结构、市场结构和产业结构的局面。换句话说，各国对内对外政策不仅在决策上受到跨国公司不同程度的左右，而且在相当程度上对本国经济的影响也在日趋减弱。

此外国际游资对国家的牵制力越来越大，从表面上看是汇率、利率、股价这些资本的价格之间的互动性、相关性、统一性越来越强，实际上是国家对本国资本市场控制力削弱。经济全球化的发展是以主权国家的部分经济主权的转让为条件的。从这一意义上说，国家主权在不断地受到侵蚀，其本质也随着世界经济面貌的改变而发生变化。

(3) 资本全球流动可能无助于发展中国家的高新技术产业的发展和科技进步。发达国家通过向发展中国家的直接投资，越来越多地将国内的劳动和资源密集型产业以及污染环境的企业向发展中国家转移，使得发展中国家的自然环境污染严重，生态平衡失调，资源开发过度；而且随资本流入发展中国家的技术往往是发达国家已经淘汰或者正在逐步被淘汰的并不先进的技术和设备，使得许多发展中国家“以市场换技术”的计划宣告破产，更不用说有助于发展高新技术产业和加快科技进步了。

(4) 资本全球化的背景下,资本有可能危及到国家的经济安全。90 年代以来,一些发展中国家为了加强对资金的争夺,甚至在国内金融体系十分脆弱、极不健全的情况下取消了资本管制,过早地开发金融市场,为世界范围内的资本投机活动提供了空间,从而导致了 1994—1995 年的墨西哥金融危机和 1997 年的东南亚金融危机。危机的后果是显然的,几十年积累的国民财富严重流失,国力受到重创,整个金融系统近乎瘫痪。而在这一过程中,恰恰是资本充当了掠夺国家财富、危害国家经济安全的手段。

金融的全球化已使全球金融市场成为一体,任何一个国家或地区的金融市场的危机甚至是微小的波动都将蔓延至全世界,可谓牵一发而动全身,这正是世界经济相互依存度大大增强的具体表现。从国际资本市场运作的角度,加强对国际资本的监管,预防投机,迫在眉睫。

对于新兴市场国家而言,在尽快恢复经济的过程中应进行金融体系的重建,加强银行监管,逐步实现金融自由化;实行政府债券的有效管理,才能有效地预防投机。另一方面,各国之间应加强相互之间的磋商、协调与合作,通过建立多边投资规则和制订投资协议,共同约束投机力量的市场炒作行为,解决国际金融市场上出现的问题。国际金融机构的有效改革也势在必行,以加强对各国金融系统的监管,完善各国金融机构,加强 IMF(世界银行和国际货币基金组织)、BIS(国际清算银行)与 WTO 之间的密切合作,以确保国际金融业的健康发展。

资本的全球化是经济全球化的发动机,使世界经济进入一个更广泛、更深入的开放、融合、协调的时代,但世界经济体系已暴露出其不适应性,这就要求各国在推动经济全球化的过程中加强经济联合,把利益共享和相互协调与合作作为不同类型国家之间处理对外经贸关系的基础，才能真正实现世界各国经济的协调发展和共同繁荣。

▶本章小节

本章介绍了资本要素的国际移动方面的内容。本章从资本要素全球移动的历史说起，详细介绍了资本要素全球化移动的概念、经济动机、形式与效益；此外，本章还介绍了资本要素全球移动的现状、作用以及资本全球化与经济全球化的关系。

在本章的学习中，我们要注意区分一些容易混淆的概念，如在本章的先行材料中提到的资本要素的国际移动与资本输出的区别，对这些概念作正确的区分有助于更好地理解资本要素的全球化移动。

▶思考练习

1. 资本要素是指通过直接或间接的形式，最终投入产品、劳务和生产过程的 （　　）

   A. 资本货物与金融资产。　　B. 生产资料和债券。

   C. 资本货物与借款。　　D. 债券与借款。

2. 东盟国家设立了外资主管或专门机构，在新加坡叫做 （　　）

   A. 投资协调委员会。　　B. 投资委员会。

   C. 经济发展局。　　D. 投资监管局。

3. (复选)第二次世界大战期间，世界各国利用外资主要呈现以下特点： （　　）

   A. 国际资本流动格局有变化。

   B. 利用外资速度减慢。

   C. 利用外资速度加快。

D. 利用外资主体有变。

E. 多极化发展。

4. (复选)资本要素国际移动对输出国产生的效益主要表现在以下几个方面: ( )

A. 能扩大本国其他要素的输出。

B. 能分散投资风险。

C. 提高本国资本要素的收利率。

D. 能密切与输出国的关系。

E. 引进技术和管理知识。

5. 简述资本要素全球化移动的历史。

6. 试述资本要素国际化移动的形式。

7. 试论述资本全球化与经济全球化的关系。

▶综述材料

外国公司在越南幼稚汽车工业中的直接投资

1975年4月,越南开始对外国投资者实行门户封闭政策。但今天,国门又打开了。最近几年里,越南采取了经济自由化政策,这一政策在很多方面与中国所采取的政策很相似。越南进行了以市场为基础的改革,取消了对很多领域的价格控制,放松对外国直接投资的限制,据说它还将把某些国有企业私有化。

然而,越南要想达到像其他经济快速增长的发展中国家那样的水平还有很长的路要走。它的人均GDP只有210美元,是世界上最低的国家之一,而由于战争的破坏和保护不善,该国的大多数基础设施都处于瘫痪状态。但是，越南有7000多万人口，在90年代上中期，它的经济增长率超过了8%，而且它处在东南亚的战略要地，这些因素预示越南将有光明的发展前景，而这是外国投资者所不能忽视的。

因此，流向越南的FDI数额迅速增长，特别是汽车工业。到1995年初，福特、克莱斯勒、奔驰、丰田、铃木和日本与印度尼西亚的一些公司组成的名为VINDACO的联合体都已向越南政府申请在当地建立生产厂。它们总的计划投资额达6亿美元，对于越南这样一个贫穷国家来讲，这可是一笔不小的数字。

德国奔驰公司的计划投资是较有代表性的。它想在越南的北部和南部分别建一个生产厂，总投资7000万美元。这两家工厂都将在2000年开工，主要生产卡车、公共汽车和一些轿车。越南对奔驰等公司的吸引力体现在两个方面。首先，在未来十年里，越南的年经济增长速度可望达到8%～10%，因此，外国投资者和越南政府都相信，到2000年，越南的国民收入会达到较高水平，而在当地（首先在胡志明市，随后在北部地区）生产和销售汽车也将变得合理而可行。奔驰公司估计，到2005年越南对商用车辆的年需求量将达到11000辆。

外国公司在越南进行投资的第二个原因是它们希望将在当地生产的汽车出口到别的国家，特别是东南亚联盟（ASEAN）的成员国。东盟是一个亚洲贸易集团，越南于1994年7月加入东盟。由于将来东盟成员国之间的贸易壁垒有可能降低，加上越南的劳动力成本较低，它自然就会成为该地区的一个主要出口基地。

但是，在越南投资也有很多问题。越南政府要求在汽车领域的外国投资者保证，在它们建厂后的6～10年里，汽车用的零部件应有30%是在当地生产的。这种本地成分要求令许多外国投资者感到不安，因为在越南这样一个连自行车工业都因技术过时而难以生存的国家里生产汽车零件是相当困难的。外国投资者正努力劝说它们的一些零部件供应商跟它们一起到越南去。如果它们能劝说成功，流向越南的FDI还会进一步猛增。

▶网址推荐

到中国工程咨询网 www.cnaec.com.cn 去了解利用外资与经济增长的关系

到外经导报 www.feherald.com 去了解资本要素的国际移动方面的内容

第四章

技术要素全球化移动研究

▶学习目的

1. 了解技术要素转移的由来与发展
2. 理解技术要素全球化移动的各种理论
3. 理解技术要素全球化移动的经济动机、经济效应和经济效益
4. 了解技术要素全球化移动的形式及发展趋势

▶先行材料

专利制度的建立与近代国际技术的转移

专利制度的建立是国际间进行大规模技术转移活动的重要前

提条件:一方面对发明创造授予专利权,保障发明创造者的正当权益不受侵害;另一方面把发明创造的科技成果向社会公开传播,为技术转移提供了丰富的资源。这两个方面缺一不可,没有法律保护,发明创造者的权益得不到保障,他们就不愿意进行发明创造,不愿意申请专利,技术也得不到公开传播,没有技术的公开传播,需要技术的一方就难获得技术信息,无从寻求自己需要的技术,技术贸易活动也难以发展下去。

因此,专利制度与技术转移是紧密联系在一起的,专利制度在世界范围内的普遍建立和完善,有力地推动了国际技术转移活动的开展。于是,国际技术转移也逐渐由"梯度式"转移发展到"跳跃式"转移。所谓"跳跃式"就是技术的转移不受地理条件的限制,可以跨越某些地理区域,通过火车、轮船、飞机和电讯传输手段,在很短的时间内直接从一国转移到另一国。比如英国需要中国的某一项技术,按"梯度式"转移,就要经过阿拉伯地区和欧洲大陆一站一站地缓慢地进行,有了先进的交通工具和传输手段,就可以跳过欧亚大陆,直接从中国转移到英国。"梯度式"和"跳跃式"是国际技术转移的两种不同方式,也代表了国际技术转移的两个不同发展阶段。在跳跃式阶段,技术转移的周期也大为缩短,平均约为10年左右。美国的汽船、有线电报、电灯、无线电广播、电子显微镜等技术,法国的氯气法制漂白粉和德国的平炉炼钢等技术的转移就是在这个阶段进行的。

▶关键术语

技术要素　技术要素的全球移动　全球技术贸易

国际技术交流

第一节　技术要素转移的由来与发展

国际间科学技术知识的交流与传播，源远流长，有着极为悠久的历史，几乎在人类社会发展的各个时期，都存在着不同程度和形式的技术转移活动。

技术作为生产要素，它的传播与转移同社会生产力发展水平有很密切的内在联系，并受由生产力决定着的生产方式、社会形态、发达程度的制约，在不同时期，不同的生产力和生产关系条件下，技术转移的传播方式、特征，乃至转移后产生的效果和影响都各不相同，具有明显的时代特征。

一、原始的与古代的技术转移

在原始社会，所谓技术，无非是当时惟一的工具——手的使用。捕鱼狩猎，手的使用便是技术。人类远古时代，国家尚未出现，当时的技术转移，仅在部落之间，通过居住地迁徙的途径来实现。模仿，是推动人类社会进步的重要手段。模仿作为技术传播的重要方式与手段，人类一直沿用至今。

这一时期的特点是，由于生产力发展水平低的限制，仅仅表现为一些简单的、偶然的活动，传播和转移的速度相当缓慢，范围也有限，对经济社会发展的影响不大。人类社会进入阶级社会以后，随着生产力的发展，技术日见进步，技术的传播和转移也有很大的发展。

相传秦始皇曾派徐福率领童男童女和工匠东渡日本，寻求长生不老之药，把大量农业生产技术传入日本。公元前 12 世纪，我国的养蚕织丝技术开始发展，经过 1300 多年，通过“丝绸之路”传到中亚、西亚和欧洲地区。至唐代，日本曾先后十多次派遣“遣唐使”

前来留学，学习文化和工农业技术。公元13世纪意大利人发明了眼镜技术，到16世纪，传到了日本。

欧洲工业革命以前，技术在国际范围内的转移，是通过人员的流动来实现的，特别是军队和传教士对技术的转移作出了重要的贡献。当然，这个时期的技术转移大都是无偿的。人们在通商、传教、留学等活动中传播和转移了技术。与原始社会不同的是，这一时期的技术转移，跨越了国界，并且改变了过去那种只在师徒、父母与子女之间个人传授的方式，开始了有组织、有目的、有一定规模的技术转移活动。可以这么说，真正意义上的国际技术转移始于这个时期。

二、近代国际技术转移

工业革命发源于英国，但很快扩展到欧洲、美洲，使一批资本主义国家成为工业发达的国家，完成了工业化的历史任务。欧洲的商品经济发展不但提供了广阔的天地，也为新技术、新产品的开发提供了强大的动力和巨大的销售市场。

从技术的角度看，工业革命以前的国际技术转移主要是依靠人员的流动来实现的，甚至连工业革命本身也是由于人员流动导致技术的转移而实现的。当时，法、德、荷等国的传教士和一些政府、企业界人士，纷纷到英国开办企业，把法国的纺织技术、德国的冶炼与机械技术、荷兰的土木工程技术带到了英国，在英国汇集了几乎是当时世界上最先进的技术，促成了一场划时代的工业革命。

但是，工业革命以后，技术转移就不仅仅靠人员的流动，而更多地是依靠贸易形式实现的。技术物化在商品中或作为独立的商品，随着贸易和投资的发展技术转移也就逐渐增多。但是，这一时期的技术转移活动，无论是从内容、形式和规模来看，都相对简单、狭义，远远不能与现代技术转移相比拟。

三、现代国际技术转移

第二次世界大战以后，特别是20世纪60年代以来，由于科学技术的迅速发展和经济的不断发展，技术的有偿转移即技术贸易有了很大的发展。

据统计，20世纪60年代中期，世界技术贸易总额为25亿美元，20世纪70年代中期，世界技术贸易总额增长到120亿美元，20世纪80年代中期，世界技术贸易总额增长到500亿美元，比20年前增长了20倍。这一时期的技术贸易构成，发达国家占80%，前苏联占10%，其他发展中国家占10%。1991年我国技术贸易额达34.59亿美元，出口合同462项，总金额12.77亿美元。1999年，我国的新技术产品出口达247亿美元。

在发达国家的技术贸易中，日本是后起之秀。据统计，在1950年至1976年不到30年的时间里，日本仅花费大约60亿美元，从国外引进了1700多项先进技术，差不多把西方发达国家半个世纪的科学技术都吸收进来了，获得了价值2000亿美元的社会财富。这些技术如果仅靠日本自身研制，需3倍的投资与10倍的时间。

这一时期的发展中国家从引进技术以成套设备为主要形式转向购买专利许可证、设计图纸等软件技术，以节省费用和减少对国外的依赖。当然也有少数几个发展中国家和地区：巴西、墨西哥、阿根廷等向外输出技术。

第二节　国际技术要素转移理论述评

当前，国际技术要素转移理论还没有形成完整的体系，仍处于初创阶段。自20世纪60年代以来，随着国际技术转移的加速发展，国际上的一些学者（主要是西方学者）从不同角度和不同层次对国际技术转移的机制和政策提出了若干理论，这些理论之间虽然缺乏有机联系，但具有构造国际技术转移独立理论体系的趋势。

一、技术传播理论

20 世纪以来，国外学者对技术转移实践的研究，都是从国内技术传播的研究入手，而后扩大延伸到国际技术转移的。1904 年，法国社会学者塔尔德首先提出了“S 型传播理论”，认为模拟是重要的传播手段，而且在传播过程中模拟者人数呈 S 型曲线（如图 4.1 所示）。

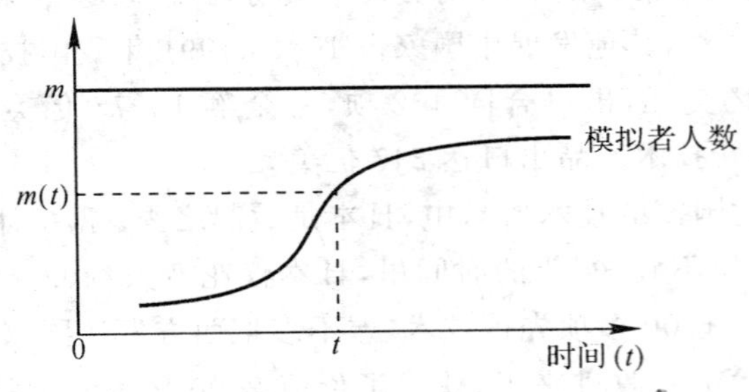

图 4.1 “S 型传播理论学”示意图

美国学者格罗斯和赖安在 1943 年对依阿华州农民传播高产量玉米品种的活动进行了统计研究，结果表明，采用新品种的农民数呈 S 型曲线日益增加，与塔尔德的结论一致，证实了“S 型传播理论”的正确性。

二、国际技术转移机制理论

国际技术转移机制理论主要有两种：

1. 技术转移选择理论

技术转移选择理论主要是由曼斯菲尔德、邓宁、凯夫等几位学者的思想概括而成。产品出口因受国内要素价格过高影响，而选择生产要素较便宜之地进行直接投资，当直接投资由于诸如以下等原因受阻后：东道国直接投资的基本条件落后、知识存量不足、国外市场不了解、投资成本过高、技术创新的周期太短、风险大，就选择进行技术转移。这说明选择论与周期论关系密切。

2. 技术转移周期论

技术转移周期论是日本学者斋藤优从企业利用新技术谋取最大利益出发，把商品输出、对外直接投资、技术转让三者联系起来考察，认为三者是按一定的周期循环的。其循环关系如图 4.2 所示。

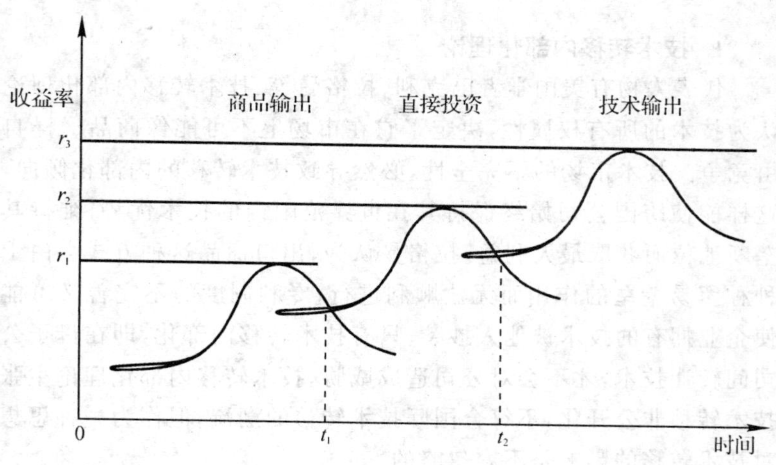

图 4.2 “技术转科周期论”示意图

斋藤优认为，占有新技术的企业总是先出口运用该技术生产的新产品，在出口过程中，该产品在当地的市场不断扩大，收益率由低到高；同时，该产品也逐渐适应了当地条件，运用当地生产要素也能生产出该产品来，于是收益率开始下降，企业即于 t_1 这个时点把出口商品转为直接投资，以谋取收益率回升。其后，由于当地厂商很快提高了当地该项技术的水平，且能仿制该产品推向市场，此时，企业直接投资的收益也由上升转为下降，降至 t_2 这一时点，企业即转而输出技术，不仅要维持原有收益率，而且能达到最高收益率。

斋藤优的理论不同于前者之处在于他以周期论揭示了技术转移是一项新技术问世后的必然归宿，把技术的生命同企业谋利二者有机地结合起来，从而解释了形成技术转移的机制。

此外还有“技术转移均衡论”、“技术差距论”等等。

三、国际技术转移政策性理论

1. 技术转移内部化理论

代表人物有美国学者巴克利、拉格曼等。技术转移内部化理论认为技术的所有权属性，决定了它在市场上不可能像商品一样自由竞争。技术市场的不完全性，必然导致技术转移的内部化倾向，这样能使跨国公司始终保持其在世界范围内的技术优势，维持其垄断地位而获取最大利益。拉格曼认为，出口商品这种方式会由于种种贸易壁垒的作用而无法顺利进行；专利制度的不完善又可能使企业拥有的技术被他人抄袭。只有技术转移内部化，即在母子公司间转让技术，才不会对公司造成威胁。技术转移内部化理论主张技术转移非公开化，不符合国际技术转移的潮流，但作为一种思想对技术转移的影响是不容忽略的。

2. 技术从属论

如果技术差距论、技术转移选择论以及技术转让内部化理论主要是从发达国家的角度提出来的话，那么，技术从属论与技术适用论则主要是从发展中国家的角度提出来的。代表人物是比昂契克和托索斯。他们认为发达国家与发展中国家之间存在支配与从属、掠夺与被掠夺的关系。发展中国家要加强合作，废除专利制度，停止技术引进，切断支配与从属关系的纽带。

技术从属论者认为，要改变发展中国家技术上依附发达国家的从属地位，反映了发展中国家的要求和愿望，具有积极意义。但废除专利制度、停止技术引进等，是行不通的，也是不可取的。

3. 适用技术论

适用技术就是能够适应社会的环境条件并能够以正确的方式来满足社会有效需求的技术。发展中国家所需要的技术，发达国家不一定拥有，或者发达国家的先进技术对发展中国家不一定适用。

发展中国家不能离开技术的适用性去片面追求先进的高精尖技术，发达国家也不应该以技术的适用性及其转移的梯度性为借口，对发展中国家转移中间技术甚至过时技术。应帮助发展中国家发展高科技，提供各种方便，以利于国际技术协作的发展。

第三节　技术要素全球移动的经济动机和经济效应

一、概念

联合国对技术要素下的定义，是指制造某项产品、应用某项工艺或提供某项服务的全称。在技术范围内，不包括货物买卖知识。技术方式可表示为文字、语言、表格、配方、生产经验、个人技能、观念等。但有一点，这些形态必须可以传授，可应用于生产并能产生效益。

将某种技术应用于或移至不同的国家或地区，称为技术要素的国际移动。技术要素移动与技术要素的扩散、传播差不多，但后者比全球技术转让要丰富得多。

二、技术要素全球移动的经济动机

技术要素国际移动的经济动机是多方面的，较主要的有：

(1) 技术转让是跨国公司维持和扩大其竞争优势的重要手段。技术是跨国公司竞争优势的主要来源，技术对跨国公司的重要性决定了跨国公司是新技术的主要创造者和所有者。跨国公司将其所拥有的技术向国外子公司与分公司转让，可以使这些公司在当地市场的竞争中获得优势，站稳脚跟，扩大销售。这也就是我们所说的跨国公司进行对外直接投资的内部化动因。

(2) 追求较高的技术转让费用，以期尽快回收技术投资。由于各国的技术状况存在差异，相同的技术商品在不同国家有不同的价格，因此会使技术商品由价格低的国家流向价格高的国家，以便获得较高的技术转让费用。另外，随着科学技术日趋复杂，一项新技术从研究到中间试验再到付诸使用的成本费用愈来愈高，常需投入巨额资本，因而亟需尽快收回投资成本。

(3) 以技术换市场。以技术换市场多为大跨国公司所采用的策略。它有两种形式：一种是通过技术输出直接带动商品出口，如通过出口成套设备等软件与硬件相结合的商品出口；另一种是通过把技术输出到国外，换取对方开放市场，从而扩大商品销售。

(4) 代替或带动其他生产要素的输出。技术要素的国际移动有时能够代替其他生产要素的输出。例如，把技术作为直接投资的股金或合作条件投入海外企业，便可以在不出资或少出资的情况下达到扩大海外投资的目的。而且技术要素的输出还能带动劳动力与资本等生产要素的输出。

(5) 通过向发展中国家无偿或按优惠条件转让技术（通过技术援助和技术交流的形式实现），促进发展中国家的经济发展和出口规模的扩大。一些国家和一些国际经济组织希望通过向发展中国家无偿或按优惠条件转让一些先进的或适用的技术，以推动发展中国家技术水平的提高，促进发展中国家产业结构的调整和出口规模的扩大。经济的发展和出口规模的扩大反过来会进一步扩大发展中国家的技术进口规模。

三、技术要素全球移动对技术输出国的经济效应

技术要素全球移动对技术输出国的经济效应，主要有以下四点：

（1）赚取外汇收入，弥补其财力不足或尽快收回科研投资。科技在不断发展，新产品的开发费用也日趋增大，企业负担加重，出售技术可补偿开发费用或进行再开发。如果对研制的技术，企业目前无能力投入生产，很可能在闲置过程中被淘汰，因为相近或更先进的技术会很快产生。这时只有尽快售出，获取下一轮研制费用。另外，技术输出到国外，一般可获取较高的转让费，从国家的角度来看还可以改善国际收支状况。

（2）延长技术生命周期并扩大技术效用。现代技术生命周期日益缩短。不过，一项新技术在发达国家已进入成熟期，但在较发达国家或发展中国家可能还处于成长期或创新期，通过技术转移可延长其生命周期，也等于延长了依靠该技术获取利润和报酬的期限。同时，技术转让方可获得更新技术的时间，有再一次选择新技术的机会，能优化产业结构，发展新兴产业，从而促进技术的不断更新和发展。也有的企业专门从事新技术开发工作，但并不自己生产，新技术一问世就转让出去，以取得新技术的最高售价，迅速收回成本。

（3）以技术出口带动商品出口。用技术出口带动商品出口，特别是对于那些贸易壁垒“坚厚”的国家，以技术带动硬件商品的出口往往是一种行之有效的方法。

(4) 有利于技术输出、输入国之间的经济联系。技术在现代生活中的作用举足轻重,各国均较为重视,如果两国间有技术输入、输出,经济、政治关系会密切不少。输出国输出技术,输入国一般都持欢迎的态度,进而为输出国对输入国其他方面活动的顺利展开打下基础。

四、技术要素全球移动对技术输入国的经济效应

(1) 减少重复科研,节省费用,促进国民经济的发展。世界上一切科技创新均需投入大量的人力、物力,且往往费时颇多,只要以合理价格引进技术,就能很快获得由国外先进技术产生的效应。日本就是很好的一例。日本花了 30 年时间引进 1700 多项技术,支付 60 亿美元,产生了 2000 亿美元的社会财富。

(2) 引进国外先进技术能够使输入国填补科技空白,增强国力。发达国家是这样走过来的,作为发展中国家,我国也同样可以效仿。

(3) 引进国外先进技术,有利于改善国民经济的技术结构,加快产业结构升级,促进新兴产业部门创建,加深国际分工。

(4) 引进国外先进技术,有利于输入国培养科技人才和管理人才。引进技术,一般要到输出国培训人才,回国后能扩大科技人员的队伍,并提升其管理水平。

(5) 技术引进在微观上,有利于企业的技术改造,提高自主开发能力,改变企业的产品结构,增强企业竞争力。这将有利于企业巩固原有市场,并能拓宽新的市场。

第四节 技术要素全球化移动的发展趋势

技术要素全球化移动可以采取多种形式,有有偿的技术买卖,

即技术贸易,也有无偿的技术交流与技术援助。

一、全球技术贸易

全球技术贸易是技术要素全球化移动的一种主要形式。一般说:全球技术贸易是指不同国家的企业、经济组织或个人之间,按一般商业技术使用权买卖的一种交易行为。国际技术贸易的交易方式多种多样,其中较主要的方式有九种:

1. 许可证贸易

许可证贸易是指许可方与被许可方签订的在规定时间和范围内有偿地使用许可方提供的工业产权、专有技术及计算机软件的合同。是一种使用权(及相关的制造和销售产品的权力)的转让。交易双方的关系是买卖关系。

2. 顾问咨询

顾问咨询是雇主与工程咨询公司签订合同,由咨询公司负责对雇主所提出的技术课题提供建议或解决方案。其内容一般为:项目可行性研究,工程计划,编制施工方案,指导生产与培训人员等。这种形式对企业来说可避免走弯路,并节省资金。

3. 技术服务与协作

技术服务与协作的方式有两种:一是技术出让方派专家、技术人员到接受方工厂,帮助调试设备,指导生产和讲授技术;二是接受方派技术人员或工人到出让方工厂进行培训实习。

4. 成套设备或关键设备买卖

一般设备的买卖称硬件贸易,标的为技术时则是软件贸易。

5. 工程承包

工程承包一般属于劳务合作,但由于工程承包中有一种“交钥匙”承包方式,其中包含有技术转让的内容,这样,人们也就把工程承包也称为全球技术贸易的一种方式。

6. 补偿贸易

补偿贸易是指出让方向受让方提供技术、机械设备，原材料和技术，约定规定期限内，由受让方用商品或劳务一次或分期偿还引进技术和机械设备等价款的技术贸易方式。

7. 国际租赁

国际租赁是第二次世界大战后发展起来的一种国际间设备与技术交易的方式，它具有商品信贷和资金信贷两种属性，是二者的有机结合。由于租赁来的设备含有工业产权或技术诀窍，因而这种租赁业务也就含有技术贸易的内容。

8. 合作生产与合作开发

双方在合作的过程中，共同投资，共同确定研制的项目和计划以及研制方法，成果双方共有，这种方式称为合作生产与合作开发。

9. 国际合资与合作经营

国际合资与合作经营是指两个或两个以上国家的企业、经济组织或个人共同投资或共同提供合作条件建立新的合营企业。

以上前三种基本属单纯的技术软件的买卖，第四至第八种方式是软件与硬件相结合的技术贸易，而第九种方式则是国际投资中包含的技术贸易。

二、国际技术交流

国际技术交流一般属无偿转让，通过非市场渠道进行，具体方式有三种：(1)交换科技情报、资料和仪器样品。(2)举办科技开发中心和共同研究项目，举办国际性会议和国际博览会，聘请国外专家举办讲座。(3)出国访问、考察和工作等。

三、国际技术援助

国际技术援助是指援助国无偿地或按优惠条件向受援国传授

技术知识，帮助他们建立科技、文化机构并提供相应设施，以促进受援国经济和科学技术的发展。有偿项目一般条件比较优惠。具体形式主要有四种：

(1) 派技术人员、专家到受援国提供技术服务；

(2) 帮助受援国培训科技人员；

(3) 提供奖学金，接受受援国的留学生和研究生；

(4) 提供物资和设备，帮助受援国建立科技馆、技术推广站等项目。

四、技术要素全球移动的发展趋势

近年来，技术要素全球移动发展十分迅速，今后一段时间，技术要素国际移动将主要出现以下六种趋势：

(1) 全球技术转让速度将会加快。以往的技术转让实践证明，技术国际移动对输出、输入国均有利，大有加快之势。

(2) 对高技术产业的争夺将会日益激烈。对企业而言，一旦拥有高科技，就有获取高利润的可能。对一个国家而言，一旦拥有高技术，就能推动科技进步，进而带动经济的增长。

(3) 发展中国家在全球技术输出中的地位得到加强。许多发展中国家不仅鼓励技术进口，而且随本国技术水平的提高，也开始制定鼓励技术输出的政策。中国和印度，每年都有一定数额的技术出口，出口量在逐年扩大。其他发展中国家也有相应的发展。

(4) 跨国公司在全球技术转让中的地位将更加巩固和加强。跨国公司的技术贸易量占全球的80%以上。且随着跨国公司在世界经济中发挥作用的增大，其在全球技术转让中的地位将更加巩固和加强。

(5) 技术要素与其他生产要素结合转移的密度更大。

(6) 技术要素全球移动的地区结构将发生一些变化。

今后发达国家仍将是全球技术转让的主要交易场所，并且随着区域经济集团化和一体化的发展，这种情况会得到加强。但是，亚太地区和前苏联东欧地区在全球技术转让中的地位也在提高。

第五节　技术要素全球化移动的制约因素

技术要素全球化移动的制约因素，大致有四个方面：

（1）商业惯例。时期不同，商业惯例的限制种类有增有减，有严有松。例如一些公司在转让某项技术时，规定买方需购买多少相应的商品，或在若干年内该技术不能扩散，不能改造等。联合国1981年4月10日拟订的《联合国国际技术转让行动守则（草案）》中，共列举出20项限制性商业惯例，到1985年6月5日，修订后的守则，又归纳为14项。

（2）早期的巴黎统筹委员会。巴黎统筹委员会正式名称为“输出管制统筹委员会”，1949年由美国倡导建立的对苏联和东欧国家执行“禁运”政策的机构。总部设在巴黎，1969年以后“禁运”政策逐步放宽。1995年委员会解散。

（3）各个国家限制高科技出口，以维护国家利益。

（4）发达国家技术有时过分强调保护工业产权。发达国家往往在保护工业产权方面立法比较全面，各执法机构也较健全，这在一定程度上阻碍了技术要素的国际移动。

▶本章小节

本章介绍了技术要素的国际移动方面的内容。从技术要素的国际移动的由来和历史谈起，着重介绍了技术要素国际转移的各种理论以及技术要素全球化移动的形式、经济动机、经济效应和经济效益。

在本章的学习中，要注意在了解技术要素国际转移的各种理论基础之上，重点把握技术要素的国际移动的各种形式及发展趋势。

▶思考练习

1. 鼓励、保护发明创造者权益为宗旨的专利制度的产生于 （　　）

A. 古代技术转移时期。　　B. 近代技术转移时期。

C. 现代技术转移时期。

D. 将会是一种发展趋势，目前还未产生。

2. 技术传播理论的提出者是 （　　）

A. 塔尔德。　　B. 巴克利。

C. 拉格曼。　　D. 斋藤优。

3. （复选）技术要素全球化移动对技术输出国的经济效应有 （　　）

A. 赚取外汇收入，弥补其财力不足或尽快收回科研投资。

B. 延长技术生命周期并扩大技术效用。

C. 以技术出口带动商品出口。

D. 有利技术输出入国之间的经济联系和改善输出国的国际形象，为本国其他方面对外交往活动开展创造条件及营造氛围。

E. 减少重复科研，节省费用，促进国民经济的发展。

4. 试简述技术转移周期理论。

5. 全球技术贸易的交易方式多种多样，其中主要有哪几种？

6. 简述技术要素全球化移动的经济效益。

7. 阅读本章的先行材料，试说明技术要素国际移动与专利制度产生的关系。

▶综述材料

国际技术保护主义

贸易保护主义是随着国际贸易的产生而产生、发展而发展的。最初的国际贸易只是一般商品的国际交换,随着世界经济的发展,劳务和技术也进入国际贸易领域。与此相适应,贸易保护主义也由最初的一般商品贸易领域,继而进入劳务和技术贸易领域。这就是国际技术保护主义。它是指相对于国际贸易保护主义,由各国政府在技术转移和技术贸易方面所采取的以技术垄断和技术保护为特征的手段和方法。其主要特征是技术输出国的技术垄断策略和技术输入国的技术保护手段。技术垄断策略,是为了技术垄断优势而防止技术无原则、无价值、无戒备地外流;技术保护手段,是为免遭技术大量地、不合理地、无原则地侵入。技术垄断策略不仅是发达国家的政治、经济法律之策略,也是处于国际技术贸易中主要角色的跨国公司全球战略的一部分;技术保护手段,则是经济技术落后的国家(主要是发展中国家)实行政治、经济、技术独立自主的战略思想的组成部分。

技术保护主义和贸易保护主义所不同的是,贸易保护主义的着眼点是市场,是经济利益;而技术保护主义除了市场和经济利益外,还有政治上和军事上的考虑。技术保护主义和贸易保护主义一样,都是相对的有选择的保护。在贸易上西方国家并不是保护一切商品,而只是保护受到强烈竞争和威胁的商品。在技术上西方国家也不是保护一切技术,而只是保护尖端技术和军事技术。因此,技术保护主义对需要不同技术的国家的限制作用和影响程度是不同的。

从 20 世纪 70 年代中、后期开始,尤其是 80 年代以来,技术保护主义成为贸易保护主义的主流,国际间技术摩擦不断加剧。日本经济学家斋藤优在评论技术保护主义问题时，曾这样写道："近来，国际技术摩擦日益加剧。在贸易摩擦和投资摩擦中也有相当部分实质上源于技术摩擦，而且这些摩擦往往相互交织，情况错综复杂，因此解决这一问题已刻不容缓。""一般地说，经济摩擦的主流是由产业发展的结构和国际分工、国际竞争的状态决定的。例如，60年代后半期，经济摩擦的主流表现为贸易摩擦，在这一时期，发达国家之间实行贸易自由化，而发达国家与发展中国家之间则在设立特惠关税制度的过程中，围绕贸易出现了各种摩擦。进入70年代后，随着发达国家之间的海外投资竞争激化以及发展中国家对外资的民族主义的抬头，经济摩擦的主流遂变为投资摩擦。在80年代，经济摩擦的主流则又变为技术摩擦。"这一评论是颇为精辟的。技术保护主义的日益甚嚣尘上，已经构成对国际技术交流和科学技术进步的严重障碍，极大地破坏了国际间的技术贸易和技术交流，给人类社会进步和世界经济发展带来了不利影响。

国际技术保护主义的出现和发展有着深刻的政治经济和社会背景。具体地讲，主要是：

(1) 政治上的需要。这是西方发达国家大搞技术保护主义的重要原因。技术上的领先地位有助于加强一国全面的经济实力。而当今的世界政治中，经济实力的强大和技术上的领先可以成为政治上讨价还价的有力手段。尤其是对技术上落后的发展中国家，发达国可以凭借其技术优势实行强权政治。

(2) 经济利益。在当今科技革命蓬勃发展的条件下，掌握最新技术就能组织最新产品的生产和应用最新的工艺，这无疑是竞争胜败、获利大小的关键。而尖端技术的外流，就会使其占有者失去竞争优势，就等于为自己培植竞争对手，其结果是利润的损失。这一点美国有着深刻的教训。战后的日本是美国一手扶植起来的，无论是尖端技术或先进设备，美国无不慷慨解囊。结果仅短短的20

～30年，日本就一跃而起成为美国的竞争对手。

(3) 军事安全。从技术转移的三个流向来看，以美国为首的西方发达国家对社会主义国家限制最严；从受到保护的技术的种类看，以与军事有关、不利于美国及其盟国对社会主义国家的军事地位的技术为最严。为了争夺世界霸权，以美国为首的西方发达国家大搞扩军备战，实行国民经济军事化。一些先进的技术往往首先是在军工领域发明的，以后才逐步转为民用。这些尖端技术一旦流到国外，将对它们的军事地位造成严重影响。所以这些有关军事安全的技术便成了各国技术保护主义所重点保护的对象。

历史发展到今天，生活中存在着比技术保护主义更强大有力的东西，这就是生产和资本的国际化。生产和资本的国际化，不可避免地会带来技术的国际化。技术保护主义和贸易保护主义一样，是对历史的反动。或者说，技术革命在创造着技术国际化的条件，而技术保护主义则要把技术禁锢在一国甚至一个企业的范围内。技术保护主义严重影响了国际间的技术贸易和交流，但并不是说技术保护主义扼杀了国际技术贸易。西方国家大搞技术保护主义，但也并没有把技术转移之路完全堵死。因为技术贸易的发展是生产力国际化和经济关系日臻全球化的必然结果。在经济发展愈益依靠科学技术进步的当代社会，任何国家都必须在国际准则的指导下，开展和推进技术贸易，以谋求经济和技术的更大发展。这是历史的主流，战后国际贸易的较快发展就说明了这一点。

▶网址推荐

到腾讯文稿中心 bbs.tencent.com 去查找有关技术要素国际移动与国际经济合作的关系方面的资料

到中国财会网方库 www.e521.com 去查找技术要素国际移动方面的内容

第五章

劳动力要素全球化移动研究

▶学习目的

1. 理解劳动力要素全球移动的概念
2. 理解劳动力要素全球化移动的动机和制约因素
3. 理解劳动力要素全球化移动的经济效益
4. 了解关于发展中国家人才外流的争论
5. 了解劳动力要素全球化移动发展趋势及我国对劳动力要素全球化移动的对策

▶先行材料

国际劳务合作的历史和现状

劳动力的国际移动并不是战后才出现的新现象,还在资本原始积累时期就开始了，当时西欧殖民者搜捕非洲黑人贩卖到美洲做奴隶，从中获取暴利，成为资本原始积累的一个重要来源。这是一种强制性的、暴力掠夺性质的劳动力国际移动。还有大规模的移民活动，特别是向美洲的移民，如 19 世纪西欧人大量移居北美、亚洲人涌向美国等等。必须指出早期劳动力的国际移动如奴隶贸易、华工苦力贸易等并不是国际劳务合作，国际劳务合作是第二次世界大战后，发达资本主义国家、社会主义国家、发展中国家三种经济格局并存的情况下由于经济需要而产生的。

战后初期，西欧北美仍是主要的劳务市场，阿尔及利亚、西班牙、葡萄牙、突尼斯、摩洛哥等国的大批劳动力流入法国，联邦德国则有大量来自土耳其、南斯拉夫、意大利、希腊的劳工。这些劳动力的迁徙，对医治战争创伤，恢复欧洲的经济，发挥了十分重要的作用。60 年代末特别是 70 年代两次石油提价以后，中东和北非劳务市场迅速崛起，近年来，由于世界经济的变动，亚太地区又成为一个重要的劳务市场，世界劳务合作的发展进入了一个崭新的时期。

经过战后几十年的发展，国际劳务合作无论是在深度还是在广度方面都较战前有完全的不同。一方面，战后劳动力的国际移动由战前的移民方式发展为多种形式，产生了国际劳务合作。既有个人劳务输出，也有团体劳务输出；既有物质生产性劳务出口，也有服务性劳务如医生、护士、厨师、海员、教练等的输出；既有单纯对外提供劳务，也有通过承包工程、工农业项目成批派出劳务人员。劳动力资源优势的国家，既有劳务的出国服务，也可通过国际旅游、加工出口、创汇农业等形式，使劳动力不出国就实际上输出了劳务。另一方面，战后国际劳务合作发展十分迅速，无论输出的劳务人数还是劳务出口的外汇收入都十分可观。据统计，现在全世界约有 2000 万流动劳务人员，其中约有 1200 万来自发展中国家，这些出国劳工每年为发展中国家挣回外汇约 250～300 亿美元。

▶**关键术语**

劳动力要素　劳动力要素的全球移动　国际劳务合作
发展中国家的人才外流

第一节　劳动力要素全球化移动概述

一、劳动力要素的概念

劳动力要素是由正在工作的和正在寻找工作的人员构成，包括在业者和失业者，不包括学生、退休人员等。简而言之，就是指社会上可用于生产过程的一切人力资源。

二、劳动力要素全球化移动的含义

劳动力要素全球移动是指劳动力直接到国外就业，或者在国内工作，但间接为外国人提供劳务。劳动力直接在国外就业的形式，主要有单纯的劳务输出，例如海员、医生、国际移民、国际工程承包等。劳动力间接移动主要指受外国企业的聘用、国际旅游、国际咨询、来料加工、来件装配这四种形式。

三、劳动力要素移动的历史

劳动力要素国际移动的现象是一个历史性的发展过程，如果从哥伦布发现美洲大陆，欧洲人开始大规模移民到美洲算起，国际间劳动力的移动已有500年的历史。它大致已经历了三个阶段：

第一，一次世界大战以前的劳动力国际移动。这一阶段是欧美资本主义生产方式产生和发展的时期。由于工业化的发展需要从国外输入大批劳动力，而亚洲和非洲国家还处于自给自足的农业生产阶段，有大量的剩余劳动力，这就决定了这一时期劳动力的流动主要是从亚洲及非洲国家流向欧美新兴资本主义工业国家或新开发的国家，所以这种流动不免带有一定的殖民主义色彩。1492年哥伦布发现了美洲“新大陆”以后，流向新大陆的移民除了从欧洲去的白人外，还有1630年以后通过“三角贸易”从非洲经过欧洲贩卖到北美去的黑人。而来自中国的华工从19世纪中叶开始代替黑奴成为新大陆重要的劳动力来源。在这一阶段的末期即19世纪末20世纪初，国际劳动力移动进入高潮，成千上万的移民横渡大西洋，涌向美洲和大洋洲，形成近代最大的移民运动。

第二，两次世界大战期间的劳动力要素国际转移。在这个阶段，国际上正常的移民大大减少，战争劳务开始出现并获得较快发展。战争劳务主要是指离开本国到国外从事公路、桥梁及工事的修筑，进行军需生产和运输的劳工。另外，还有一部分为逃避战争的国际移民。

第三，第二次世界大战结束以后到现在，是国际间劳动力要素移动的第三阶段。第二次世界大战后发达国家之间、发展中国家之间以及发达国家和发展中国家之间经济发展不平衡的存在，以及其他一些因素的作用使国际间劳动力要素的移动继续发展，使国际劳动力要素移动进入个新的发展时期。这个时期劳动力要素国际移动的特征有三点：一是从发展中国家向发达国家移动；二是从贫困国家向富裕国家移动；三是从人口密集的国家向人口稀疏的国家移动。正是由于这种持续的大规模的劳动力国际移动，使国际劳动力要素市场最终得以形成。

第二次世界大战后，劳动力要素的国际移动出现过几次高潮。第一次高潮出现在20世纪40年代末50年代初的西欧，一直持续到20世纪60年代。二战中西欧各国经济受到严重破坏，战后需要恢复，各国为弥补本国劳动力的不足，吸收了大量移民，对外国移民的进入限制很少。20世纪50年代，西欧各国的移民数达200万人，而到20世纪70年代初时已达900万人。第二次高潮出现在20世纪70年代和20世纪80年代初的中东地区。进入20世纪70年代以后，中东地区由于其丰富的石油资源的开发而获得了支持经济发展的资金，但是，中东地区各国人口稀少，为了实现各自宏大的经济现代化计划，不得不从国外输入大量劳动力。到20世纪80年代初时，中东地区共有600多万外籍工人。受20世纪90年代初海湾战争的影响，中东地区的劳动力市场有所缩小，但目前已开始逐渐恢复。进入20世纪80年代末以后，亚太地区出现了第三次高潮，这一高潮目前仍在继续。近些年来，亚太地区一些国家和地区的经济持续增长，但人口增长率却开始下降，于是出现了劳动力短缺，为了满足经济发展对劳动力的需求，开始从国外输入劳动力。

四、全球劳动力存量分析

1970年全球活劳动人口为15.4亿人，1980年是19.6亿人，1990年达23.6亿人，1994年为25.2亿人。我国1999年末总人口为125909万人，城镇人口38892万人，占30.9%，年末全国从业人员70586万人。

第二节　劳动力要素全球化移动的动机和制约因素

可以说，劳动力要素国际移动是随着国际分工的产生而产生的，从根本上讲它是一种经济行为，经济方面的原因是促使其发生国际移动的主要动因。

一、经济动机

(1) 全球经济发展不平衡推动劳动要素的国际移动。中世纪后,欧洲成为全球综合要素发展最快的地区。在经济方面,商品贸易在地区内发展迅速,并在航海技术不断提高之后突破国界和洲界向海外伸展。这样,一方面大量的贸易活动需要大量的劳动力去完成;另一方面,大量的资源性商业开发也存在劳动力短缺的情况。因此在此阶段,劳动力要素的移动主要发生在欧洲大陆。此后,英国对北美的大规模开发,需要大量的熟练劳动力和苦力,大量欧洲劳动力移往美洲。

第二次世界大战后,世界经济发展及其不平衡,使得各国经济发展水平的差距拉大,再加上各国的自然资源及其劳动力分布不均,使得各国对劳动力的需求量不等。各国间劳动力供求出现不平衡状态,发达国家和较富裕国家对国外劳动力的需求增长较快。另外,由于各国经济发展不平衡,使得各国间的工资收入高低不等,同一质量和数量的劳动在各国间有不同的价格,也诱使劳动力发生国际移动。第二次世界大战后统一的现代劳动力市场的形成和发展也为劳动力要素的国际移动提供了条件。

(2) 生产力发展推动劳动力要素的全球化移动。社会生产力的发展从两个方面影响劳动力的国际移动:一方面,各国各地区生产力的发展水平不同,劳动力的素质不同,为了发展生产,求得生存,必然要求劳动力在国际间转移;另一方面,不同时期的生产力发展水平不同也使得劳动力输出结构不同。第二次世界大战爆发前及战争结束初期,对劳动力的需求主要是简单体力型的,而近年来对这种类型劳动力的需求日趋减少,对技术智力型的劳动力需求不断增加。

什么样的生产力吸收什么样的劳动力要素。当今全球劳动力市场对高技术、商业服务、计算机及软件服务等劳动者的需求增加，形成了劳务新结构。国际分工和产业结构调整也导致大规模劳务流动，如“投资移民”或“企业移民”等。

(3) 科学技术的发展加速了劳动力要素的全球化转移。科技革命加剧了劳动力和科技人员的国际移动。这是因为科技革命会直接影响各国的产业结构和劳动力供求状况，进而影响国际间的劳动力移动。在发达国家，生产手段已经机械化或自动化，各行业工人的技术水平越来越高，而低层次的劳工却很缺乏；而在发展中国家，一些科技人员和普通工人也因本国的经济落后，待遇差，希望去发达国家改善工作条件和生活水平。这都促进了科技人员和普通劳动力的国际移动。

(4) 经济全球化、一体化和跨国公司的发展促进了劳动力要素的国际移动。区域经济一体化组织发展到一定程度便会推动劳动力要素在一体化组织内部国家间的相互移动。例如，欧洲经济共同体是一个发展程度较高的区域经济一体化组织，从 1993 年 1 月 1 日开始，已基本上实现了商品、资本、服务和人员在 12 个成员国之间的自由移动。第二次世界大战后跨国公司的快速发展也直接或间接地促进了劳动力要素的国际移动。

(5) 经济发展中的经济周期以及非周期因素引起的经济波动影响劳动力要素的国际移动。当一国经济处于繁荣期，对劳动力需求大，就业机会多，工资水平较高，该国劳动力市场对外来劳动力既有吸引力又具备一定容量，会导致较多的劳动力流入。相反，如果一国经济处于衰退期，出现萧条，失业率上升，劳动力市场会缩小，不仅国外劳动力的流入会大幅度减少，甚至会引起劳动力外流和外籍工人倒流。除了经济周期因素之外. 其他非周期性的因素，如战争、社会动乱、灾荒等所造成的经济波动也会影响劳动力要素国际移动的规模和流向。

除此之外，国际发展援助、世界人口老龄化也会带动劳动力要素国际移动。一些给予发展中国家的技术援助，能带动相关人员的移动。世界各国人口日渐老龄化，尤其是在发达国家这种趋势更明显，在那里劳动人口相对减少，而对老龄人员提供服务又需要各种劳动人员，导致相关人员的国际移动。

二、非经济动机

劳动力要素的国际移动除了有经济动机外，还有些非经济的动机，主要有以下几点：第一，逃避动机。当国内发生战争动乱，或出现宗教迫害时，常常会带动劳动力大量地流向国外。第二，学习动机。到国外边学习边工作，或在国外学习与接受培训后，留在当地工作，以便继续学习与深造。第三，改变环境动机。不满足家庭与社会的现状，为追求异国的工作和生活方式而移往国外，这部分移民主要以英、法两国为多。英国每年有三千多科学家移往美国。

三、劳动力要素国际移动的障碍

(1) 各个国家所采取的服务贸易保护主义措施和限制移民进入的法律规定有很大的差异。贸易保护主义不仅表现在商品贸易方面，也表现在服务贸易方面。目前，服务贸易领域的国际竞争不亚于商品贸易方面的竞争，许多国家为了保护本国的劳动力和服务市场，制定了一系列的服务贸易保护主义和控制移民进入的政策措施。如约旦政府规定，由国库提供资金或用国内贷款作为资金的工程项目，只能在约旦建立且不得雇佣外国劳动人员；凡是到约旦投资的工厂，则要雇至少 70%的约旦人。

(2) 语言、文化、生活习惯、社会保险和税收制度等方面的差异对劳动力要素的国际移动也是障碍。不同的国家，其社会保险和税收制度也有所不同，移民者的学习和适应难度也比在国内大。

(3) 劳动力国际移动除了要承担交通、安家、重新找工作等方面的费用外，还有一定的机会成本。移往国外就意味着放弃在国内所拥有的各种条件，几乎是从零开始，这种机会成本有时候也是很大的。

第三节 劳动力要素全球化移动的经济效益

劳动力要素国际移动对输入国和输出国肯定有不同的影响，以下我们就从劳动力要素输入国和输出国这两个角度来分析其产生的经济效应。

一、对劳动力输出国的经济效益

(1) 减轻国内的就业压力，缓和失业状况，节省国家社会开支。劳动力出口有利于解决国内的就业问题。尤其是在发展中国家，人口众多，劳动力相对过剩，社会就业压力较大，存在不同程度的失业现象。如果把过剩的劳动力输出到国外，不仅能缓解国内的就业压力，而且还能促进国内投资，提高技术水平。目前，从整个世界范围来看，劳动力输入国每年给外籍劳动力提供近 2500 万个就业机会，这在相当大的程度上缓解了劳动力输出国的就业压力。在发展中国家中，埃及、印度、巴基斯坦、土耳其、菲律宾等国输出劳动力较多。在第二次世界大战结束后的一段时期内，意大利、葡萄牙、西班牙、爱尔兰等国也有大量的劳动力输出。

(2) 增加外汇收入，改善经常性外汇支付。无论是发达国家还是发展中国家，都面临着一个维持国际收支平衡的问题。尤其是发展中国家，进口技术设备数量多，所需外汇数量较大，而由于外贸出口条件差，出口产品单一，销售价格偏低，使得外汇收入的数量有限，这都造成发展中国家国际收支的平衡困难。但是，发展中国家拥有相对丰富的劳动力资源，可以通过输出劳动力增加外汇收入，改善国际收支状况，实现国际收支平衡。据阿拉伯劳动组织估计，在海湾合作委员会各国的外国劳工每年向国内汇款额约为86亿美元。从1975年至1987年汇款总额在800亿美元以上。国外劳工汇款占埃及国民生产总值的15%，占约旦的18%。近些年来，每年约有250亿到300亿美元的劳务汇款流入发展中国家的劳务输出国。

(3) 可以学到国外先进的技术和管理经验，推动本国经济发展。劳务输出有利于提高输出国的技术水平和经营管理水平。通过输出劳动力到国外工作，可以学到国外先进的技术和经营管理知识，锻炼和培养出大批适用于本国的技术和管理人才。外派的劳务人员在国外工作期间可以接触到一些较新的技术设备，可以得到免费学习和实践的机会，掌握一些在国内难以学到的技术。

(4) 可以保持国内劳动者收入的稳定，并增加劳务输出人员的个人收入。劳动力国际移动可以增加劳务输出人员的个人收入，提高生活水平。输出到国外工作的劳务人员一般都会取得高于国内的工资收入，收入的增加无疑会提高劳务输出人员个人及其家庭的生活水平。同时也避免与国内劳动者的竞争，保持国内劳动力收入的稳定。

(5) 可带动本国商品的出口。国际工程承包这种劳动力要素国际移动的形式，不但输出劳动力要素，还促进商品和技术的出口，可以带动本国的建筑材料、机器设备以及包含有技术转让内容的成套大型设备的出口。就一般技术水平的工程项目而言，原材料和机器设备费用要占工程项目总费用的一半以上，因此，通过承包工程带动相关商品和技术的出口，不仅可扩大外汇收入，还可以推动劳务输出国制造业及相关行业的发展。

当然，劳动力要素的国际移动也会对输出国特别是发展中国家输出国带来一些消极影响。在劳动力输出的过程中，可能会出现专业技术人才外流的问题，使发展中国家人才短缺的状况更加严重，影响经济发展。另外，劳务收入汇回国内以后也会在一定程度上对国内通货膨胀产生不利影响。大量输出劳动力的国家相应会有较多的劳务收入汇回本国，这部分外汇如能用于发展生产，会起到积极的作用，但是，如果大部分用于消费，则会引起国内积累与消费比例关系失调，加剧通货膨胀。

二、对劳动力输入国的经济效益

(1) 弥补国内劳动力缺口，有助于发展国民经济，增加国民生产总值的数额。劳动力短缺对一国的经济发展有不利影响，这时，可以通过输入国外劳动力来满足需要。在工业发达国家，由于生活水平的提高和人口老龄化问题日趋严重，短缺大量的劳动力，尤其是从事简单体力劳动的人员，这就需要从国外输入。有一些发展中国家，由于经济、科技和文化落后，人口素质不高，或者由于国内人口稀少，无法满足经济发展的需要，也需要输入国外劳动力，包括输入技术与管理人员。中东地区在大规模经济建设的鼎盛时期，就曾有 600 多万外籍劳务人员。当时，科威特私人部门就业人数的 98％为外国劳工，外国劳工分别占阿拉伯联合酋长国、卡塔尔和沙特阿拉伯就业人数的 70％、73％和 31％。在属于亚洲“四小龙”之一的新加坡，劳动力总 数为 130 万人，其中外国劳动力为 15 万人。

(2) 通过接受国外智力型劳务，可节省大量的培养费。通过输入国外技术智力型劳务，不仅可以节省大量培养费，而且还可以带动国内的技术发明和技术革新，提高社会劳动生产率。据统计，发达国家由于输入国外技术智力型劳动力直接满足生产需要，每年仅专业培训费一项就能节约 80 多亿美元。同时，技术智力型劳动力进入发达国家以后，同先进的科研设备相结合，推动了技术发明和技术革新的进展。对于发展中国家来讲，输入国外的技术人员和管理人员，一是可以完成一些技术水平要求较高的建设项目，二是可以在相互合作中直接学到一些先进技术和管理方法，三是可以节省自己培养技术与管理人员的费用。

(3) 输入劳务，可缓解劳动力工资上升的压力，对劳动成本上升有制约作用。输入国外劳动力可以起到抑制国内劳动者提高工资的要求，减缓劳动成本的上升，增强同行业人员之间竞争的作用。国外劳动力的输入，对国内同行业工人的就业是一种威胁，客观上起到了减慢工资上升幅度的作用。劳动力的雇佣者可以从较低的工资上升幅度中，甚至可以从外籍劳工的低工资中获取较高的利润。在海湾各国，支付给外国劳工的工资要比支付给本国人的工资低30%左右。外籍劳工的进入，使输入国国内同行业的劳动者受到一定的竞争压力，从而有助于提高劳动者素质，促进经济和技术的发展。

以上三点是劳动力要素国际移动给输入国带来的积极影响。我们还应当看到，如果输入国外劳动力过多当然也存在不利因素。如果输入国外劳务过多，会造成国内就业的压力增大，增加城市拥挤，对社会治安，经济发展稳定等有不利影响。

三、劳动力要素国际移动对世界经济的影响和作用

作为一种商品要素的劳动力，在各个国家和地区之间不仅在数量上而且在质量和结构上都存在着差异，因而劳动力要素的国际移动就成为世界经济中的一种客观的必然现象。劳动力的国际移动给世界经济带来了多方面的影响：

(1) 劳动力要素的国际移动，使生产国际化日趋加深。国际间的劳动力流动是生产国际化的产物，而劳动力输出数量的不断扩

大和输出结构的不断变化，反过来又推动了生产国际化的发展，加深了国际化的程度。劳动力的国际移动使一国的经济活动越来越成为世界再生产过程的一部分，国与国之间的联系由流通领域深入到了生产领域，经济上的相互依赖大为加强，各国可以在更大的规模上和更广的范围内处理生产与各种要素及资源的配置问题。

(2) 劳动力要素的国际移动加快了资金和技术等生产要素的国际移动。当代国际经济合作中的一个重要特征就是各种生产要素常常结合在一起发生一揽子国际转移，劳动力要素的国际移动也会对资金和技术的国际移动带来影响。劳动力要素的国际移动推动了生产国际化的发展，而生产国际化的发展又同资本要素国际移动的加快分不开。劳动力的国际移动加快了先进技术从一个国家向另一个国家的传播和扩散。特别是由新兴工业部门的诞生所引起的产业结构的调整，或由于新学科建立所引起的国际劳务输出的增加，更显示出国际劳动力流动对科学技术转移所起的作用。

(3) 劳动力要素的国际移动可以增加世界国民生产总值。劳动力要素的国际移动促进了这种要素在国际范围内的合理配置和开发利用，减少了闲置和浪费，实现了由低效率使用向高效率使用的转化，从而推动了生产的发展，扩大了世界国民生产总值的数量。

(4) 扩大了国际贸易的范围和数量。国际服务贸易是劳动力要素国际移动的一种主要表现形式，因而伴随着劳动力国际移动规模的扩大，国际服务贸易的规模也必将扩大，从而也就扩大了国际贸易的范围和数量。目前，国际服务贸易额已占世界贸易总额的近三分之一。另外，服务贸易的发展带动了与之相关的商品贸易的发展，一方面带动了生产资料和生活资料的进出口，另一方面以实物支付的服务费用也不断增加，扩大了国际贸易的数量。

第四节 关于发展中国家人才外流的争论

一、关于发展中国家人才外流的争论

关于发展中国家人才外流的问题，我们在前面已经提到，例如，巴基斯坦的医生约有70%流向国外，中国的人才外流情况也很严重。据教育部公布的数字，1978年至1997年，我国共有29.3万人出国留学，除了已经回国的9.6万人外，目前还有2/3在国外继续深造或留在国外工作。

人才外流问题引起了发展中国家的广泛关注和讨论，也引起一些争论，焦点集中在到底应该怎样看待发展中国家的人才外流问题。有人认为人才外流能增加世界财富，例如，一个巴基斯坦医生到美国去开业，他的年收入可以从1.5万美元增加到3.5万美元，这就使世界生产总值增加了2万美元。其次，人才外流对国内政治民主的建设也会在一个方面起到推动作用。人才外流会一定程度上推动和促进国内的改革和政治民主建设。再次，人才外流有利于学习国外先进的科学知识，加快知识更新的步伐，跟上时代的节拍，推动世界科学技术水平的提高。但是如果发展中国家对人才外流不加管制，会使发展中国家本来稀缺的人才更加稀缺，导致经济发展的减速甚至停滞。允许人才无偿地流往国外，等于发展中国家为发达国家培养人才，支付大量的人力投资。

面对人才大量外流的现实，一些发展中国家采取相应的措施加以控制。这方面的措施主要有：第一，与发达国家签订政府间的双边协定，规定在发达国家学习和进修的人员在学习期满后有义务回国工作，发达国家不应允许他们滞留。第二，实行严格的出国选拔和审批制度。第三，向接受过高等教育的出国人员征收人才培

养费。第四，要求出国人员缴纳回国保证金或指定国内担保人。第五，对有学历人员规定出国学习与进修之前必须达到的工作年限。此外，有些发展中国家还对坚持在国内工作的人才和学成回国工作的人才实行多方面的鼓励和优惠，以期达到留住更多的人才在国内工作并吸引更多的人才回国工作的目的。

二、我国的人才外流问题

自改革开放以来，中国国内人才大量外流。当然人才流动自古有之，同自然界的物理流动相反，它总是趋向于由低向高走。当今国际的人才流动长期存在着从不发达国家向发达国家流动的单向趋势。当发达国家凭借其不可阻挡的“引力”吸引了大量人才时，发展中国家必然承受着“人才流失”的痛苦。人才流失的实质是一个国家将他们的教育收获无偿奉送给其他的国家，它隐喻着无代价地丢掉了极重要的资源。

人才流失并不只具有负面、消极的意义。首先，根据生产要素流动的理论，市场条件下人才资源跨越国界，是与其价格相对应的。在人才资本寻求最高收益的情况下，朝着使其贡献最大的方向流动，在接受国和个人获得低成本额外收益的同的，也提高了世界总的生产能力，从而直接或间接地在经济上给整个世界(其中也包括中国)带来益处。

其次，人才流失现象一方面也折射出发展中国家根源极深的社会弊病。诸如人力资源开发的市场化程度不高。市场运作秩序不规范，难以从调整经济利益的角度真正推动人力资本积累；与市场经济不相适应的教育体制和教育模式等。人才流失可以让发展中国家痛定思痛，下决心剔除这些社会弊病。

再次，只要我国能够不断致力于经济发展和社会进步，本国的人才流失就只是暂时的现象。从亚洲“四小龙”的经验看，他们在经济发展初期都曾有过大规模的人才流失,但随着本国经济的发展,又出现了大规模的人才回归潮,而这些回归的人才资源已在输出国当年投资的基础上,通过在接受国的教育、培养、工作产生了新的资本增殖,使输出国获得了更大的收益补偿。

由此可见,中国的"人才流失"并不可怕。我们迎接挑战的选择就是积极主动地参与人才竞争,发展本国经济,在国际人力资源市场激烈的竞争中,积极实施引智策略,制定战略计划,留住甚至争夺所需的人才。

三、中国应采取的策略

针对以上人才国际间流动的因素,中国采取了相应的措施来吸引海外优秀人才。为吸引留学人员回国创业,全国各地陆续创建了留学人员创业园区,这些园区不仅提供了良好的投资环境及工作与生活条件,优惠的税收政策,而且还提供配套的科研与生产研究经费或风险投资基金。目前,留学生创业园区已经成为海外学子归国创业的理想基地。国内做得比较好的有大连科技创新园和上海回国人员创新园。

此外,各部门与社会团体为吸引留学人员回国服务,也都加大了相关的工作力度。从 1998 年开始,国家拨专款 6 亿人民币,用于启动中科院吸引海外优秀人才计划。中科院副院长白春礼称:按每人 200 万,这笔钱正好可以延聘 300 位海外学子。200 万的经费中,有 27 万元为住房补贴费,其余用来作生活补贴、科研费等之用。与此同时,在 200 万元之外,中科院还将负责解决受聘者的实验室条件,提供助手、学生等。

为了留住国内人才,我国应对人才流失进行必要的管制。这种考虑是从中国的国情出发,在中国经济尚未发展到一个很高的水平时,对人才流失进行一些管制是必要的。但更重要的是为人才提供一个可以让其发挥作用的社会环境，完善人才流动市场，取消一些人为的限制，能公正地体现人才的价值。

第五节　国际劳务合作

一、国际劳务合作的历史背景和概念

国际劳务合作是伴随劳动力的国际流动提供各种服务的一项国际经济合作和服务贸易活动。目前国际上所指的劳务合作，包括的范围甚广，在内容上也不尽相同。有一种看法是将国际劳务合作称之为国际劳务贸易，并又将其内容与国际服务贸易甚至整个国际无形贸易活动所包括的内容等同起来，这样容易在理论和实践上造成混乱。因此，我们要明确在这里所论述的国际劳务合作活动，是作为国际服务贸易中的一类对外提供服务的形式，当然它涉及若干种服务项目。在当代国际经济活动中，始终活跃着一支规模日益庞大、跨越国界的劳动力流动大军。这支队伍的不断壮大，反映了当代国际劳务合作的日趋加强。国际劳务合作主要就是指一国派出技术人员、工人或其他人员，前往另一国为需要劳务的业主提供各种不同的技术服务、工程建设服务或其他专业服务，并由此创汇的交易活动。根据《服务贸易总协定》对国际服务贸易概念的界定，国际劳务合作在广义上应既包括对外派出各种服务人员，也包括境内对外劳务合作活动，如开展“三来一补”、国际旅游、医疗保健等服务。狭义的劳务合作主要是指：对外派出人员提供劳务，向外国雇主收取工资或议定的服务费用；以服务成果（如承担地形地貌测绘，资源勘探，项目可行性研究，技术指导和培训人员，维修设备等）向境外雇主收取费用。在国际经济合作活动中，国际承包工程和劳务合作往往是密切联系和相互交织的，这两种活动由其

性质和特点所决定，在实践中很难完全区分开来。

二、国际劳务合作的形式

国际劳务合作从不同角度可分为若干类不同的形式，主要类型有：

1. 按劳动力流动的方向来划分

（1）劳务输出，即一国向他国提供劳动力并收取外汇报酬的活动，它特指劳动力在境外短期居住并有偿提供服务，而非移民。无论是发达国家，还是发展中国家，都在开展劳务输出活动，但两者输出劳务创造的附加值水平有较大的差距。

（2）劳务输入，即一国接受来自国外的生产技术和劳动的服务活动，各国总是根据自身的需要来选择一定的劳务人员的输入，以达到或降低生产成本，或提高技术和管理水平，或完成某项工程建设的目的。

2. 按劳务合作发挥的作用来划分

（1）生产型劳务合作，即一国向另一国的生产部门提供技术和劳动服务的活动。这主要是在工农业生产领域中的劳务合作，如提供设计人员、工程技术人员、施工人员等，这些人员是在劳务输入国的物质生产部门作为生产要素之一发挥作用的，因而被称为“要素性劳务贸易”。

（2）非生产型劳务合作，即一国向另一国的非物质生产领域和部门（如饮食业、旅馆、零售业、医院、保险业、银行、咨询业等）提供服务人员的活动，输出人员均从事非直接生产性的工作，故被称为“非要素性劳务贸易”。其合作内容大多为提供服务性技术和管理的人员。

3. 按劳务合作的内容来划分

（1）一般劳务输出，即提供简单的劳动力服务，通常与国际承包工程结合在一起。

(2) 特种劳务输出，即提供某些特定行业和满足特定需要的专业劳务，如输出护士、厨师、工程师等专业人员提供服务。

(3) 技术服务输出，即派遣专家和技术人员到国外，与劳务输出国开展技术项目合作，或对其进行技术诊断和技术指导。

(4) 技术人员培训，即劳务输出国为工程所在国的技术人员和操作人员提供工艺流程和操作要领等方面的技术培训，也还包括帮助工程所在国进行设备的安装、调试和维修等服务活动。

4. 按劳务输出的方式来划分

(1) 通过对外承包工程输出劳务。

(2) 通过业主或第三国承包商开展工程劳务承包。

(3) 通过对外直接投资进行劳务输出。

(4) 成建制的劳务合作。

(5) 政府或有关机构聘请的高级劳务。

(6) 通过招工机构或雇主招募，根据劳务合同输出劳务。

▶本章小结

本章介绍了劳动力要素的概念及其劳动力要素全球化移动方面的内容。从劳动力要素移动的历史谈起，着重介绍劳动力要素全球化移动的动机和制约因素、经济动机、非经济动机、劳动力要素国际移动的障碍和经济效益。

在本章的学习中，要注意对人才流失问题的研究，重点把握发展中国家的人才流失问题及其对策。

▶思考练习

1. 国际劳务发展的根本动力是　　(　　)

A. 两次世界大战。　　B. 战后经济的快速发展。

C. 航海技术导致新大陆的发现。

D. 英国对北美的大规模的开发。

2. 劳动力要素是指正在工作和正在寻找工作的人员构成,包括 ( )

A. 在业者。 B. 失业者。

C. 在业者和失业者。

D. 在业者和失业者(包括学生和退休人员)。

3. (复选)下列地区为主要的移民来源地的是 ( )

A. 中国。 B. 印度。

C. 墨西哥。 D. 埃及。

E. 拉美。

4. (复选)劳动力要素全球移动的非经济动机有 ( )

A. 增加收入动机。 B. 逃避动机。

C. 求新与享乐动机。 D. 学习动机。

E. 寻求就业机会动机

5. 试分别论述劳动力要素的全球移动对劳动力输出国和劳动力输出国的经济效应。

6. 如何看待发展中国家的人才外流现象?你认为发展中国家应该采取哪些措施来阻止人才外流?

7. 试述我国在劳动力要素全球移动的浪潮中应该采取什么样的对策。

▶综述材料

国际劳务合作实务案例一则

中国外派劳务人员逐年增加,但在国际劳务合作中产生的问题也越来越多，尤其是劳工权益的保护问题。近年来，由于劳务派遣公司发展过快，劳务市场竞争日益加剧，一些公司片面追求外派业绩和公司的经济效益，忽视了对劳务人员的合法权益的保护。

国际劳务的重要特征之一是劳务人员直接受雇于外国雇主，而且多数情况是单独受雇或以小股为单位受雇，他们直接从雇主处接受任务，直接获取报酬。国内派遣单位无法有效地对其进行现场管理，很难及时知晓劳资之间发生的纠纷和摩擦，因而无法对他们进行及时的帮助和保护。受雇的劳务人员多数是文化水平低、法律知识欠缺的普通工人或技工，他们不知道自己应该享受哪些合法权益，也不知道应该如何去争取或捍卫自己的合法权益。在受雇期间，一些人逆来顺受，自认倒霉；另一些人则冲动鲁莽，抗争出格；还有些人则惟利是图，既不认真履行合同义务，也不管自己是否享有合法权利，实用主义至上。他们或者忘记国外的法规禁条，或者不知道如何对付明显侵犯他们人权的违法事件，受冤枉不知找谁伸冤，被勒索也不知道如何应付。许多劳务派出公司常常不关心劳务人员的疾苦，只强调业务的拓展和公司的收益，对雇主的违法行为不敢揭露，对其明目张胆缺乏商业道德甚至起码的人道主义的种种恶意行为也不敢抗争。由于劳务派出公司的失误，劳务人员常常成为牺牲品，他们的合法收入被克扣，甚至连人身安全也常受到威胁。所有这些，均反映出我国对外劳务输出工作中明显存在的不注意保护工人合法权益的严重缺陷。

当然，不可否认，有些公司、有些劳务管理人员比较注意保护劳工权益，他们在劳务合作实践中通过各种有效手段和管理艺术，成功地保护了自己，纠正了对方的不轨行为，为劳务人员赢得了效益，讨回了公道，使劳务人员心悦诚服，在工作中能够尽心尽力。

案例

劳务人员甲和乙受雇于S国雇主，合同期为一年。合同规定合同期满后如果雇主和雇员双方均愿意续聘，雇佣合同默示续期一年，但雇主必须为雇员办妥延期合法手续。

甲乙两名雇员按照合同规定圆满完成一年的受聘后，雇主要求甲乙两人再延长一年，工资增加10%。甲乙两人均表示同意，但未曾提出要求雇主为其办理延期工作的合法手续。在延期工作了三个月时，S国劳动监督部门对外籍劳务进行突击检查。雇主闻风后立即将甲乙两人骗至一库房将其禁闭，不让该两人露面。过了3天，劳务乙因长时间禁闭，食宿及休息均不能保证而身染重病，雇主因怕其求医暴露而不允许其就诊，致使乙病情加剧濒临死亡。甲在不得已情况下大呼救命，至第8天方被雇主放出并被责令立即回国。甲乙两人因受雇主恫吓，担心若告官将被政府拘捕，只好忍气吞声悄悄离开S国回国。

评析

本案例反映劳务人员甲乙两人缺乏合同常识，不懂得人权保护的国际惯例，致使自己蒙受侮辱和迫害。

首先，合同中明文规定合同默示续期后，雇主必须为该两名劳务人员办理延期合法手续。须知，合法手续是外籍劳务人员的"护身符"，而且合同中并未规定办理手续须由劳务人员事先提出申请。甲乙两人延长服务期限，雇主未予办理延期手续，无疑可认定雇主未履行该项义务，责任在雇主。当雇主获悉劳动部门执法人员对外籍劳务人员进行检查的风声而让两名工人躲藏时，他们完全有理由不予配合，完全用不着躲躲闪闪。一旦察觉受骗，他们应立即反击雇主的不轨行为，绝不应逆来顺受，任其禁闭。他们应当立即反抗或呼救，而不应等到濒临死亡才呼救。当他们被放出来后，应立即向执法部门求援，至少应向我国驻当地的外交或商务机构汇报请示，绝对不应为雇主的恫吓所屈服，更不能灰溜溜地回国。

不可否认，甲乙两人之所以落到如此任人欺负的地步，除了雇主方面做贼心虚毫无人道等因素外，与甲乙两人本人的愚昧不无关系。因为他们对雇主过分相信，始终对雇主寄予希望。当他们受到恫吓时，也不曾对雇主的道德品质产生怀疑，只是一味听从雇主的摆布。

这一深刻的教训应能引起出国劳务人员及劳务输出单位的高度重视。

▶网址推荐

到中国经济 www.cnjj.com 去了解劳动力要素移动与国际经济合作方面的内容

到发展规划 dp.cei.gov.cn 去了解相关内容

第六章

土地要素的特殊权移研究

▶学习目的

1. 掌握土地要素的概念；

2. 掌握土地要素特殊权移的经济动机；

3. 了解土地要素特殊权移的形式特别是经济开发区的六种主要形式；

▶先行材料

WTO与中国土地市场的发展

一、加入 WTO 对土地市场是利？是弊？

WTO 作为各国与国际经济体制联系的纽带在推进经济全球

化中扮演着举足轻重的角色。加入 WTO 后,我国最大的实质性变化是进一步降低关税,进一步减少非关税壁垒,实施市场准入和提高透明度。同时,我国也享有 WTO 国家的最惠国待遇,享有他们对我们的低关税与低的非关税壁垒的待遇。这一规则同样适用于土地市场。加入 WTO,无疑对我国土地市场将产生积极的、重大的影响。按照中国加入 WTO 谈判的原则,加入 WTO 后,中国可以享受的权利与应尽的义务是:应享受的权利——享有多边的、无条件的和稳定的最惠国待遇;享有“普惠制”待遇及其他给予发展中国家的特殊照顾;充分利用争端解决机制;在多边贸易体制中“参政议政”、制定多边贸易规则;此外,还可利用 WTO 的基本原则,享有采取例外与保障措施的权利。应尽的义务——削减关税;逐步取消非关税措施;取消出口补贴;开放服务业市场;扩大知识产权的保护范围;放宽和完善外资政策,增加贸易政策的透明度;此外,还要缴纳 WTO 活动费用。由此可以看出,利和弊是一个很复杂的问题,具有相对性,总的来讲,加入 WTO,对于我国土地市场有利也有弊。从我国目前土地市场的发展现状与未来前景上看,加入 WTO 对我国土地市场的改革与发展是利大于弊。这是因为从国际经验看,加入 WTO 对于任何一个国家实际上都是利大于弊的,世界上没有哪一个国家和地区,包括发展中国家,因为加入 WTO 而使国民经济受到巨大的冲击,相反,都是因加入 WTO 而获得了发展。应引起我们高度注意的是,并非只要一加入 WTO 就自然而然地会获得利大于弊的效果。加入 WTO 的利与弊不是一成不变的,它是一个动态的概念,有时是利大于弊,有时是弊大于利,不要笼统地去评判加入 WTO 的利弊问题。要想利大于弊,办法只有一个,那就是增强竞争实力,扬利抑弊,从而达到我们的目的。

二、加入 WTO 对我国土地市场的影响

(1) 加入 WTO 会扩大中外客商对各项用地的需求。加入 WTO 后，涉外经济活动将比现在更加趋于频繁，特别是大量的经贸交流、文化交流、体育交流等纷纷涌现。这些新的经济现象必然会刺激交通运输业、文化旅游业、金融保险业及房地产业。随之而来的就是加大了对用地的需求，既包括城市土地，又包括农村土地，既涉及农用地，又涉及非农用地。这是加入 WTO 后我国土地市场的首要变化，它将有助于激励和改善我国近几年"有场无市，有市无场"的被动局面。就房地产而言，随着境外人员增多，首当其冲的是各大中城市的外销房、写字楼、宾馆酒店、商场等的需求会有十分明显的增长，与此相联系的土地需求，也必然会随之而明显地增多，一些开放城市的地产业有可能再度繁荣。

(2) 加入 WTO 会进一步加剧国内土地开发企业的竞争压力。加入 WTO 后，境外的土地开发企业、土地市场中介企业将会大批涌入国内，这会使我国业已竞争比较激烈的土地—房产开发企业出现更加不利的局面。土地开发企业的竞争主要体现在土地资源、政策法律背景、投资主体多元化、技术管理差距及有形建筑市场等几个方面。单就土地资源而论，加入 WTO 之前，土地资源偏爱的是国内企业，具有优势，显现出特殊的地域性。但加入 WTO 之后，国内外企业站在同一起跑线上，在土地资源上享有同等的权利，由此，国内企业的这一相对优势将不复存在。

(3) 加入 WTO 有利于降低建筑成本，从而拉动住宅消费，激活土地一、二级市场。加入 WTO 后，外商可以到我国投资办厂，同时也可以从事居民住宅业的建设。外商凭借其经营规模、雄厚资金、管理技术、人才多样化等实力，必然会在"成品住宅"上胜过国内企业，特别是住宅设计师的大举进犯将从总体上降低成本，加上建筑材料市场的逐步开放，也会直接导致住宅成本的大大降低，由此可拉动我国的住宅消费，增加对土地的有效需求，推动土地市场的有序流转。另一方面，加入WTO后，伴随着日常用品的成本和价格的降低，相应地增大居民的实际收入，同时，由于整体经济水平的提高，也会相应地提高居民的工资收入水平，这些措施，有可能会刺激居民去购买住宅房，它为土地市场的发展提供了动力支持。

(4) 加入WTO有利于土地资源的优化配置，可以促进土地的集约化经营。加入WTO后，我国将相应地开放金融市场、证券市场、农产品市场、土地市场等各种市场。这些市场的开放，将推动我国产业结构的大调整。伴随着产业结构的大调整，必然会推动土地资源的重新配置，从而提高土地利用效益，增强企业的生存能力。同时也将进一步促进土地的集约化经营，降低企业的征地开发成本。当然，从我国目前土地市场管理的现状看，也会产生一些负面效应。

(5) 加入WTO有利于改革完善我国的土地市场，促进土地市场所涉行业水平的进一步提高。我国土地市场管理体制是近10年来才建立起来的，无论是管理内容、方式、还是管理手段、技术，还或多或少地带有计划经济的色彩。单一的管理体制，造就的显然是独有的国有土地市场模式，而少有多元化的土地市场模式。特别是从目前我国土地市场的发展现状来说，城市土地市场管理体制很不健全，而农村土地市场几乎还是一片空白。这种土地管理体制是不能适应加入WTO后的我国市场一体化的需要的。加入WTO后，通过企业重组和市场竞争，将会迫使政府不断改革土地市场的既存弊端，企业也会不断调整自己的经营策略，以从多个方面去适应WTO的有关规则。由于国外先进的经营管理经验和规划设计，将会在加入WTO后进入我国土地市场领域，这将会改变我国土地市场的粗放经营状态，促使土地开发商千方百计降低开发成本，努力提高产品质量，完善物业管理技术，加速企业升级换代步伐。

从开发、经营、管理、销售等各个方面提高土地市场全行业的水平。

▶关键术语

土地要素　土地要素的特殊权移　经济开发区

第一节　土地要素的概念及含义

一、土地要素的概念

土地要素是一个有三方面内涵的立体的概念。它不仅包括土地本身，还包括地下的矿藏和地上的自然资源(如森林等)。工业生产固然需要土地，但经济学上总假定土地是农业生产密集使用的要素，土地这种意义的特殊性在于其独特的肥沃程度上的差异，这种差异导致了等量资本或劳动的投入会有不等量的产出。土地还有地理位置上如纬度的差异，某些作物并不是在地球上任何地方都能生长的。这两种特殊性决定了单用土地的量的比较作为生产要素来分析是不够的。

土地要素还包含了存在于一定地域、海洋的自然资源，如石油、金属矿藏、森林、海洋资源等，即在地球几十亿年的生长中留给人类的财富，资源的特殊性在于其多样性和不可替代性，不同资源的不同的工业用途基本上是不可替代的。资源的这种特殊性决定了自然资源开发的重要性和资源流动的可能性。因此，土地要素的概念就有广义和狭义两种，广义指不仅包括土地，还包括地下的矿藏和地下资源。狭义的概念即指地球表面未被海洋覆盖的地面，即土地本身。

土地要素在目前的条件下无法自然移动，即无法在自然形态上将一块土地从一个国家移动到另一个国家。但是，通过国家间的战争、国家的合并与分裂、国家间的领土或边境协议以及连带主权的国家间土地买卖等形式,可以实现土地位置不动而土地主权发生变化的土地要素的绝对国际移动。但就现在世界各国的情况来看,土地要素的绝对国际移动是比较少见的,绝大多数还是通过国际贸易间接移动。虽然,土地的主权不能在国际间自由移动,但是土地的所有权和使用权却是可以在国际间移动的。对于土地所有权与使用权在国际间移动的问题,综观世界各国的规定,大体上分两种情况:第一,不仅允许土地的使用权而且也允许土地的所有权在国际间移动,即允许将本国土地的使用权或使用权与所有权一起出售给外国的企业或个人。这类国家大多是以土地私有制为基础的国家里,在这些国家,土地是私人所有的,可以自由买卖,价格根据供求状况来决定。第二,只允许土地的使用权而不允许土地的所有权发生国际移动,即只允许将本国土地的使用权出让或转让给外国的企业或个人。这类国家包括英国、英联邦国家和其他一些实行土地公有制的国家。世界上大多数国家采取第二种方法,我们也主要讨论这种情况,它也称之为土地要素特殊权转移。

二、土地要素特殊权移含义

土地要素特殊权移是指,当土地要素发生国际移动时,把使用权有偿转让给外国的自然人或法人,而土地的主权和位置并不发生位移。土地要素特殊权移的一种重要形式就是保税区,保税区一词属海关用语,意指进口货物暂时不缴进口税,而先将其存入特定区域。如果货物从特定区域转运出口或经加工再出口,则免缴关税。享受保税待遇的货物称之为保税货物。国外的保税区是指保税仓库和保税工厂的融合体,没有作为特定功能区域的保税区,保税区这一概念是我国独创的。

然而,从我国各保税区的设立意图、功能定位来看,我国的保税区不是简单地作为保税仓库和保税工厂的功能融合，而是以国际自由贸易区作为功能趋向的。中央级的对外文件，我国保税区的对外宣传，都将保税区通译为“Free Trade Zone”（自由贸易区），而不是“ Bonded Zone”（保税区）。对于这个问题，李岚清副总理1994 年 6 月在天津全国保税区工作会议上说得很清楚：“我国的保税区实际上类似其他国家在港口划出一块并用铁丝网围起来的自由区（他们习惯叫‘Free Trade Zone’或‘Free Port’）”。

第二节　土地要素的特殊权转移的经济动机和效应

一、土地要素国际权移的经济动机

(1) 扩大本国的对外贸易。一个国家可以通过土地有偿定期出让和建立各种形式的经济特区等方式来推动本国对外贸易的发展。以出口贸易和转口贸易为主发展本国经济的国家，通过设立经济特区，提供特殊的管理办法和优惠条件，吸引更多的外商前来从事各种业务活动，以进一步促进出口贸易和转口贸易的发展。许多发展中国家为了改变原来实行的不太成功的进口替代的工业化战略，转而实行面向出口的工业化战略，也纷纷设立以国际市场为导向的出口加工区和自由贸易区，借助于引进国外的资金和先进技术，发展出口加工工业，扩大本国的出口规模。20 世纪 60 年代中后期亚洲地区的出口加工区热，20 世纪 70 年代拉美和加勒比岛国出口自由区的不断涌现，20 世纪 80 年代以来综合型经济特区、保税区、出口工业区和开发区在中国与其他一些国家的大量出现，正是这一工业化战略转型的客观结果。

(2) 更多地引进外资和国外技术。创立土地要素特殊权转移的各种形式，特别是经济特区这种形式，都不同程度地吸引了更多的国外资金和国外的先进技术、管理经验等。这一点对发展中国家适用，对发达国家也适用。国外的资金被优惠政策和良好的投资环境吸引进来以后，还会相应地带来先进的技术和企业管理经验。近年来发展较快的科技型经济特区的设立，对于引进国外的先进科学技术、促进科技交流和开发、提高生产技术水平起到了尤为突出的作用。

(3) 增加就业。发展中国家由于人口增长过快，就业机会少，导致劳动力过剩，出现显性和隐性失业。在发达国家，由于经济结构调整、产业升级等原因，也存在着大量的失业工人。土地要素国际移动的各种形式都能在一定程度上促进输出国经济的发展，创造出新的就业机会，从而有利于缓解失业问题。从发展中国家和发达国家的实际情况来看，通过设立经济特区等形式实现土地要素的国际移动，确实起到了扩大社会就业的效果。

(4) 加快特定地区经济开发的速度，对全国其他地区经济发展形成吸纳和辐射作用。不论是发达国家还是发展中国家，其自身经济发展都存在着地区之间不平衡问题。在落后地区或国家鼓励发展的地区设立各种类型的经济特区，向外商有偿定期出让土地使用权或与外商进行土地合作开发等，都能够加快特定地区经济发展的速度，缩小与其他地区经济发展水平上的差距。同时，通过设立经济特区等，还能够带动附近地区乃至全国经济和社会的发展。例如，我国设立的经济特区和浦东开发区，不但加快自身发展的速度，还为其他落后地区经济发展起着示范和带动作用。

(5) 为获取更多的土地使用费和土地转让出租费。土地是一种要素商品，其价格也受供求等因素的影响而有高有低。当以较高的价格把土地出售、出让或出租给外国的自然人或法人时，土地所有者的收入也自然增加。

三、土地要素特殊权转移的经济效应

1. 对输出国的经济效应

(1) 充分利用土地资源，发挥经济效益，增加本国的外汇收入。在发展中国家，土地资源常常处于未充分开发利用或闲置状态，通过土地要素的国际移动将使之得以充分利用，特别是土地有偿定期出让、土地成片承包开发和设立经济特区等形式，对于充分开发和利用土地资源所起的作用更加明显。发达国家在其经济相对落后的地区建立的各种形式的经济特区，也起到了开发利用土地资源的效果。向国外输出土地要素，还有利于增加一国的财政收入和外汇收入，改善国际收入状况。

(2) 吸引更多外资和先进技术的流入，促进了土地要素输出地区及输出国经济的发展和繁荣。土地要素的国际移动总是伴随着其他生产要素的共同移动，在土地要素输出的同时，将促进其他生产要素的输入。发达国家和发展中国家都希望通过利用土地要素国际移动的各种形式，特别是建立各种类型的经济特区来吸引国外的资金和技术等生产要素的流入，以解决经济发展中存在的生产要素种类和数量上的供求不平衡。尤其是资金和技术等生产要素十分缺乏的发展中国家，更希望通过建立出口加工区、自由贸易区、促进投资区或以土地折价入股等形式引进不形成本国债务的国外直接投资。外商前来投资设厂或合资合作经营企业，不仅带来了资金，还带来了技术、人员和先进的企业管理经验，并且还能使人们了解国际市场上的最新信息。这都极大地促进了土地要素输出国经济的发展和繁荣。如我国的深圳和珠海经济特区，从十几年前的边境小镇，一跃而成为现代化的城市。这些迅速发展起来的地区，除了起到“发展极”的作用以外，还可以起到“窗口”、“跳板”、

“基地”等方面的作用，从而有力地带动附近地区和整个国家的经济增长。

（3）起到了开拓国际市场，扩大对外贸易，增加外汇收入的作用。世界各国创办经济特区的共同目标之一就是通过设立经济特区，开拓国际市场，扩大对外贸易，增加外汇收入，这也是经济特区发挥作用的重要表现。各种类型经济特区的设立，促进了转口贸易的发展，促进了面向国际市场的出口加工业的发展，特区产品借用外商的销售渠道向国外出口，同时，也促进了特区对外服务业的发展和特区经济与国际经济及特区市场与国际市场的接轨。另外，还应当看到，经济特区的设立对优化出口产业结构和商品结构也起到了作用。

（4）起到了扩大社会就业的作用。发展中国家设立各种形式的经济特区，发展劳动密集型产品的生产，创造了新的就业机会，缓解了严重的失业问题。西欧国家在产业衰退、失业较多的经济地区设立的自由企业区，目的是以新的产业的发展缓和这些地区的失业问题。客观来讲，土地要素特殊国际移动的各种形式都能促进移动地区经济和社会的发展，从而都能在一定程度上提供新的就业岗位。

土地要素国际移动会给输出国带来多方面的好处，会有力地推动输出国对外经济贸易和整个国民经济的发展。但是，如果管理不善也会给输出国带来消极影响，各类经济特区设置过多，也会影响特区目的的实现。可能导致优惠政策上的互相攀比，给国家带来损失。设置各类经济特区时，如果不进行充分的可行性研究与论证，不考虑客观条件是否具备，盲目设立，则会由于客观条件的限制而不能发挥作用，造成基础设施的巨大浪费。贸易型和工业型经济特区设立后，如果管理跟不上，区内贸易有可能出现逆差，达不到扩大出口贸易的目的。

为了防止和克服土地要素国际移动中的消极影响，输出国政府应当作好以下几方面的工作：(1)对土地要素国际移动的规模、形式和地区分布进行科学的规划和控制。(2)设置各类经济特区，必须要充分考虑客观条件的状况，要进行认真的可行性研究和论证。(3)经济特区设置后，要加强服务、管理、协调和监督。

2. 对土地要素输入国或地区的经济效应

(1) 可以缓解本国土地要素的紧缺状况。经济发达的国家或地区和国土面积较小的国家或地区，土地资源一般来讲都比较紧缺，地价也比较高，因而对投资和生产活动的开展会有一定的制约，如香港、台湾地区和新加坡、日本等国，均是弹丸之地，地价极高，必然要向外购买可开发之地。日本全国的平均地价是每坪(约等于 3.3 平方米)96 美元，韩国全国的平均地价是每坪 72 美元。这样的地价比美国高出 70～80 倍。上述地价较高的国家如果借助于土地要素特殊国际移动的形式从输出国输入土地要素，就可以弥补本国土地资源的不足，并使资本和技术等生产要素得以充分利用，增加国民收入。

(2) 可以优化本国出口产业的地区布局结构及扩大产品在国外的销售。土地要素输入国通过到输出国投资设厂，把那些占地广、耗能多、劳动投入量大的属于“夕阳工业”的劳动密集型或资本密集型产业移往国外，可以优化本国出口产业的地区布局结构，使本国的出口产业向国外延伸，实现就地生产就地销售、国外生产第三国销售，不仅“夕阳工业”，就是属于“朝阳工业”的产业，也可以通过到土地要素输出国投资办厂，突破贸易保护主义的限制，扩大产品在国外的销售。

(3) 可以充分利用输出国的各项优惠政策。到国外各种类型的经济特区投资或从事贸易活动，还可以充分利用区内所实行的优惠政策，如税收、金融外汇管理等方面的优惠政策，降低企业运作成本，提高收益率。

四、我国土地要素特殊权转移的成就

经过土地特殊权的转移，1991 年至 1998 年，沿海开放城市经济总量迅猛扩张，经济实力大幅度提升，在全国经济发展中的地位更加举足轻重。1991 年 15 个开放城市 GDP 共计 2980.54 亿元，1998 年猛增至 14083.99 亿元。1991 年，15 个开放城市的 GDP 占全国 GDP 的比重超过 1%的只有上海、广州、天津三个城市，所占比重分别为 3.97%、1.79%和 1.560%。到 1998 年，GDP 占全国比重超过 1%的已有上海、广州、天津、宁波、大连、青岛、福州七个城市，所占比重分别达到 4.65%、2.32%、1.68%、1.23%、1.17%、1.12%和 1.09%。

90 年代以来，沿海开放城市经济快速增长，保持了强劲的发展势头。按可比价格计算，1991 年至 1998 年，15 个开放城市 GDP 共增长了 1.94 倍。平均每年递增 16.67%，比同期全国 GDP 年均增长 10.98%高出 5.69 个百分点。这期间年平均增长速度超过 20%的有威海、福州、温州、北海、青岛和烟台六市。其年均增长速度分别达到 27.11%、23.50%、22.49%、22.38%、22.35%和 20.89%。比同期全国平均增长速度高出 9.91 至 16.13 个百分点。分产业看，15 个城市经济发展中增长最快的是第二产业。1991 年至 1998 年，15 市第二产业年均增长 18.24%，比同期 15 市 GDP 年均增长 16.67%高出 1.57 个百分点。比这一时期全国第二产业年均增长 14.94%高出 3.3 个百分点。与此同时，第三产业也保持了高速增长的态势，7 年间 15 个开放城市第三产业增加值年均增长 17.11%比同期全国第三产业年均增长 9.37%高出7.74 个百分点。

第三节　土地要素特殊权移的形式

一、主要形式

土地要素特殊国际移动的主要表现形式有：

1. 土地出售

土地出售是指把土地本身作为商品或者把土地使用权作为商品出卖给外国的企业或个人。把土地本身作为商品出卖，包括把土地使用权和所有权都转让给了购买者。把土地使用权作为商品出卖时，购买者得到的只是土地使用权，土地所有权仍然在出卖者手里。在实行土地私有制的国家，允许买卖土地所有权；在实行土地国家所有制或公有制的国家，只允许买卖土地使用权。土地售价除了受土地的供求关系影响外，还受土地的位置和自然状况等因素的影响。土地这种商品与普通的商品相比有三个特点：第一，土地既可以用于生活消费也可以用于生产消费，但主要还是用于生产消费，它主要是作为一种要素商品进入流通领域的。第二，土地的使用权和所有权可以合并在一起也可以分开买卖。第三，土地的购买与消费在时间上可以不相同，但在空间上是相同的，即土地的购买者必须到土地的所在地去消费。

2. 土地出租

土地出租是指在所有权和使用权分离的前提下，保留所有权，出让使用权以获取租金的一种方式。土地出租一般期限不长，租用者通常是用来满足短期内经营某项业务的需要。土地出租的租方一般无权再次转让土地使用权，并且有义务按期向出租方缴付租金。土地的租金在西方国家一般称地租，在我国称土地使用费。

3. 土地入股

土地入股是指把土地使用权折算成一定比例的股份，作为其所有者参与创办合资企业的投资条件。土地入股这种形式在发展中国家利用外资过程中采用得较普遍。把土地使用权折股作为投资条件,需要对土地使用权进行科学准确的估价。入股后的土地作为合营企业的资产归企业所有和使用,入股的投资方有权取得相应的利润和其他所得。在合资企业建立的过程中,土地常与地面上的厂房、仓库等生产设施结合起来一起入股。我国的合资法规定,场地使用权可以作为中国合营者的投资。另外,在创办中外合作经营企业的过程中,中方合营者也可以以场地使用权作为合作条件,但是,一般都不折价作股,这主要是由中外合作经营企业是属于非股权式合营企业的性质决定的。

4. 土地有偿定期出让

土地有偿定期出让是土地所有者将土地的使用权在一定期限内有偿地出让给另一国的企业或个人。尽管土地有偿定期出让与土地出租一样涉及的都是土地的使用权,但两者间仍然存在着四个方面的差别:第一,土地有偿定期出让的期限较长。例如,我国规定居住用地的最长出让期限为 70 年;工业用地为 50 年;教育、科技、文化、卫生、体育用地 50 年;商业、旅游、娱乐用地 40 年;综合或者其他用地 50 年。第二,面积较大。例如,在我国海南省的洋浦开发区,一次就向外商有偿出让 30 平方公里的土地使用权,期限为 70 年。第三,土地出让费是一次支付的,而不是像土地租金那样分期支付。第四,外商可以将通过土地有偿定期出让而获得的土地使用权再转让出去,包括出售、交换和赠与,但通过租用方式获得的土地使用权一般是不能再转让的。

5. 土地合作开发

土地合作开发是指土地所有者利用土地及其地上、地下资源,吸引外国合作者以资金、技术或管理经验共同开发土地的一种合作形式。土地合作开发有利于解决土地所有者资金和技术等方面的不足。在土地开发后，外国合作者可以通过无偿或以较低的价格获得一定面积的土地的使用权的方式得到补偿。当然，外国合作者所获得的土地使用权也是具有期限的。

6. 建立各种类型的经济特区

建立各种类型的经济特区是土地要素特殊国际移动的一种主要形式。经济特区是指一个国家或地区通过法令划出一定范围，在对外经济贸易活动中采取较其他地区更开放、更灵活、更优惠政策的地区。通常用减免关税、降低土地使用费以及提供良好的投资环境等优惠政策和条件，吸引外商前来投资和从事各种经营或生产等业务活动，以达到提高土地使用效益，促进对外经济贸易活动开展和加快本身经济发展的目的。

二、经济开放区的定义与类型

经济开放区也称为经济特区，是指一个国家和地区通过法令划出一定范围，在对外经济活动中采取较其他地区更开放更灵活政策的地区。更开放更灵活的政策体现在减免关税，或降低土地使用费，或提供良好的投资软、硬环境。其目的是为了吸引外资和外技，达到提高土地的使用效益，促进对外贸易，加快经济发展。

经济特区的具体类型有以下几种：

1. 贸易型的经济特区

贸易型的经济特区的功能在于让外商在区内免税（关税）进行商品转运、仓储、分装与贸易。这类经济特区包括自由港、自由贸易区、自由边境区、对外贸易区和保税区等具体形式。在这类经济特区内，一般不实行贸易管制，对一般性的进出口商品不征收关税，而只对少数特殊规定的进口商品，根据情况征收少量进口税或禁止进口，或要求按特别规则处理。这种经济特区较多地设在港口、码头、车站、机场和边境地区。如巴拿马的科隆自由贸易区和英国的利物浦自由港就属于这种类型的经济特区。

2. 工业型的经济特区

工业型的经济特区的功能在于吸收和利用国外资金与技术在区内投资设厂，利用当地的廉价劳动力，从国内外采购原材料进行工业生产和制造，产品大部分出口到国外市场销售。这种经济特区的叫法并不统一，有的国家叫出口加工区或出口工业区，也有的国家叫客户工业区或促进投资区。如新加坡的裕廊出口加工区和韩国的马山出口加工区就属于这种类型。

3. 工贸结合型的经济特区

这种经济特区兼具贸易型经济特区和工业型经济特区的两种功能，外商既可以在区内从事贸易活动，也可以在区内从事投资生产等工业方面的活动。德国的汉堡和亚洲"四小龙"之一的香港就属于这种类型的经济特区。另外，一些贸易型或工业型的经济特区近年来也开始向工贸结合型的方向发展。

4. 科技型的经济特区

科技型的经济特区的功能在于吸引国内外企业到区内投资设厂，集中发展技术、知识密集型的高科技产业及其产品，加速技术商品化、产业化和国际化的步伐，推动技术进步，扩大技术、知识密集型产品的出口。这种经济特区的具体形式有：科学工业园区、科学公园、高新技术产业开发区、高科技园区和尖端工业区等。目的是为了吸引国外资金与技术，在其内部建立外商投资企业，利用当地廉价劳动力制造产品出口或部分内销。这种经济特区一般设在大学和科研机构较集中的地区。例如，台湾省的新竹科学工业园区、新加坡的肯特岗科学工业园区、英国剑桥科学公园及中国北京中关村的新技术产业开发区都属于这种类型。

5. 金融型的经济特区

这种类型的经济特区的功能是在国际资本融通的税率、管制、保密和服务等方面提供比区外更为优惠的政策和更为有利的条件，以吸引更多的外资来此设立银行或金融机构，以促进该区金融业的繁荣和发展。这种类型的经济特区的具体表现形式有：离岸金融中心、国际银行业自由区和金融贸易区等。例如，巴哈马是目前世界上最大的离岸金融中心，美国纽约于1981年设立了国际银行业自由区，中国上海浦东开发区内专门设有陆家嘴金融贸易区。

6. 旅游型的经济特区

这种类型经济特区基本上都设在旅游资源比较丰富的地区。其主要功能是通过在区内实行各种优惠政策，吸引国内外投资者前来投资，创办旅游方面的企业，如宾馆、饭店、娱乐设施、运输企业、旅游食品和纪念品加工企业以及各级旅行社等，以促进旅游资源的开发和国际旅游业的发展，这种类型经济特区的名称也不统一，有的叫旅游开发区，有的叫旅游度假区。

7. 综合型的经济特区

综合型的经济特区的功能是加快特定地区经济发展的速度，特别是加快落后地区的开发。这种经济特区不是简单地为某种单一的经济目的而设置的，而是以综合开发某一地区的经济为设区目的，它往往兼具有前面几种经济特区的特点和功能。这种经济特区的面积一般都比较大，在其内部可分别设立各种其他类型的经济特区。如巴西马瑞斯自由贸易区和我国已设立的五个经济特区就属于这种类型。

▶本章小节

本章介绍了土地要素特殊权移方面的内容。本章的先行材料首先介绍了中国加入世贸组织对中国土地市场可能产生的影响，集中探讨了在入世的背景下，中国的土地特殊权移问题，也对土地要素及其特殊权移作了概念性的描述；然后，本章系统地介绍了土地要素的概念，土地要素特殊权移的含义以及土地要素特殊权移的经济动机；最后，介绍了土地要素特殊权移的主要形式。

学习本章时，要注意重点掌握土地要素特殊权移的经济动机和主要形式，尤其是经济开发区的几种类型。在本章的综述材料中，还将对入世后，中国土地应该如何应对的问题作进一步的探讨。

▶思考练习

1. 土地要素特殊权移是把(　　)有偿地转让给外国的自然人或法人。

A. 使用权　　B. 所有权

C. 使用权和所有权　　D. 主权

2. 以下哪项能够最完整地描述土地要素的内涵？(　　)

A. 土地本身　　B. 土地本身加地下矿藏

C. 土地本身加地上自然资源

D. 土地本身、地下矿藏、地上自然资源

3. (复选)土地要素特殊权移的经济动机是(　　)

A. 扩大本国的IT。

B. 更多地引进外资、科技。

C. 增加就业。

D. 加快特定地区经济开发的速度。

E. 为获更多的土地使用费和土地转让出租费。

4. 试分别论述土地要素特殊权移的输出国和输入国的经济效益。

5. 试述经济开发区的六种主要具体类型。

▶综述材料

材料一:土地市场如何应对WTO

加入WTO是我国改革开放过程的一件大事。面对我国加入WTO进程加快的形势,中国的土地市场应如何应对WTO呢?

1. 努力学习和掌握国际经贸规则,并积极利用WTO的有关规则为我国统一有序的土地市场服务。中国加入WTO是积极、主动地参与经济全球化进程的重大实际步骤,是坚持发展才是硬道理的必然选择。WTO是一个多边性的国际经济贸易组织,其实现形式是通过WTO协议去完成的。WTO协议是涵盖范围广泛的各项活动的法律文本,冗长而复杂。但几个简单而根本的原则贯穿于所有这些文件,构成了多边贸易体制的基础。这些主要原则是:(1)非歧视的。即一国不应在其贸易伙伴之间造成歧视,他们都被平等地给予"最惠国待遇";一国也不应在本国和外国的产品、服务或人员之间造成歧视,要给予他们"国民待遇";(2)更自由的。通过谈判使贸易壁垒不断减少;(3)可预见的。外国公司、投资者和政府应相信贸易壁垒(包括关税、非关税壁垒及其他措施)不会随意增加;在WTO中,越来越多的关税税率和市场开放承诺得到"约束";(4)更具竞争性。不鼓励"不公平的"做法,如出口补贴和为获得市场份额而以低于成本的价格倾销产品;(5)更有利于欠发达国家,给予他们更多的时间进行调整、更多的灵活性和特殊权利。当然,WTO整个内容远远不止这些,但以上这些则是我们在学习过程中必须首先予以掌握的最基本的内容。经济全球化趋势要求我们必须去学习和掌握国际贸易规则,这是土地市场管理的使然,更是深化经济体制改革的需要。

2. 应抓紧研究和利用 WTO 规则，做好充分的政策、法律准备。为什么要加入 WTO？一个简单的道理就是它对全球经济发展具有推动作用。有人将 WTO 的作用归纳为三个方面：(1)促进世界范围的贸易自由化和经济全球化；(2)使传统的贸易政策措施得到改观；(3)使世界市场的竞争方式与竞争对手改变。要运用好 WTO 的作用，当务之急就是要紧紧抓住我国正式实施 WTO 规则前过渡期的宝贵时间，统一思想，全面研究和利用 WTO 的各项规则，加强培养土地市场人才，制定土地市场法规，变“入世”压力为动力，争取将 WTO 的规则变成土地开发企业的出口订单。否则，错失过渡期机遇，今天的利可能成为明天的弊。土地开发企业要及时调整发展战略，适应 WTO 的要求，同时，政府及其主管部门要把我国的土地开发企业有条件、分步骤地推向市场，按着国际惯例原则，创造平等竞争的机会，优胜劣汰，以利于提高国际竞争力。

3. 要把我国的土地资源放在 WTO 的格局中全盘考虑，以制定统一的土地市场规则。我国现存的土地市场规则主要是以国内为主，对国外则是有条件地开放，而且至今开放的范围仍十分狭窄。加入 WTO 后，我国土地市场规则的内涵将会发生深刻的改变。对此，我们应坚持以下几条原则：(1)区别对待的原则；(2)鼓励外商投资的原则；(3)坚持市场为导向，优化土地资源配置的原则；(4)加强耕地保护，强调粮食安全原则。在坚持以上原则的前提下，结合 WTO 的相关规则，制定统一的具有中国特色的土地市场规则。

4. 加大土地市场开发企业的调整重组力度，规范政府行为，实现土地市场的经济一体化。改革开放 20 年来，中国的房地产企业发展迅猛。但遍地开花、大而全的居多，真正具有竞争实力的则很少。面对加入 WTO 后的国外强大的房地产企业，不改革就是死路一条。要借鉴WTO成员的先进经验,坚持抓大放小的原则,推进国有土地开发企业的战略性改组,并切实放开搞活中小企业;同时,要转变政府职能,规范政府行为,尽快与国际惯例接轨,创造公平、公开、公正的市场环境,促进我国房地产业的健康发展。

5. 加强土地市场管理的信息化建设,提高对土地市场的分析能力。加入WTO后,我国的土地市场就自然而然地进入了高效率、高竞争、高效益的经济全球化的格局之中。它将通过对土地变更登记、土地价格评估、土地买卖次数、土地供需状况、土地政策法律等土地交易活动进行信息化传输、选择与反馈,帮助管理者了解土地市场,增强分析市场的能力,以引导土地市场与指导土地市场朝着健康既定的方向发展。要达到这一要求,就需要土地市场的信息化。

6. 规范土地交易活动,制止炒买炒卖土地的活动。土地交易包括国有土地和集体土地交易两个方面。从目前的政策看,集体土地不允许上市交易,所以,当前的重点是国有土地交易活动:(1)商业、旅游、娱乐和豪华住宅等经营性用地,原则上必须以招标、拍卖方式提供。出让土地首次转让、出租、抵押,必须符合法律规定和出让合同约定的条件,不符合条件的不得转让、出租、抵押。划拨土地使用权转让、出租等,必须经有批准权的人民政府批准;(2)严禁利用建设项目、规划许可证和用地红线图转让等形式变相"炒卖"土地。对已批准立项的建设项目,其建设用地符合土地利用规划的,必须限期办理用地手续;(3)国有企业改组、改制等涉及土地使用权交易时,不得低价售卖土地,要拟定土地资产处置方案,中央企业要选择减轻中央财政负担的方案,报国务院土地行政主管部门批准;(4)已购公有住房和经济适用住房入市涉及土地使用权交易的,必须将其中的土地收益依法上缴国家。

7. 结合本地实际,加快建立有形土地市场。建立和完善有形市场，是当前培养和规范土地要素市场，深化土地管理改革的重要工作和关键环节。所谓建立有形市场，就是要通过设立固定场所，健全规则，提供相关服务，形成土地使用权公平、公正、公开交易的市场环境。有形土地市场应具备四个基本功能：(1)提供交易场所，为土地交易、洽谈、招商、展销等交易活动和招标、拍卖会提供场地，为交易代理、地价评估、法律咨询等中介机构提供营业场所；(2)办理交易事务，为政府有关部门派出的办事机构提供服务“窗口”，方便交易各方办理政府管理的有关手续；(3)提供交易信息。公布和提供土地供求信息，收集、储存、发布土地交易行情、交易结果，提供有关土地政策法规、土地市场管理规则、土地利用投资方向咨询等；(4)代理土地交易。接受委托，实施土地使用权招标、拍卖，或受托代理土地使用权交易活动。各级土地行政主管部门必须高度重视，积极创造条件，加快有形市场的建设步伐。有形市场内要率先实施土地交易规则，广泛采用招标、拍卖手段，实行挂牌公告方式交易，对所有交易信息、交易程序、收费标准等要公开，防止欺行霸市和强行推销中介服务。同时，各级土地行政主管部门要切实加强对有形市场的领导，在有形市场的机构性质、工作职能、人员编制和工作费用等方面与相关部门做好协调，落实好机构、人员和经费，搞好行政、事业、企业等单位在市场运营和管理中的工作衔接，推动有形市场的建立和完善，确保土地要素市场的正常动作和健康发展。

8. 改革企业登记制度，取消房地产开发中的不合理税费，盘活土地市场。在我国，对土地开发企业实行的是有门槛登记制度。这种制度，如初始资本限制、营业场地、创业者身份、企业性质等对众多的新开发商即创业者设置了一个巨大的障碍。因此，应改革这种不利于市场经济发展的企业制度，像发达国家那样，推行无门槛的企业登记制度。在进入 WTO 后，既要对外实施市场准入，亦应对内实施市场准入，以降低创业门槛，让更多的创业者能够自由地去创业。来自国家建设部的消息说，去年我国空置商品房7000万平方米。按100平方米一套房计算，就是79万套商品房。这么多的商品房卖不出去，固然有很多原因，如房价太高、居民购买力不强，但一个重要原因则是不合理的税费在从中作祟。要改变目前这一现状必须从三个方面着手：(1)降低税费，使过高的房价降下来；(2)取消不合理的税费，使不合理的房价趋向合理；(3)实行费改税制度，使混乱的房价变得统一有序。另外，在对待中外土地开发企业时，应一视同仁，凡是给予国内企业优惠的政策也给予外国企业，凡是给予外国企业的优惠政策也应给予国内企业。土地市场与房产市场密不可分，房产市场搞活了，土地市场也就随之搞活了。

材料二：我国开发区面临的问题以及如何再创优势

一、开发区面临的问题

1. 入关在即，政策优势减弱。财政部部长项怀诚最近正式宣布，中国将逐步统一内外资企业的所得税，国家税务总局目前倾向将税率定在20%～30%之间。专家估计，内外资企业所得税将合并。这就意味着，开发区不能再握有与非开发区相异的特权。

2. 开发区的发展缺乏法律保护。开发区经过15年的探索实践，取得了巨大的成绩，但并没有形成一个全国性的有关开发区的法律体系。我国的法律都是通过现有行政区划的政府部门来实施的，尽管开发区所在的省(市)人大都制定了开发区条例，但开发区的管理机构(管委会)在中国的行政序列中并没有明确的地位，这会产生一系列的负面影响。一旦开发区《条例》的规定与有关法律法规相冲突时，开发区的管理条例就失去了法律效力，这同时也给一些外商造成错觉，开发区建设只是一种权宜之计，从而动摇了其长期投资的信心。从法律上明确开发区的管理体制、管理职能权限和运行机制，是保障开发区管理体制的科学性、规范性和相对稳定性的重要条件，也是从根本上改善开发区投资软环境、获得外商依赖的关键。

3. 存在向旧体制复归的压力。开发区创立之初就立足于改革开放的“排头兵”地位，大胆进行体制创新，努力营造符合国际惯例运作的投资“小气候”，十几年来已形成了高效精干的“小政府，大社会”管理体制。而近几年来，为摆脱地方政府干预，提高工作效率，国家和省市先后对工商、税务、金融、社会保障等机构实行了垂直管理，这样开发区以前享有的一些特殊政策和经济管理权限受到弱化，向一般行政区体制退化的压力不断增大。部门行政规章和地方法规的矛盾和冲突不断增大。中央部门要求的纵向集中管理与地方政府通过法规条例赋予开发区的权力之间的冲突现象日益明显，开发区的体制优势不断丧失，开发区管委会的“特权”不断削弱。与当前的一般行政区相比，开发区具有体制新、观念新、机构简、人员精、包袱轻、效率高等一系列比较优势，如果滑向一般的行政区，就会淡化和削弱开发区的优势和特色，影响对外开放取得的已有成果。

4. 过分强调优惠政策，无序竞争加剧。随着我国经济体制改革与市场化程度逐步深入，国内的宏观经济形势发生了根本性转变。与此同时，随着对外开放的深入，开发区的一些优势也在逐渐失去，一方面开发区因为土地、劳动成本的攀升，已引起了资本的部分外流。另一方面由于特区和开发区在创立之初，形成了对优惠政策依赖程度大，适应市场能力不强，而目前特殊的优惠性政策已逐渐淡化，“特区政策的普及化”成为一种必然趋势。一些地方的开发区仍寄希望于国家和当地政府给予更多的优惠政策，靠更优惠的政策来招徕外商，甚至采取免费提供土地的作法，进行不正当竞争。过分强调优惠政策，弊端显而易见。不仅使国家税收大量流失，还造成本地企业与外来投资者的不平等竞争。更有甚者，一些外来投资企业，在优惠政策期限过后就绝尘而去，或改头换面成立新公司，造成企业投资短期化。

5. 各开发区发展不平衡，经济技术水平总体偏低。由于各开发区的条件和起步的时间不同，发展极不平衡。一些开发区经济技术水平仍以劳动密集型和中低层次技术为主，项目的整体规模、水平、档次还不高，经济增长主要依靠外延，集约开发和经营的潜力还很大。经济体制创新还没有实质性的突破，市场化、社会化程度不高。这是当前开发区面临的一个重要而又亟待解决的现实问题。从开发区内企业看，很多区内大企业并没有形成以龙头产业为主的产业群，区内小企业尽管数量众多，但也没有起到协作配套的作用，其中许多小型企业纯属“三来一补”的加工出口型，与当地企业没有任何配套关系。

二、开发区如何再创优势

在新形势下，开发区仍有可能创造体制上的优势。

1. 规范和完善各类经济成分的组合结构、组织形式和运行环境。鉴于原有所有制结构的弊病，开发区在发展过程中强调大力发展非国有经济、形成多种经济并存的所有制结构是必要的，其成就也是明显的。但对于今天的开发区来说，各类经济成分的组合结构、组织形式的规范与完善的涵义似不宜再放在补充或进一步发展某种经济成分方面，更重要的方面可能是：服从于推动科技创新，提升产业结构，增强企业能动性和市场竞争力——总而言之，是服从于经济发展的要求，改善区内各种经济成分的组合结构及同一企业产权的组合形式。后者不是公多一点还是私多一点的概念，而是基于特定目标要求的适宜不适宜的考虑。另一个值得开发区着力解决的相关问题是，创造各种经济成分公平竞争的环境。这要求开发区对各种经济成分的支持和服务一视同仁,并体现在规制上。鉴于非开发区这方面仍然存在着严重不足,开发区在这方面的努力具有强烈的示范意义和推动作用。

2. 推进各类企业的规范化制度建设。企业制度是市场竞争的基础。竞争力较强的企业,除了产业选择、产品质量与品种、经营方略等方面存在比较优势外,其基础优势却在于有一个符合现代社会化大生产和市场经济要求的良好的企业制度。换汤不换药的不规范改制在今天我国企业制度建设中比较普遍。开发区要创造发展的优势,推动各类企业进行规范化的现代企业制度建设是一个关键的体制创新环节。而规范的企业制度建设的核心是建立规范的公司产权组织结构、出资人制度、法人治理结构和市场选择经营者的机制。实行股权多元化、明晰出资人代表(责任主体)并使其按规范程序进入公司治理结构、引入非资产董事并赋予特别的权力、依据竞争机制选择经营管理人员、建立强有力激励与约束机制等则是其中不可缺少和任意变更的内容。

3. 改进政府管理的组织体系与工作方式。政府管理体制改革仍是下一步理顺体制关系的一个根本环节。从我国现状着眼,适应于现代市场经济的要求,政府管理体制改革要实现如下目标:从万能的政府变成有限作用的政府;从"为所欲为"的政府变成为所必为的政府;从主要是进行干预的政府变成主要是提供服务的政府;从主要是为国有企业服务的政府转变成为所有企业服务的政府。开发区有条件也应该在这方面率先达到目标。为此,下一步改革应扣住如下几方面进行:缩小范围——把政府直接经济活动内容集中到最必要的方面上;规范程序——通过有效的制度保持经济决策的科学性和经济活动的公开公正性;改变方式——最大限度地取消审批方式和关卡制度;完善监管——建立强有力的行政行为监督约束机制。结合这些改革,相应调整政府管理机构,使其符合现代市场经济的要求。

4. 理顺公共资源和生产要素的配置制度。市场机制调节与配置公共资源和生产要素的程度，实际上反映着我国经济体制与国际经济规制衔接的程度，当然也反映着社会主义市场经济体制的完善程度。从整个面上看，这方面的改革在目前仍是一个薄弱环节。开发区也好不了多少。因此，全面推行国有经营性土地使用权公开拍卖制度、依法实行公共工程项目招投标制度、在特殊产品和重要物资与经营项目的配置过程中最大限度地引入市场机制等应该作为开发区制度建设的重要内容。

5. 完善保障企业自主运作和市场公正运行的法制环境。企业是开发区发展的真正主体，而企业能动性是开发区发展的真正动源，以开发区与企业的关系而论，启发企业动源的根本性因素，不是优惠政策，而是稳定的、公正的运行环境。因此，除了相关的体制建设外，开发区应着手营造企业自主经营、公平竞争的社会环境。在这方面，有两点值得特别重视：一是科学用法立规，严格按照已颁布的符合市场经济发展要求的法律法规规范与清理环境，同时立足于服务而不是钳制建立开发区发展规章；二是严格执法履规，依法行使政府权力，以法规范政府行为。

▶网址推荐

到中华人民共和国对外经济贸易合作部 www.moftec.gov.cn 去了解相关内容

到刑台经济信息网 210.72.83.1 去了解浦东开发过程中的土地利用问题

第七章

全球化信息要素移动研究

▶学习目的

1. 掌握经济信息要素的特征、类型、跨国传递的渠道和经济效应

2. 掌握全球化信息要素合作的概念并了解其发展情况及合作机制

3. 了解全球化信息合作的发展对世界经济的影响

4. 了解“信息高速公路”的概念及发展状况

5. 了解中国参与全球化信息合作的情况

▶先行材料

网络经济是一场革命

网络经济可以提高信息要素与劳动力要素相互结合的程度，增加其他生产要素的信息含量，并且使其他要素配置更加合理，从而提高生产力系统的整体素质和利用效率。网络经济可以加强生产力系统决策群的相互作用，引导生产要素的最优组合，提高生产力。网络经济可以改变企业组织，使其向科学方向发展。网络经济给劳动对象、劳动工具带来了革命性变革。

由于网络经济以信息为资源，信息可节约物质和能源，可节约人力资源，并可节约资本，网络经济信息已成为国民经济发展的倍乘因子，信息技术和信息网络成为国民经济发展的倍增器。网络信息的有效利用可以使非资源转化为资源，从而创造更多财富。网络信息产品和网络信息服务可以直接创造GDP，从而使国民收入倍增。信息网络可以缩短信息流动时间，从而大大加快财富的增值过程。

网络经济作为一个概念，在这里并不是狭义地指以计算机网络为核心的一个新行业，抑或再包括围绕着这个新行业而派生出来的若干相关行业。网络经济是指由于计算机互联网络在经济领域中的普遍运用，使得经济信息成本得以急剧下降，从而导致信息替代资本在经济中的主导地位，并最终成为核心经济资源的全球化经济形态。

信息正在成为核心经济资源。一种经济资源之所以具有核心地位，一般说来应该归因于这种资源的相对稀缺性。在农业经济时代，资本成为经济的核心生产要素。进入工业经济后期，经济信息的获取和加工开始在经济生活中左右资本的流向。通过信息的运营，就可以吸引资本和劳动等资源，最终使各个生产要素的回报得到提高。信息逐渐上升到核心经济资源的地位，而促使信息占据这一核心地位的正是计算机互联网络。

▶ **关键词**

经济信息要素　全球化信息合作　信息高速公路

第一节　经济信息要素概述

随着经济的发展和不断现代化，经济信息已经成为构成现代化大生产活动的不可缺少的生产要素。经济信息要素在国际间的大量移动对各国的经济发展产生了积极和重大的影响。

一、经济信息要素的特征和类型

经济信息要素与一般信息不同，经济信息的主要特征有：

(1) 表征性。也称反映性，它是经济信息最主要的特征之一。经济信息能够表征经济事物的属性、内在联系和运动变化，物质和能量不具备这一特征。经济信息是经济事物的表征，一切经济事物的运动都产生经济信息。

(2) 可传递性。经济信息同其他信息一样具有可传递性。因为经济信息作为人类经济活动的表征，只有经过传递才能被人们感知，才能被人们加工和利用。经济信息经过传递后便扩而散之、传播出去。

(3) 可增值性。又称可扩充性，是指信息在交流后发生增值，并且增值的数量与交流次数成指数关系。例如，两人各执一个信息经过交流后则变成每人各执两个信息。它们在不同的人之间交换，随交换不断进行，可以无限增值。当然，经济信息还会随着经济活动范围和规模的不断扩大而增值。

（4）可替代性。经济信息的利用可以替代资本、劳动力和有形物质，其实质是由于利用信息而减少了它们的消耗或替代了它们的功能并创造出新事物。

（5）可浓缩性。经济信息经过处理就可浓缩成精练的、有用的、便于传递和贮存的信息。人们可以把大量经济信息资料压缩成一个公式，也可以把许多复杂的经济现象总结或概括成一个规律或一条定理。

（6）可分享性。经济信息在一定的时间、空间里是可以分享的，而不会被一个人或一个企业所永远占有。经济信息的分享不同于物质财富，它不能作转手交易，只能作分享交易。经济信息的发布者或出卖者传播了信息，使对方获晓而本人仍然占有，不会失去。

（7）可贮存性。经过加工处理后的经济信息，可以借助于一定的载体而贮存起来，以备后用。电子计算机（有内存贮器和外存贮器）的广泛应用大大提高了经济信息贮存的数量和便捷程度。

（8）可更新性。经济信息的更新性是指由于经济信息存在着老化、过时的问题，需要不断地收集和补充新的经济信息，进行信息更新。导致经济信息老化、过时的因素有两个：一是科学技术的不断进步及其在经济中的应用；二是各项经济活动进行过程中质的更新和量的扩充。经济信息可以按照不同的标准进行分类。例如，按其来源可分为经济单位的内部信息和外部信息；按其表现形式可分为文件式经济信息和非文件式经济信息；按其传递方向可分为横向传递的经济信息和纵向传递的经济信息；按其反映面的大小可分为宏观经济信息与微观经济信息；按其时态可分为过去的经济信息、现在的经济信息和未来的经济信息；按其反映的角度可分为定性经济信息和定量经济信息；按其内容或功能可分为经济政策信息、经济法规信息、商品市场信息、要素市场信息和科学技术信息；按其所反映的经济活动是发生在国内还是国外，可分为国内经济信息和国外经济信息，等等。

下面，我们着重介绍一下按内容或功能划分的国际经济信息的种类。国际经济信息按内容或功能主要划分为六种类型：

(1) 客户信息。客户信息是指有关业务伙伴（包括潜在的）以及竞争对手各方面的情况。它包括：资信、经营活动方式、市场营销特点、市场占有率、公司负责人、公司的财务数据、依托的银行、产品目录、技术开发能力以及其他有关该公司背景的材料。

(2) 国际市场信息。国际市场信息既包括国际商品市场信息也包括国际要素市场信息。国际商品市场信息包括：市场容量、市场特征、营销环境、营销渠道、消费者及其消费行为、商品价格及其动向、商品交易所行情等方面的信息。国际要素市场信息包括：资本要素市场信息（资本要素国际移动的规模、结构、流向、部门分布等），劳动力要素市场信息（各国人口数量与结构、国际工程承包的现状与趋势、国际移民动态等），技术要素市场信息（国际技术转让的内容与规模、国际技术交流和国际援助的状况等），土地要素市场信息（各个国家和地区各种类型经济特区的数量、优惠政策的具体内容、土地出售与出租的价格等），经济信息要素市场的信息（各个国家和地区对经济信息的重视程度、经济信息组织和机构的状况、经济信息咨询公司的收费标准、国际数据库和信息网的分布等）和经济管理要素市场信息（国外管理集团与管理专家的数量、分布和收费标准、管理咨询公司的有关情况、国际管理合同签订的动向等）。

(3) 国际经济法规信息。包括国际贸易法、国际技术转让法、国际投资法、国际移民法、国际金融法、国际税法、国际经济组织法等法规的内容、立法趋势以及执行情况等方面的信息。广义地讲，国际经济法规信息还应包括海商法、国际发展法、国际环境法等方面的信息。

（4）国际经济管理信息。国际经济管理信息是指一个国家或地区对其经济的各个方面实施管理方面的信息。它主要包括：产业政策信息、货币政策信息、财政政策信息、收入政策信息、就业政策信息、经济计划信息、行业管理信息等。

（5）国际金融信息。国际金融信息主要包括三部分：一是有关国际收支的信息，如国际收支的顺差或逆差、储备资产增减等情况；二是国际金融市场信息，如外汇市场、货币市场、资本市场和黄金市场方面的信息；三是有关国际金融机构的信息，如这些机构各种贷款的条件、方式、利率、期限以及这些机构的组织状况等。

（6）国际科技信息。主要指科技的发展变化以及对国际经济贸易所产生影响方面的信息。例如：国外科技队伍规模、水平和行业分布、科研机构状况、最新科技成果及其商品化、产业化程度、科技开发和利用政策、科技发展趋势等。

二、经济信息要素跨国传递的渠道与经济效应

经济信息跨国传递的渠道是指经济信息借以实现国际移动的途径、方式和组织机构。经济国际化的发展和国与国之间经济依赖的加强，必然导致经济信息国际间移动规模和范围的扩大，以及传递渠道的多样化。经济信息要素跨国传递的渠道主要有：

（1）商业化传递渠道。信息量的爆炸性增长不仅迫使信息的收集、加工、处理和贮存向专业化发展并导致信息生产上的专业化分工，而且也使信息产品变成了具有交换价值的商品。因此，专门化的、经过加工处理的信息像其他商品一样通过贸易方式进行传递。为此，各种各样的国际信息公司和国际咨询公司迅速发展，他

们以收集整理和加工信息为职业，然后向国内外的用户提供信息产品。其中作为咨询行业主要门类之一的国际信息咨询公司的作用尤为突出。国际信息咨询公司提供咨询服务的方式一般有两种：一种是信息的咨询服务，即受托方为用户提供有关国内经济和国际经济的信息，并向用户收取一定的信息咨询费；另一种是信息的查询服务，主要是通过一定的途径为用户查询国际上的。数据库或信息网的有关经济信息资料，然后由用户支付一定的费用。

(2) 公共媒介传递渠道。通过公共媒介渠道传递经济信息的具体方式很多，其中较主要的方式有四个：一是通过报纸及各种形式的出版物传递；二是通过广播、电视、电影、电话、电报、传真等传递；三是通过各种类型的国际展销会、研讨会、博览会、发布会传递；四是通过大量公务、商务、旅游人员的国际间往来传递。各国经济的外向化发展、信息公开化程度的提高以及公共传播技术的进步将大大促进这方面信息传递的迅速发展。

(3) 内部交流渠道。这主要是指通过信息交流协议或在本系统内部渠道进行的信息传递，前者如政府间或行业间订立的信息交换协议，后者如跨国公司和跨国银行所进行的公司和银行内信息传递。

(4) 经济组织渠道。国际经济组织是国际组织的一类。据1987—1988年国际组织年鉴的统计，目前世界上各种各样的国际组织的总数已达21764个，其中政府间组织3569个，非政府间组织18195个。据统计，现在世界上共有国际性、区域性和专业性较稳定的经济组织1100多个，其中影响和作用较大的有500多个。国际经济组织是由各国政府或由各国企业、个人、民间机构和团体组成的。国际经济组织(尤其是联合国系统的经济组织)一般都有自己的出版物和信息情报机构，都定期或不定期地举行各种活动或召开各种国际会议，并且连续不断地有各类人员在国际间往来，所有这些都促进了经济信息在国际间的传递。目前，专门从事信息国际间交换与传递的经济组织主要有两个，即政府间信息局(IBI)和国际信息处理联合会(IFIP)。

(5) 信息产业渠道。这主要是指通过国际投资在信息产业创办合资经营、合作经营和独资经营企业，以推动信息的国际间传递。信息产业是第四产业，它包括很多具体门类。近年来，国际投资的部门分布向第三和第四产业倾斜，而第四产业创办的国际企业广泛分布于通讯、计算机、信息、咨询、广告、出版、产品设计、研究与开发(R&D)等行业。信息产业的国际企业直接从事信息服务、信息处理和信息设备的生产与销售业务，它们的存在和发展成为信息国际间传递的一条重要渠道。

经济信息要素的跨国传递对于促进各国经济发展和推动国际经济贸易规模的扩大能够起到重要的作用。

第二节　全球化信息要素合作

自 20 世纪 50 年代以来，以美国为代表的西方发达国家的经济率先开始由工业经济向信息经济转变。经过几十年的发展，全球社会、经济信息化的大趋势已昭然若揭，向信息经济的过渡已成为人们的共识。与此同时，信息作为一种极其重要的生产要素，在国际间频繁而大规模地移动，这就使得我们必须去关注国际经济合作中这一最具活力的领域——全球化信息要素合作。

一、全球化信息要素合作的概念

全球化信息要素合作，简单地说，就是指信息作为一种生产要素在国际间的流动、组合、配置及与此有关的国际协调合作机制。关于“信息”本身的定义有多种说法，最具代表性的一种是：“符号、信号或消息所包含的内容，用来消除对客观事物认识的不确定性。英文 Information（信息）一词来源于拉丁文 Informatio，原意是解释、陈述。人类自诞生以来就在利用信息。信息普遍存在于自然界、人类社会和人的思维之中。”（《中国大百科全书·自动控制与系统工程卷》）“信息”的外延相当广，包括政治、经济、科技、文化、军事、自然等各个领域的信息。从经济学的角度来看，信息是一种特殊的生产要素。这种生产要素的作用体现在它能够促进资源即各种生产要素的优化组合与配置，从而获得最大的收益。由于现代经济的复杂性和广泛性，几乎每一领域的信息都可对经济活动构成影响，不用说政治、经济、科技、军事等信息，就是文化、宗教等领域的信息也会对大至全球资源配置，小至某家公司或某个人的资源配置产生重大的影响。因此，“信息”作为一种生产要素，其内容非常广泛，在某种意义上，它与我们前面提到的“信息”的一般定义是基本一致的。

信息作为一种促进生产要素优化组合配置的要素，有着与其他生产要素如土地、劳动力、资本等相异的特点：

（1）土地、劳动力、资本等生产要素是组合配置形成生产力的“硬件”，信息则是形成生产力的“软件”。要提高生产力水平，仅从生产要素的“硬件”着手，则必须依赖量的增加即外延扩大的方式，然而信息却可以靠对既定量的生产要素进行优化配置组合，即内涵扩大的方式，来提高生产力水平。

（2）信息作为一种生产要素可以多次使用而不受损失，具有非消耗性，因此通过合作的方式可以使众多的参与者只须付出很小的代价就可分享信息。

（3）尤其重要的是，信息是所有生产要素中最具流动性的一种。众所周知，土地是各种要素中最固定的，虽然它的产权和使用权可以转让；劳动力的流动性由于国籍、语言、民族等因素的限制也很有限，资金虽然具有较强的流动性，但现代的资金流正是以信息流的方式来实现的。信息的流动性是由它自身的性质决定的，事实上，信息正是在流动中实现了资源的有效配置，创造了财富。

国际经济合作是研究国际之间各种生产要素的流动、组合与配置的运动规律，并揭示在这一领域中进行国际经济协调的有效机制的科学。作为生产要素中最具流动性的组成部分——信息的跨国界直接流动、配置与组合，理所当然是这门科学最重要的研究对象之一。

二、全球化信息要素合作的发展

全球化信息要素合作从人类开始有跨国界经济活动时就产生了，然而它的大发展却依赖着几个必不可少的条件，这就是全球化信息要素合作直到近年来才受到人们重视的原因。

首先，全球化信息要素合作的发展是与信息这种生产要素在经济活动中的重要性的逐步显现分不开的。现在人们普遍认为，世界经济的发展经历了农业经济、工业经济和信息经济三大阶段，从工业经济到信息经济的转化，主要体现在信息产业的崛起、从事信息劳动人口的增加以及信息对传统产业的渗透上。近 10 年来，世界信息产品和服务日益扩大，1982 年全世界信息产业的销售额为 2370 亿美元，1985 年达 4000 亿美元，1990 年为 6490 亿美元，并以每年 8%～10%的速度递增，估计到 2000 年将超过 9000 亿美元，信息产业将成为世界上第一大产业[①]。在美国，信息的生产、分配、变换和消费已成为社会经济的主要活动，三分之二的美国工人从事与信息有关的工作，其余的工人也在紧密依赖于信息的产业

① 贡光禹，“国外科技信息产业的发展态势”，《科技与发展》1995 年 3 期，第 9～10 页。

中工作。与信息密切相关的产业的产值早已超过GNP的50%以上，日本和欧盟也是如此。这标志着西方发达国家已率先进入信息时代，信息已成为现代经济中头等重要的生产要素。

其次，全球化信息要素合作的大发展是世界经济国际化的产物。经济国际化要求在世界范围内实现资源的最优配置，这就须臾不能离开信息这种能优化配置生产要素的要素。事实上，要从事国际贸易、国际金融、跨国经营等国际经济活动，无不以畅通的全球信息网络为其首要条件，这就在客观上提出了开展大规模全球化信息要素合作的迫切要求。

再次，开展全球化信息要素合作的必要性来自于信息资源在国际间分配的严重不均。以美国为首的发达国家是拥有信息资源的大户，而广大发展中国家则严重缺乏必要的信息资源。发达国家拥有大量收集、处理、传送信息的高新技术装备和强大的财力，成为信息资源的净输出者，发展中国家则除了能提供少量的资源信息外，需要净输入大量的信息。仅从目前世界上电话主线的拥有情况看，占世界人口15%的少数高收入国家，拥有占世界总数71%的电话主线，而占世界人口77%以上的不发达和欠发达国家只有占世界总数5%的电话主线，其中占世界人口50%以上的人甚至从来没有使用过电话。[①] 在80年代中后期，西方发达国家信息部门产值约占世界信息部门总产值的80%～90%，中等发达国家、新兴工业化国家和地区的相应产值占8%～15%，而发展中国家的相应产值仅占2%～5%。即使在发达国家之间，这种信息资源的不平衡也是很显著的。从美国输向日本和欧洲的数据资料就比从日本、欧洲输往美国的多得多。1990年，在世界整个情报信息联

---

① “最后一块地盘——发展中国家的电信热正为电信业注入活力”，《商业周刊》中文版第2期，第12～18页。

机市场营业额中，美国为5359.6百万美元，日本为1244.3百万美元，西欧为3352.6百万美元，各占53.6%、12.5%、33.9%。从拥有数据库的数量上看，1991年初全世界共有数据库5037个，其中美国占3000个，西欧占1200个，日本占300个。我们知道，生产要素在各国禀赋的不同是导致其在国际间流动、组合与配置的直接原因，因此国际信息资源分布的不平衡直接导致了全球化信息要素合作的大规模开展。

最后，信息传输手段的巨大进步为全球化信息要素合作的大规模开展提供了必要的手段。19世纪初，人们传递信息还只能以书信、书籍等实物载体来进行，电报和电话的发明使人类步入了电信时代，信息传输的速度大大提高。可是，信息传输的通道（信道）仍然很狭窄，信息传递的成本很高。令人可喜的是技术的进步却创造了奇迹，一条1965年的横穿大西洋的海底电缆仅能同时传送130个电话，而今天的海底光缆却能够同时传送50万个以上的电话。大容量、高性能的光纤通信、卫星通信、数据通信、计算机网络的出现，使得信息的传输既快捷，成本又大大降低，信息传输的种类也由单一的语音、文字信息发展到电视、图文、数据等多种信息。国际间的信息流动已经成为一件极其普通，也极其平常的事。

由于以上条件的具备和迫切的需要，广泛地开展全球化信息要素合作已成为当今世界的现实。国际间的信息流动呈现异彩纷呈的局面。从信息流的内容看，有政治、经济、科技、军事、文化等信息；从信息流的载体看，既有传统的印刷品信息、电话电报信息，又有新兴的图像、数据多媒体信息；从信息流所依托的产业上看，有新闻出版业、邮电通讯业、广播电影电视业、咨询业、电脑数据库产业等。

三、全球化信息要素合作的机制

1. 政府间的全球化信息要素合作机制

首先，在全球化信息要素合作领域已经形成了一些专业性组织，最重要的有以下几个：

(1) 国际电信联盟。它是各国政府间处理电信事宜的组织，其宗旨是保持和扩大国际合作，以改进和合理使用各种电信手段，促进技术的发展和应用，以提高电信服务效率，并使之为社会各个领域普遍利用。它要在以下方面协调各国的行动：分配无线电频谱；协调并登记对地静止通信卫星轨道位置；制定合理的电信业务费率；促进新兴国家电信事业的发展；研究电信技术和操作规范并通过制订国际法规和建议书加以实施等。

(2) 万国邮政联盟。它是各国政府间商定邮政事务的国际组织，其宗旨是组织和改善国际邮政业务，发展邮政方面的国际合作，以及在力所能及的范围内给予会员国所要求的邮政技术援助。

(3) 国际通信卫星组织。它是政府间全球性商业通信卫星机构，其宗旨是建立和发展全球商业卫星通信系统，供世界各国平等使用。各签字国按其使用的国际通信卫星电路的数量比例，向卫星组织投资，卫星组织利用此项投资款开展研制、生产、发射和更新通信卫星等活动。

其次，其他很多国际组织的很大一部分活动也是全球化信息要素合作活动。例如世界贸易组织、国际货币基金组织、世界银行、经济合作与发展组织等都规定各成员国必须及时准确地向他们提供有关的信息，这一“信息透明化”的原则乃是他们赖以运作的重要基础。另一方面，他们又将收集到的信息经过加工整理后反馈给各成员国，帮助成员国政府进行宏观经济决策。各个国际组织所包含的这种有效的全球化信息要素合作机制早已为各成员国所认识、接受和利用，为他们的经济发展带来了很大的好处。

关贸总协定“乌拉圭回合”达成的《服务贸易多边框架协定》使得电讯、咨询等信息服务业进一步走向开放和自由化。1996 年 4 月，世界贸易组织的 51 个成员国再次聚首瑞士日内瓦，围绕全球电信市场自由化展开了艰巨的谈判。谈判的目标是在各国达成一致并共同建立一套规章制度的基础上，这些国家每年互相开放价值超过 5000 亿美元的电信市场。到目前为止，各成员国代表已经初步就一些规定达成了共识，这些规定要求各国政府在政策条文上应当具有透明度，确保互相竞争的公司平等使用公共通讯网络的权利，并制止大型通讯公司对市场的垄断行为等。与此同时，国际间因通讯问题而发生的争议，今后可以通过世界贸易组织的贸易仲裁程序来解决，争议方如被证明进行不公平竞争，将受到该组织的制裁。

2. 非政府的全球化信息要素合作机制

在非政府的全球化信息要素合作活动中，企业历来是最重要的主体，特别是跨国公司的出现，更使得以企业为主体的全球化信息要素合作机制日趋完善。信息作为一种促进资源有效配置的生产要素，在企业的生产、经营和销售活动中起着举足轻重的作用。当企业的活动越出国界时，必然伴随相应的国际间信息流动。事实上，先进的通信技术如电报、电话、计算机网络等往往首先为企业所采用，并在实践中形成了一套行之有效的全球化信息要素合作机制。许多财力雄厚的大型跨国公司都建立了自己的专用通信网络，例如总部设在美国的通用电器公司每周五都通过专用电视会议网络召集分布在美、欧、亚洲等地的子公司开会，以了解公司在全球的业务动态。另外，Internet 的飞速发展，也使那些原本无力像大公司那样花巨资建立自己的洲际信息网络的中小企业受益匪浅，他们现在只需将自己的计算机连上 Internet 就可以了。

另一方面，某些大型的信息服务业公司正极力成为真正的全球信息服务公司，为各大洲的家庭和企业提供服务，从而成为全球化信息要素合作的主要组织者之一。著名的美国电话电报公司(AT&T)1994年的国际业务收入达187.5亿美元，占总收入的25.2%，英国电信公司1994年的国际业务收入则达31亿美元，占总收入的14.3%。与此同时，他们还竞相采取合资、合作和建立战略联盟等方式进一步开拓国际信息市场：AT&T建立了以它为首的AT&T世界伙伴联盟(AT&T's World Partners Alliance)，其中AT&T占50%的股份，日本国际电信电话公司占30%，新加坡电信公司占20%，另外还包括韩国电信公司、新西兰电信公司、香港电信公司、加拿大统一电话公司以及欧洲联合信息公司等无股权合伙公司；英国电信公司则建立了以它为首的协和公司(Concert)，其中英国电信公司占股份75%，美国MCI电信公司占25%，另外还包括挪威电信公司、丹麦电信公司、芬兰电信公司以及日本信息和通信公司等无股权合伙公司。[①] 1996年11月3日，英国电信公司又兼并了MCI电信公司。可见，在当今世界迅猛增长的信息市场上，充满着竞争者，然而他们彼此之间又往往互为客户和合作伙伴。

第三节　全球化信息要素合作与世界经济

信息是促进资源有效配置的生产要素。因此，全球化信息要素合作的广泛开展，必将对世界范围内的资源有效配置和世界经济活动产生复杂而深远的影响。

---

① “电话业斗士——AT&T与英国电信公司一决雌雄”，见《商业周刊》中文版1995，第9期，第24～25页。

一、对国际贸易的影响

全球化信息要素合作对国际贸易的影响主要体现在 EDI (Electronic Data Interchange,"电子数据交换",又称"无纸贸易")的广泛应用上。

EDI 是将商业和行政事务信息按照一个共认的标准加以规范化和格式化后,经过电子数据通信网络,在计算机系统之间进行数据交换和自动处理,并完成以贸易为中心的全业务过程。对从事国际贸易的企业来说,在建立了 EDI 系统后,只要在自己的计算机上一次性地输入或接收到必需的基本贸易信息,EDI 就可以对这些信息进行自动处理和加工,及时向供应厂商发出订单订购货物及零配件,向政府部门申领进出口许可证和原产地证书,向货运部门预定舱位,办理保险和清关手续,并向客户开出发票和通过银行结汇等,从而完成整笔交易。EDI 具有以下优势:①简化货物流程、缩短商贸周期、加速资金周转;②通过提高对客户的服务水平,增加货物销售量,降低安全库存量;③降低商业单据的处理成本,提供准确的贸易信息,提高劳动生产率;④有利于企业实现"适时库存"或"零库存"等新的商业战略;⑤减少由于错漏而造成的商业损失。

据统计,由于应用 EDI,商业文件的传递速度提高了 81%,文件成本降低了 44%,由于疏漏造成的商业损失减少了 40%,产品零售额提高了 20%~28%,企业的竞争能力提高了 34%。此外,EDI 的间接效益也可以达到全部贸易额的 3%~5%,这主要是来自将原来分散的业务加以统一而取得的规模经济效益。美国和欧洲各国政府已决定从 1992 年起全面采用 EDI 办理海关业务,凡不采用 EDI 方式的报关将被推迟办理。

为进一步在国际贸易中推广应用 EDI,20 世纪 90 年代联合国又提出了“电子商务”(Electronic Commerce)的概念。所谓“电子商务”就是广域EDI,即电子商务=EDI十信息高速公路。它是指以EDI为手段,以先进、高效、广域的通信网为基础而进行的贸易活动。具体来说就是在全球建立若干贸易网点或信息与贸易服务中心,并通过现代化的电子与通信技术把他们连接成一个世界范围的国际贸易网络,以达到促进国际贸易发展的目的。1993年底,联合国首先在美国、芬兰、泰国等19个国家建立了贸易网点试点,到目前为止,联合国贸易网络已在全球100多个国家设立了140多个网点。

综上所述,以EDI和“电子商务”为代表的全球化信息要素合作的广泛开展,不仅为企业带来了巨大的经济效益,而且已经并将继续导致国际贸易领域的贸易方式、经营管理的革命,商界称之为“一场结构性的商业革命。”

二、对国际金融的影响

前面我们曾提到,资金乃是生产要素中具有较强流动性的一种。然而,早期的资金流动表现为贵金属的直接进出口,在这种情况下,资金的流动并不是一件容易的事情,需要可观的运输、保险等费用。后来,非现金结算的发展,使资金流动表现为票据的流动,这使资金的流动性大为增强。但由于票据的传递以实物的形式进行,资金的在途时间长,造成了很大的浪费。正是由于现代信息技术的飞跃发展,使资金的流动得以电子信息流的方式来实现,“电交换”(wire clear)以崭新的高效率姿态正在替代着传统的“纸交换”。

电子自动数据处理系统应用于全球性银行账户划拨,在1973年导致了“全球银行金融电讯协会”(SWIFT—Society of World-wide Interbank Financial Telcommunication)的成立,当时由15

个国家的 239 家银行组成，现已发展到 60 多个国家的 2000 多家银行（包括分支）。整个电脑网络分为“操作中心”、“地区处理站”和“会员银行和用户”三级层次，现已开发的电讯传递处理的银行业务有八类。SWIFT 具有以下突出的优点：迅速便捷（每笔电讯从发到收只需 25 秒至 45 秒钟），安全可靠（双线制度、严格检查、自动监测和严格保密措施），费用低廉，格式标准（可进一步保证高效和准确可靠）等，SWIFT 在全球的逐步推广，已使传统的国际清算和支付业务发生了变革。

在发达国家，一场以新型的“电子货币”取代传统货币的变革正在迅速发生，它改变了消费者的金融生活方式，甚至可能动摇传统的世界金融体系的根基。“电子货币”大都在现行银行体系已确立的支票、现金流通网络以外的各种渠道流通。消费者和企业用户可以用传统的货币购买和存入“电子货币”，使用时只需携带一张信用卡大小的嵌有微型芯片的“智能卡”，或者利用自己的个人电脑，就可以通过电脑互联网络随时进行各种款项支付、汇划，即使是远隔重洋，也可以在瞬间完成。与传统货币相比，“电子货币”具有方便、迅速、节省成本等突出优点，然而人们也开始担心，由于“电子货币”实际上是无疆界的，可以在国与国之间汇入汇出而难以查验，因而难以防止诸如跨国界洗钱、逃税等犯罪行为。另外，大量的游资将更方便地在国际间流动，冲击现行的国际货币金融体系，造成剧烈动荡。因此，必须进一步加强各国政府和中央银行的合作，以应付“电子货币”的挑战。

当代的国际金融市场也是依赖于开展高效的全球化信息要素合作而运行的。目前，国际金融市场绝大多数是一个没有固定地点的市场，即无形市场。这个市场由众多经营国际货币金融业务的机构组成，它们主要通过电话、电报、电传和电脑网络等现代化通讯工具进行各种金融交易。即使是一些有形市场，例如证券交易所也相继进行了电子化、自动化的改造。总之，当代国际金融市场实际上是一个通过高效率电子信息传输连接起来的全球化信息要素合作网络。

高效全球化信息要素合作的开展，使得国际资金的流动性极强，大量资金 24 小时不断地在全球流动，据估计，每天通过国际电子金融市场进行交易的股票、货币和证券总量达 3 万亿美元，为美国年预算的 2 倍。可以这样说，只有在广泛地开展高效的全球化信息要素合作后，国际金融才成为真正“国际化”、“全球化”的金融。正因为如此，金融领域总是先于其他产业增加对信息技术的投资。据 INPUT 信息技术研究集团公司对 18 个国家 160 家银行的调查，世界金融业用于信息技术的经费 1994 年为 271 亿美元，1995 年为 304 亿美元，增长 12%，预计到 1999 年将高达 484 亿美元。（王林，《美国信息工业角逐金融市场》，见《中国科技信息》1995—10，第 27 页）

三、对其他全球化经济合作方式的影响

正如当代国际资金的流动是以国际信息流来实现的一样，其他国际经济合作方式中的生产要素跨国界直接流动也正日益以信息流的方式来实现。

当代的某些国际劳务合作，已经可以不再需要人员的跨国界流动来实现了，通过在信息网络上进行全球化信息要素合作就可以达到目的。如美国的医学专家可以在本国通过信息网络对亚洲某国医院中的病人实施诊断，甚至指导手术；印度的软件设计工程师可以在本国的家中“上班”，将编制好的电脑软件通过 Internet 或其他网络传送到雇佣他的某一家美国电脑公司。

当代的国际科技合作更是须臾难离国际间的信息交流。据日本的有关统计，理论科学研究者有 50%的时间要用于信息收集，

应用科学研究人员则要为此用去30%的时间。信息不灵造成的浪费是惊人的。正因为如此,先进的全球化信息要素合作方式总是首先被应用于科技研究。著名的Internet的前身正是美国国防部高级研究计划局于1968年建立的用于支持军事研究的计算机实验网络。目前Internet最重要的骨干网络NSFnet也是由美国国家科学基金会(NSF—National Science Foundation)建立的,在1993年底,Internet分布在137个国家的约1500万个用户中,有40%是科学家。通过计算机联网检索获取科技文献资料已成为当今科研的重要方法之一,自1991年夏天开始,国际上印发和邮寄自然科学论文的数量急剧下降,而改为通过计算机网络传递。这种现象从物理学和数学开始,正在波及其他学科。这种服务是双向的,即每一位学者可以将自己的论文摘要和预印本用电子邮件寄到相应的服务中心,读者届时可从服务中心订阅预印本摘要和索取指定的文章。国际上有大量可从计算机网络上读取的科学数据库,可从中获取各种科技资料,今天,任何一个国家的科学工作者要想跟上科技发展日新月异的步伐,都必须借助全球化信息要素合作网络来开展广泛的国际科技合作,否则必将落伍。

然而,受全球化信息要素合作大发展影响最大的国际经济合作领域当推跨国经营活动。首先,跨国公司现在可借助信息网络实施真正的全球经营战略。当一些分散开来的国家利用信息技术进行合作时,资源、劳动力和资本所处的地理位置的意义就不再那么重要了。许多汽车的部件是在好几个国家制作的;一些百货公司出售的看起来一式一样的衣服,是在四大洲缝制的。原因在于管理信息和市场信息的畅通,可以使质量的监控、生产的协调等毫不受地理距离的限制。跨国公司寻求的不再是某一范围内的最低成本,而是全球范围内的"最佳低价",为此,它可以将公司的生产部门、研究开发部门、营销部门分设在不同的国家,彼此通过信息网络紧密地联系起来。如瑞典的爱立信公司在世界上 20 个国家的 40 个研究中心里有 1.7 万名工程师，他们都连在一个信息网络上；澳大利亚和英国的开发小组可以为同一个设计携手工作，然后将最后的蓝图迅速地传递给设在中国的工厂。这就是真正的“跨国经营战略”和“无国界经济”。其次，全球化信息要素合作的大发展，使跨国公司的组织管理体制发生了根本性的变化。由于信息传输技术的进步使得各种决策指令趋向于一步到位，公司的中间管理阶层正在减少，较多的横向协调关系将取代较多的纵向命令关系，50 年代开始成熟的金字塔式的“公司王国”已经在消失；60 年代、70 年代的“联邦制”式的跨国公司也处于下坡路中；而新的表现为“全球网络”的“联邦制”式的跨国公司却正在萌生与发展。这些公司的“总部”往往只是一幢写字楼中的一套房间，不仅不必冒烟，而且也不必有固定的车间与仓库，所谓“生产经营”就是发出协调性的信息指令，这就是所谓“空心化”的现象。

第四节 “信息高速公路”的开创

全球化信息要素合作的开展虽然业已对世界经济产生了重大影响，然而，这只不过是序幕而已，更动人心魄的美好前景还刚刚开始。

一、“信息高速公路”与全球化信息要素合作的前景

1993 年 9 月 15 日，美国政府正式提出了建设“国家信息基础设施”(NII—National Information Infrastructure)的行动计划，即通常所称的“信息高速公路”计划，掀起了“信息高速公路”的热潮。日本、欧盟、加拿大、南锥体共同市场国家、新加坡、韩国等都争先恐后地制定了雄心勃勃的建设本国“信息高速公路”的计划，“信息

高速公路”已成为发达国家致力于争夺21世纪综合国力优势的一个焦点。所谓“信息高速公路”，可以简单地理解为：通过高性能的光纤网和通信卫星群，把千家万户、社会机构、政府部门、商业企业等联系在一起，形成一种称之为数字世界的新秩序。人们通过多媒体电脑终端，可以彼此共同享受信息资源。

“信息高速公路”主要由三大部分组成：信息源、通信平台和应用信息系统。信息源包括经济、科技、文化、法律、政治等各种各样的信息资源；通信平台用以完成各种信息的处理、传输、交换和分配，并把有关的应用信息系统进行连接和整理，最大限度地实现信息资源共享和强化信息系统整体功能和效益；应用信息系统则根据各个用户的需求，为其传递活动提供支持和服务。通过光纤（有线的方式）和通信卫星群（无线的因而是可移动的方式）组成的网络，把个人、家庭、企业、政府、图书馆、新闻机构、娱乐场所、数据库等的多媒体电脑连接起来，随时随地提供科研、教育、商业、交通、金融、文化、娱乐等极为广泛的服务。

“信息高速公路”计划的实现将带来巨大的经济效益和社会效益，它将使国际间信息流动的规模更加巨大，种类更加丰富，速度更加快捷，成本更加低廉。然而这一切的实现，还有赖于强有力的国际合作。因此各国在进行“信息高速公路”建设的激烈竞争的同时，认识到“信息高速公路”事业已超出了单个国家的范围而成为全球的事业，在这一领域，需要开展大规模的合作，建立有效的合作机制。

1994年5月，当时的美国副总统戈尔在国际电信联合会上提出建立“全球信息高速公路”设想。1995年2月25～26日在布鲁塞尔召开的西方七国集团政府部长级全球信息社会讨论会上，与会者确认建立信息化社会需进行全球合作，特别是建立“全球信息高速公路网络”即“全球信息基础设施”（GII，Global Information

Infrastructure)更需要全球合作。这次大会提出了建立"全球信息高速公路网络"应共同遵守的 8 项原则和建立"全球信息社会"的 11 项示范计划。其中 8 项原则是:(1)鼓励公平竞争;(2)鼓励私人投资;(3)制定一个适宜不同国家的法规框架;(4)网络的公开使用性;(5)保证普遍提供服务和享受服务;(6)促进公民在网络上的平等权利;(7)促进信息内容在语言、文化上的多样性;(8)发达国家和发展中国家一律平等。11 项示范计划是全球信息目录计划、全球竞道交互网络计划,跨文化教育和培训计划、电子图书馆计划、电子博物馆计划、环境和自然资源管理计划、全球紧急情况管理计划、全球卫生应用计划、政府入网计划、为中小企业建立全球市场计划及海洋信息社会计划。大会还发表了关于"全球信息高速公路网络"的原则宣言。

这次大会还促成建立了一个国际组织,这就是"全球信息基础设施委员会"(GIIC—Global Information Infrastructure Corn. mittee),这是一个民间组织,总部设在华盛顿。其宗旨是推进信息技术和信息服务的发展与应用,从而加速各国的经济增长,提高教育水平和生活质量。GIIC 将吸收各国、各行业、各组织和各研究领域的首脑和专家参加,并由此消除政府、产业间的地理和管理障碍,帮助发展中国家加速信息化进程。为实现信息的共享,GIIC 尤其注重以下几方面的工作:(1)提供跨行业、跨产业私营业者聚议的场所;(2)加强不同国家信息基础设施建设者的合作联系;(3)促成发展中国家和发达国家在信息领域的合作;(4)促进信息和远程通信技术在教育、医疗和环境方面的应用。GIIC 每年举行一次会议,除了讨论常规问题外,每年还将选择一个特殊的专题,系统地加以研究和交流。GIIC 作为世界范围内信息基础设施建设的组织、协调、交流方面惟一的一个具有国际权威性的组织,其成立和运作,必将大大推动"全球信息高速公路"的建设。

综上所述,一方面,“信息高速公路”的建成将带来全球化信息要素合作的飞跃发展;另一方面,要建设“全球信息高速公路网络”,又必须开展广泛的全球化信息要素合作活动,建立有效的协调合作机制。可以预料,全球化信息要素合作将在今后很长一段时间内围绕“信息高速公路”建设而开展,同时“全球信息高速公路网络”又将是全球化信息要素合作的明天,到那时,全球化信息要素合作的进行将对世界经济产生更加巨大而深远的影响。

二、加强合作,缓解各种障碍

全球化信息要素合作的发展前景极其光明,然而在它前进的道路上,尚有不少的障碍有待克服。

(1) 国家主权问题。由于全球化信息要素合作意味着信息的跨国界交流,因此它的大发展就导致地理上的国界在信息时代形同虚设。覆盖全球的卫星通讯、广播和电视网,触角遍布全世界的Internet 电脑网络,以及规划中的功能更加强大的全球信息高速公路网络等都对传统的国家主权构成了极大的挑战,如何在全球化信息要素合作大发展的时代保持本国在政治、经济、民族、文化和宗教等方面的独立性和特殊性,已是使很多政府深感头痛的问题,某些国家因此采取了一些限制信息跨国流动的措施。可见,不设法处理好这一问题,全球化信息要素合作就难以在广度和深度上得到进一步的发展。

(2) 安全性问题。如前所述,全球化信息要素合作在当代世界经济的运行中发挥了关键的作用,世界经济实际上是依赖一个全球化信息要素合作网络在正常运作。然而,信息网络的安全性却存在重大的隐患,发生在 Internet 网络中的电脑病毒事件已给全世界敲响了警钟。如果此类事件发生在未来的“信息高速公路”中,那么其影响就远不止于此了,甚至有可能使整个世界经济和全球的正常生活陷入瘫痪和混乱之中，恐怖分子也有可能利用这种手段来达到他们的目的。因此，安全性问题也是全球化信息要素合作发展中尚待克服的一大障碍。

(3) 信息时代的“南北问题”。全球化信息要素合作的广泛开展将使世界经济发生革命性的变化，将为世界经济的增长提供动力。然而，并不是每一个国家都有能力参与到全球化信息要素合作中来的，世界有可能被分成所谓的信息“拥有国家”和“非拥有国家”两类，出现信息时代的“南北问题”。在许多发展中国家，大多数人还没有电话或计算机。即使他们拥有这些东西，也只能被闲置起来，除非政府能在光缆、卫星和发射装置等通信的基础设施建设方面作出巨额投入。即便如此，也还难以逾越这种鸿沟，因为在发展中国家中还有 1/3 的人缺乏阅读的能力。信息时代的“南北问题”可能比传统的“南北问题”更加尖锐，因为后者只是使发展中国家失去了过去和现在，而前者，将使发展中国家失去未来。

信息时代的“南北问题”已引起国际社会的广泛关注。1996 年 5 月 13 日至 15 日，50 多个国家、地区和国际组织的代表参加了在南非米德兰举行的信息社会与发展大会，这是发达国家和发展中国家有史以来第一次就全球信息化问题同聚一堂共商大计。会议通过的题为《主席国结论》的文件指出：建设信息社会需要全球合作；发展中国家必须根据各自的现实情况制定进入信息化社会的步骤与战略；目前不发达国家信息基础设施不足，必须动员适当的投资。文件还指出：信息基础设施在开发人力资源、提高技术和竞争能力、促进经济增长、提高工作效率和改善医疗保健、促进社会发展等方面有着巨大的作用，发达国家应在技术和资金等方面帮助发展中国家进行信息基础设施建设，从而缩小差距，促进全球共同发展。

总的看来，虽然存在上述障碍，但全球化信息要素合作的前景仍是光明的。无疑，各国在进行小到日常的国际间信息交流、大到"全球信息高速公路"建设的各种全球化信息要素合作活动时，都将面临激烈的竞争，在竞争中可能发生这样那样的矛盾，然而，协调和合作最终会成为解决矛盾的最佳办法。四川大学对外经济贸易系王世浚教授提出的"竞争（Competition）—矛盾（Contradiction）—协调（Coordination）—合作（Cooperation）"这一国际经济关系中普遍存在和遵循的"4C规律"[①] 同样适用于它的重要组成部分——全球化信息要素合作，人类进行全球化信息要素合作的实践也已经并将继续证明这一点。

展望全球化信息要素合作发展的前景，中国面临一个前所未有的机遇，如果我们抓住这个机遇，迎头赶上，实现国民经济的信息化、现代化，那么，国家的强盛、民族的振兴就指日可待，中华民族也将成为21世纪世界民族之林的佼佼者。

▶本章小节

本章介绍了信息要素全球化移动方面的内容。本章的先行材料首先介绍了网络的发展对信息的传播的关键作用，以网络是一场革命为题，概要介绍了网络经济方面的内容。然后详细介绍了经济信息要素和全球化信息合作方面的内容，在此基础上，还对信息全球化移动对世界经济的影响作了一定的分析，并对中国参与信息全球化合作作了一定的探讨。

知识经济也许有许多泡沫，但是信息要素正在我们的经济生活中扮演着越来越重要的角色。信息要素的全球化移动和信息高速公路的发展，值得我们去关注。

---

① 王世俊，"国际经济关系中的"4C规律"，《世界经济》1992年，第3期，第8～13页。

▶思考练习

1. 经济信息要素的表征性也就是 (　　)

   A. 反映性。　　B. 可传递性。

   C. 可增殖性。　　D. 可替代性。

2. 商品交易所行情信息属于下列哪类信息? (　　)

   A. 国际经济管理信息　　B. 国际金融信息

   C. 国际市场信息　　D. 客户信息

3. (复选)信息高速公路由以下几个部分组成? (　　)

   A. 信息源　　B. 通信平台

   C. 应用信息系统　　D. 电脑网络

   E 其他

4. (复选)信息高速公路的巨大的经济和社会效益主要体现在 (　　)

   A. 信息流动规模更加巨大。

   B. 信息流动种类更加丰富。

   C. 信息流动速度更加快捷。

   D. 信息流动成本更加低廉。

   E. 服务商之间的竞争更加激烈。

5. 试述全球化信息合作的运作机制。

6. 试述信息要素移动对世界经济的影响。

7. 试简述中国参与信息全球化运作的情况。

▶综述材料

网络化对人类社会的影响

1850 年 7 月,在伦敦瑞特琴公园路展出了一台电力机车牵引模型,马克思在参观了这个展览后说:“蒸汽大王在前一个世纪翻转了整个世界,现在它的统治已到末日;另外一种更大得无比的革命力量———电力的火花将取而代之。”时隔150多年后的今天,人类正在进入信息时代,跨入网络化社会,走向新的文明。以计算机、通讯和信息技术为支撑的网络将成为联结未来信息社会的纽带。各种网络将把世界上各个国家和地区联为一体,形成“地球村落”,促进人类的共同发展。全球将形成一种崭新的信息与通信网络系统,它能以更快的速度传送和处理数量日益增加的数据、信息和知识。对于人类社会来说,这是一种前所未有的科技革命,将严重影响和改变人们的生产方式、工作方式、生活方式和竞争对抗方式。

网络发展极其迅速。据了解,目前因特网,这个世界上影响最大、用户最多、信息资源最丰富的跨国界的计算机网络,已同100多个国家和地区的计算机网络连接。

据1998年2月的统计,已有1.13亿直接上网用户,并且每月正以15%的速度递增。其他类型的局域网和广域网也如雨后春笋般地在世界各地诞生。可以预见,就像人类开掘运河、修筑铁路、公路、高速公路和发展航海、航空业一样,网络将进一步把地球变小,并将世界上的万事万物尽收网中。

随着世界科技的迅猛发展和知识经济的快速崛起,网络社会离我们并不遥远。因此,从现在起,就应该重视认识和研究网络化对国家政治、经济、军事和文化等方面所带来的影响,以适应时代发展的需要。

长期以来,由于受信息传播量和传播速度的影响,国际政治活动和国家政治都被局限在一定的范围内。在网络社会,国际政治和社会政治生活事件被嵌入计算机信息网络之中,形形色色的报刊、影视、信息网络,能够将各种政治事件和信息快速地传输到整个世界，参与和影响政治的人空前增多。当然，网络化也会使对政治的冲击增强，使政治的不安全性相应增加。同时，使得国家政治和国际政治的界线趋于模糊，国家政治安全将不同程度地受到国际政治的影响和冲击。国家在运筹政治方略时，不得不考虑国际政治的影响。

经济是任何一个国家、民族赖以存在的基础。网络化对经济的影响十分巨大。在信息网络的支撑下，经济全球化和区域化将加速发展，使国家之间、国家与世界经济之间相互依赖、相互促进、相互影响。信息产业、知识经济将得到飞速发展，生产效率将大幅度提高。据统计，现代经济的发展与增长，有40%多来自于信息产业的贡献。以信息产业最发达的美国为例。在工业制造业方面，由于实现了生产自动化和网络化，现在制造业产值的40.4%来自于信息产品的附加值。在农业方面，美独立战争后，曾以90%的农业人口生产全国所需的粮食。

从20世纪80年代开始，美国政府每年拨款15亿美元，用于健全世界上最大的农业信息和市场服务电脑网络。如今，占美国人口3%的农民，生产的粮食已超过全部美国人的需要。在教育方面，计算机和网络在学校已开始普及，每个公民都可以凭借电脑终端，充分利用高水平教学资源和国家图书馆的藏书，从而获得机会均等的远距离教育和终身教育。从目前的产业结构看，美国脑力劳动者的人数已大大超过体力劳动者的人数。现在，西方许多发达国家的信息产业产值已占GNP的45%～65%。网络化对经济的影响最突出地反映在国际金融和商业贸易领域。在金融领域，资本流通可通过网络跨越国界，各地的金融信息几乎能立即传遍全世界；在商业贸易领域，国际贸易、国内贸易和家庭采购都可以在网络上进行，通过电讯网络完成商品的生产、改进、订购、销售和支付的网络贸易将飞速发展。专家预计，未来10年，全世界国际贸易将会有

1/3 通过网络贸易的形式来完成。所以说，知识经济、网络经济必将成为 21 世纪的经济发展主流。但是，不可忽视的是，网络化也会对国家经济安全带来一定程度的威胁。敌对国家可能通过入侵和破坏国家信息网络，对银行、证券交易所、空中交通管制、电话、电视、电力网等网络进行打击和破坏，从而能造成国家经济瘫痪；不法分子可以通过电脑网络侵入私人和公司的电脑资料库，窃取、涂改并毁坏电脑里面的经贸资料、电子邮件、商业情报及合同文件等，给被侵略者造成破坏性打击。因此，必须采取相应的预防性措施，以消除网络的脆弱性可能给经济安全带来的影响。

信息网络的崛起与发展，使军事领域面临史无前例的挑战。军事威胁将不只是大兵压境，来自网络上的突然袭击同样值得警惕。网络在把军事活动扩展到整个世界乃至宇宙的同时，也消除了诸如海洋、大山、距离等国家安全的屏障，使军事安全的责任日趋繁重。传统的军队成分将被改变，信息时代的军队将由电子信息网络专家、工程师和知识型军人组成；战争在战略层次攻击的首要目标将是联结国家政治、经济、军事和整个社会的网络系统；利用新奇的信息技术手段，多渠道、多形式地对敌方军用与民用计算机网络系统进行快速、隐蔽和摧毁性的破坏，将是“不战而屈人之兵”或“少战而屈人之兵”的最佳选择。血肉横飞、尸体遍野的传统战争将会被少伤亡、少流血，甚至不流血的战争形态所取代。

网络化对文化的影响是极其深远的。文化是维持社会稳定的重要基础。人类所创造的文化渗透在社会生活的各个方面，一定时代和一定民族的人们，都生活在一定的文化模式之中。东方文化，西方文化；华人文化圈，犹太人文化圈；海洋文化，岛国文化，大陆文化……每一个国家、每一个民族都有自己的传统文化。每一个行业、每一个领域也都在培植创造着自己特有的文化。网络的发展，将加速各种文化的传播和相互吸收、融合，使各种文化在广泛传播中达到发展。同时，网络的发展对文化的负面影响也显而易见，尤其是不良文化通过网络更易传播，对此必须有充足的思想准备和预防对策。

网络化对人类社会的影响和冲击极其广泛而深远，除了上述四个方面外，对外交、科技、教育、生态环境等等，都将产生不可估量的影响。

每一个新的时代都是一次科技革命的产物，每一次科技革命都是一个新的时代的序幕，这已经成为人类社会演进与发展的规律。在信息时代，信息已经成为与物质、能源同等重要的战略资源，信息产业已成为国家的支柱性产业，信息要素成为最重要的生产要素，网络成为国家重要的战略基础设施。对于每个国家而言，不管它是处在工业时代，还是农业时代，都必须直接甚至超越发展阶段实现向信息时代转轨，加速推进网络化建设。

我国的生产力尚不够发达，我们一只脚踏进了工业社会，一只脚还在农业社会，但眼睛却要紧紧地盯着信息社会。网络化对社会各个领域的深远影响，我们不能熟视无睹。我们必须冲破传统思想的束缚、习惯势力的羁绊，加快我国网络化建设步伐，制定网络化建设的长远规划和安全措施，确保国家政治、经济、军事等方面的安全。

▶网址推荐

到中国投资商务网 www.chinagator.com.cn 去了解信息要素国际移动方面的相关内容

第八章

国际直接投资

▶学习目的

1. 了解国际直接投资的概念和发展态势

2. 了解国际直接投资的基本形式与建立方式

3. 掌握国际直接投资的动机和理论

4. 了解国际直接投资环境及其评估方法

5. 掌握跨国公司的国际直接投资行为

6. 了解国际直接投资中的无股化现象、投资的新方式以及投资风险的防范

▶先行材料

伊莱克斯在亚洲和东欧进行投资

瑞典的伊莱克斯是世界上最大的家用电器(洗衣机、洗碗机、电冰箱、吸尘器等)生产商之一,其1994年的销售额超过135亿美元。由于瑞典的国内市场比较小,所以伊莱克斯想发展就必须开发国外市场。到1994年,该公司的销售额有85%以上是来自国外市场,其中大多数是在西欧和北美。1994年,伊莱克斯在西欧家用电器市场的占有率达到25%。

伊莱克斯在20世纪90年代初期进行的一次公司计划审计中得出结论:西欧和北美对家用电器的需求已经成熟。公司对这些地区的未来发展只能来源于替代需求和人口增长所带来的需求,所以销售额的年增长率不可能超过2%~3%。伊莱克斯首席招待官里夫·约翰森认为公司不能过分依赖这些成熟的市场,要想保持公司现有的增长率,必须积极打入新兴的亚洲和东欧市场。公司估计,在未来10年甚至更长的时间里,这些地区对家用电器的需求会以每年20%的速度增长。于是,在1994年,约翰森为伊莱克斯制定了雄心勃勃的发展目标:公司要将其在这些新兴市场上的销售额翻一番,即从1994年的13.5亿美元,或者说其总销售额的10%扩大到1997年的27亿美元。他还制定了另一个目标:到2000年,伊莱克斯要成为东南亚地区最大的三个家用电器供货商之一。

除了这些地区明显的发展潜力以外,伊莱克斯做此决定的另一个原因是其主要的全球竞争对手——美国的通用电器公司和惠而普公司以及德国的西门子公司最近都宣布了类似的计划。伊莱克斯认为它必须尽快行动，否则它将失去在这些新兴市场上赚大钱的机会。

确定发展目标后，伊莱克斯要考虑的就是如何实现这些宏伟目标。成本因素加上进口壁垒使公司把在北美和欧洲的工厂生产的产品直接出口到新兴市场并不合算。于是，它在不同地区和国家采取了不同办法。买进现有的公司、新建工厂、建立合资企业和加强营销等都是可选方法。伊莱克斯称它准备每年花两亿美元以扩大公司在新兴市场上的业务。

▶关键术语

国际直接投资　国际直接投资环境　跨国公司
所有权优势　内部化优势　区位优势

第一节　国际直接投资的概念与发展态势

一、国际直接投资(International Direct Investment)的概念

国际直接投资，也称为对外直接投资(Foreign Direct Investment，缩写为FDI)，指的是以控制国(境)外企业的经营管理权为核心的对外投资。它是一种跨越国界的直接投资行为。从投资国的角度来讲，参与国际直接投资意味着从事对外直接投资亦即本国的对外投资者将生产要素(如生产技术、资金、原材料、管理经验等等)投放到东道国，从事生产经营活动的经济行为。从东道国的角度来讲，参与国际直接投资意味着引进国外直接投资，亦即吸引外国投资者到本国来投资建厂，从事生产经营活动的经济行为。参与国际直接投资，在当今世界，已成为各国发展对外经济关系、参

与国际分工的重要形式。一国参与国际直接投资的程度和方式主要取决于两点：一是经济发展水平；二是对外开放程度。一般来讲，发达国家引进国外直接投资与对外直接投资的规模都大，且后者大于前者；而发展中国家两者的规模都小，且前者大于后者。跨国公司在这领域占居主导地位。

二、国际直接投资的发展态势

1. 从全世界来看，国际直接投资发展势头迅猛，流量不断创新高

进入 20 世纪 90 年代以来，国际直接投资流量猛增，1991 年为 1578 亿美元，1992 年为 1681 亿美元，1993 年为 2079 亿美元，1994 年为 2257 亿美元，到 1995 年为 31501 亿美元，比上年增长 40%。1999 年，全球国际直接投资流量达 8270 亿美元，比 1998 年增长了 25%。2000 年全球外国直接投资比 1999 年猛增 18%，达到创记录的 1.3 万亿美元，但 2001 年将有所减少。

2. 以美国为首的发达国家是国际直接投资的主要投资者和吸纳者

近年来国际直接投资流量增长的约 90%都发生在发达国家。5 个最大的对外投资国美国、德国、英国、日本和法国占世界对外直接投资总量的 2/3。1999 年流入发达国家的外国直接投资增长 1550 亿美元，达到 6360 亿美元。

欧盟国家对外投资增长很大，尤其是英国和德国，主要投向欧盟国家和美国。逐渐走出经济衰退的日本对外直接投资正在回升，它的投资流向大多是东亚、东南亚国家和发达国家。

3. 对发展中国家的国际直接投资增大

1995 年流向发展中国家的国际直接投资达到 1000 亿美元，发展中国家占世界国际投资流入量的比重从 1983—1987 年间的

24%上升到1995年的32%。1999年流入发展中国家的外国直接投资增加了290亿美元,达到2080亿美元的水平;发展中国家相互间的投资也不断增多,1999年,全球对外投资中,发展中国家所占份额为14.5%,与20世纪90年代中期相比略有下降。2000年,流入发达国家的外国直接投资为1万亿美元,占全球外资的四分之三;流入中部和东部欧洲的外国直接投资上升9个百分点,为270亿美元,占全球外国直接投资的2%。尽管流向发展中国家的外资增长了8%,达2400亿美元,但是在全球外国直接投资的比重却降至19%,连续第二年出现下滑,而在高峰时的1994年,发展中国家吸收的外资曾占到41%。在非洲和拉丁美洲,2000年的外资流入量减少,这是自90年代中期以来第一次下降。

(1) 对亚洲直接投资继续保持繁荣。亚洲地区高速的经济增长使之保持了最大的发展中东道国地区的地位。1995年吸引到的外国直接投资流量为650亿美元,占发展中国家吸收外国直接投资的2/3。连过去不太重视亚洲的欧盟国家也增加了对亚洲的投资。自1992年以来中国就一直是最大的发展中外资接受国,1995年吸收了一半以上流向亚洲地区的国际直接投资。

(2) 对拉美和加勒比的投资增长起伏不定。1995年对拉美和加勒比的投资增长5%,达到270亿美元,且主要集中在汽车、资源开发等少数几个行业和与私营化相关的项目上。

(3) 非洲仍被排斥在国际直接投资的边缘。非洲吸引的外国直接投资虽然也在增长,但速度远低于世界其他地区。1995年流向非洲的外国直接投资只有50亿美元,与上年相比没有增长。在内部结构上,由于欧洲国家的投资,北部非洲取代南部非洲成为非洲吸收外国直接投资最多的地区。

(4) 对中欧、东欧投资出现新高潮。随着私营化浪潮的出现和经济的逐步复苏,1995年流入中、东欧地区的外国直接投资几乎增加了一倍，达到120亿美元，使其吸收到的外国直接投资占世界总流量的比重从1991年的1%上升到1995年的5%。

4. 跨国公司是投资主体，收购和兼并成为其主要手段

许多跨国公司纷纷通过收购和兼并来扩大自己在世界市场上的占有率，进一步巩固自身的位置。20世纪90年代中期以来，收购与兼并已经成为全球跨国投资的主要方式。1999年，全球跨国投资共计8650亿美元，其中跨国并购投资为7200亿美元，占全部跨国投资的83%，跨国并购案达6000件。

5. 部门结构向第三产业倾斜，基础设施投资成为新热点

(1) 随着第三产业在发达国家以及整个世界经济生活中作用的不断提高，流向第三产业的国际直接投资日益增加。截至1993年的2万亿美元的国际直接投资累积总额中，第二、三产业各占40%。随着各国第三产业向国外开放力度的加大，将有更多的外国直接投资投向第三产业。

(2) 由于发展中国家政府急于获取外国的资本和技术，采用自由化、私营化政策，越来越多的国家向外国直接投资者开放其基础设施行业。技术进步，尤其是电讯技术的进步使早先自然垄断占主导地位的基础设施行业转化为竞争性行业。更多的跨国公司采用特许经营(如BOT)的方式对基础设施进行直接投资。从1983年到1995年，基础设施私营化筹集了近400亿美元的资金，其中一半以上属于外国直接投资或外国证券投资，尽管目前外国投资者对基础设施的投资水平仍然很低，但跨国公司将来参与基础设施投资的前景仍十分看好。

6. 国际贸易与国际投资日益紧密地联系在一起

它们相互促进，相互影响。在国际上已经出现将国际贸易政策和国际投资政策统筹考虑，相互协调的呼声。

第二节　国际直接投资的动机和基本形式

一、国际直接投资的动机

由于受企业本身特有的优势和企业所处的客观社会经济环境的影响，导致不同企业对外投资的动机甚至同一企业对不同项目的投资动机也有差异。基于不同的动机，我们把它分为以下几种：

1. 市场导向型动机

这种类型的投资主要以巩固、扩大和开辟市场为目的，具体又可分为几种不同的情况：

(1) 投资企业本来是出口型企业，它在本国进行生产，通过出口使商品进入国外市场，但由于东道国或区域性经济集团实行了贸易保护主义，影响和阻碍了企业的正常出口，因而企业转为对外投资，在当地设厂，就地生产就地销售，维持原有的市场或开辟新的市场。有时也会转向没有受到出口限制的第三国投资生产，再出口到原有市场所在国。

(2) 企业对国外某一特定市场的开拓已达到一定程度，为了给顾客提供更多的服务，巩固和扩大其市场占有份额，在当地直接投资进行生产和销售或者在当地投资建立维修服务和零部件供应网点会更为有利。例如，机电产品在国外某一市场销售达到一定规模后，就有必要加强售后服务，建立一些维修服务和零部件供应网点。又如食品制造商或汽车制造商在国外有足够规模的生产设施，需要就地取得食品容器或汽车零配件，这时，制造容器或零配件的公司就会配合需要，在国外投资建厂，以便就地供应，以免失去顾客或买主。

(3) 企业为了更好地接近目标市场，满足当地消费者的需要而进行对外直接投资。如快餐食品、饮料和食品原料等商品，这些商品不能久储或不耐长途运输，而顾客却分散在世界各地，为了更好地接近或维持国外销售市场，企业就不得不在国外投资设立网点，以利于就近提供新鲜食品。至于无形商品服务，几乎无法储存与运输，所以要想出口主要就是通过对外投资在国外设立企业，边生产边出售边消费。

（4）企业的产品在国内市场占有比例已接近饱和或是受到其他企业产品的有力竞争，因而企业在国内的进一步发展受到限制，冲破限制的有效办法之一就是对外投资，开发国外市场，寻求新的市场需求。总之，市场方面的考虑在对外投资决策中占据主导地位。

2. 低成本导向型动机

出于这种动机所进行的投资主要是为了利用国外相对廉价的原材料和各种生产要素等，降低企业的综合生产成本，提高经营效益，保持或提高企业的竞争能力。这一类投资可以分为几种具体情况：

（1）出于自然资源方面的考虑。如果原料来自国外，最终产品又销往原料来源国，那么在原料产地从事生产经营活动可节省与原料进口和产品出口相关的运输费用。还有，企业为了获得稳定的原材料供应，也会在资源丰富的国家投资建立原材料开采生产企业，满足本企业的需要。

（2）出于利用国外便宜的劳动力和土地等生产要素方面的考虑。对于劳动密集型工业来讲，工业发达国家之所以进行对外投资，主要是想利用发展中国家廉价但有保证的劳动力，以降低生产成本。如果本国土地要素价格偏高，企业就有可能通过对外投资将生产经营转移到价格较低的国家去。

（3）出于汇率变动方面的考虑。汇率的变动会直接导致出口商品价格的变动。当一国的货币升值时，会使其出口商品以外币表示的价格升高，会影响其商品在国际市场的竞争力。在这种情况下，该国企业往往会扩大对外直接投资，以克服本币升值的不利影响。

（4）出于利用各国关税税率的高低来降低生产成本的考虑。如果一个国家的关税税率高，那么其他国家的企业就可能为了降低产品成本而在该国投资进行生产；反之，如果一个国家的关税税率低，国内市场上进口商品竞争力强，则会促使该国企业到生产成本更低的国家投资建厂。

（5）出于利用闲置的或未充分利用的设备和工业产权与专有技术等技术资源方面的考虑。以对外投资形式向国外输出闲置或未充分利用的设备与技术资源，可减少在国外的企业的生产与经营成本，并可实现规模生产，提高经营效益。

3. 技术与管理导向型动机

技术与管理导向型对外直接投资主要是为了获取国外先进的技术、生产工艺、新产品设计和先进的管理知识等。传统的观念认为，利用外资是引进国外先进技术的主要途径。在某种程度上，也确实如此。但同时，在当今国际竞争日趋激烈、高新技术相对垄断的格局下，东道国（特别是发展中国家）难以通过这种方式获得国外第一流的先进技术。发达国家所转移的往往是已标准化或即将淘汰的技术。

为获得国外先进的技术和管理知识的另一捷径，就是对外投资。通过在国外设立合营企业或兼并与收购当地企业的方式获取先进的技术和管理。这种投资一般集中在发达国家。

4. 分散投资风险导向型动机

这种投资的目的主要是为了分散和减少企业所面临的各种风险。投资者在社会稳定的国家投资的目的是寻求政治上的安全感，因为社会稳定的国家一般不会采取没收、干预私有经济等不利于企业的措施，企业在这类国家从事生产经营决策的灵活性较大。再有，这些国家一般不会出现会给企业生产经营活动造成极大影响的国内骚动或市场销售状况的突发性变动。很明显，企业的投资过分集中在某个国家或某个地区或某个行业，一旦遇到风险时，就会由于回旋余地不大而出现较大损失。企业所要分散的风险主要是政治风险，同时也包括经济的、自然的和社会文化方面的风险。一般而言，直接投资的这种动机是出于对国际投资风险的考虑，但在某些情况下，也有出于国内风险原因而进行对外投资的。如一家企业在世界各地进行投资生产与经营活动，不仅可以起到扩大销售的积极作用，而且还可以带来原材料、技术、人员以及资金等多元化的供应来源，从而使企业不受一国国内条件的限制。

5. 优惠政策导向型动机

投资者进行对外投资的主要目的是为了利用东道国政府的优惠政策以及母国政府的鼓励性政策。东道国政府为了吸引外来投资常会制定一些对外来投资者的优惠政策，如优惠的税收和金融政策、优惠的土地使用政策以及创造尽可能良好的投资软、硬环境等，这些优惠政策尤其是税收上的优惠政策会诱导外国投资者作出投资决策。同样，母国政府对对外投资的鼓励性政策也会刺激和诱发本国企业或个人作出对外投资决策，如鼓励性的税收政策、金融政策、保险政策以及海外企业产品的进口政策等。

6. 其他

其他还有全球战略导向型、信息导向型、“随大流”型、公司决策者个人偏好型、为股东争利导向型。

二、基本形式

国际直接投资的基本形式包括，国际合资企业、国际合作企业、国际独资企业。合资企业具有独立法人资格。一般来讲，生产规模小、技术水平不是很高、在国际市场竞争中无垄断优势的小型跨国公司偏向于建立合资企业形式进行对外直接投资，其目的在于占领东道国市场，并获得东道国政府的支持。合作企业，也称契约式合营企业。合作经营的企业可根据双方的意愿组成法人，也可不组成法人。独资企业亦称外商独资企业，是一种传统的投资方式。大型的跨国公司倾向于这种形式的投资，美国和欧洲的跨国公司凭借其政治、经济和技术优势，大多倾向于按这种形式进行对外直接投资。日本80年代以前，倾向于建立合资企业，80年代以后由于经济和技术实力的增强，也大举在国外建立独资企业。

第三节　国际直接投资的理论

自20世纪60年代以来，随着各国对外直接投资和跨国公司的迅速发展，西方经济学家从不同的角度，不同的层次进行了理论抽象与实证分析，论述国际直接投资的动机和决定因素等，并形成了十多种不同的流派。下面对其中一些有代表性的理论作一些介绍：

1. 垄断优势理论

垄断优势理论是最早研究对外直接投资的独立理论，它于20世纪60年代由美国学者海默提出，在这之前基本上没有独立的对外直接投资理论。海默研究了美国企业对外直接投资的工业部门构成，发现对外直接投资和垄断的工业部门结构有关。美国从事对外直接投资的企业主要集中在具有独特优势的少数部门。美国企业走向国际化的主要动机是为了充分利用自己独占性的生产要素优势，以谋取高额利润。海默认为，其他国家的对外直接投资也与部门的垄断程度较高有关。另一方面，海默还分析了市场的不完全性对对外直接投资的影响。

2. 产品生命周期理论

美国经济学家维农于 1996 年 5 月在《经济学季刊》上发表了“产品周期的国际投资和国际贸易”一文，并提出了“产品周期理论”。维农把一种产品的生命周期划分为创新、成熟和标准化三个阶段，不同的阶段决定了不同生产成本和生产区位的选择，决定了公司应该有不同的贸易和投资战略。在产品创新阶段，最有利的安排就是在国内生产，并通过出口满足国外的需要；在产品成熟阶段，创新国企业开始进行对外直接投资，在国外建立子公司进行生产；在产品标准化生产阶段，企业通过对外直接投资将产品的生产转移到工资最低的国家和地区，一般是发展中国家和地区。

3. 内部化理论

内部化理论是当代西方较为流行的、较有影响的、关于对外直接投资的一般理论。该理论的代表人物是英里丁大学巴克莱、卡森和加拿大学者拉格曼。企业实行市场内部化的动机与其产品的性质和相应的市场结构密切相关。内部化理论认为，知识产品具有特殊的性质，它的市场结构和它在现代企业经营管理中的重要地位决定了其市场内部化的动机最强。知识产品及其交易具有如下特点：

(1) 知识产品的形成时间长费用大。

(2) 知识产品可以给拥有者提供垄断优势。

(3) 由于存在市场的不完全性，知识产品的价格不易确定。

(4) 知识产品的市场外部化可能导致增加额外的交易成本。

对于资本密集型的制造业的中间产品，受自然因素影响较大的农副产品与矿藏分布集中的原材料产品等，企业也具有较强的内部化动机。

4. 比较优势理论

比较优势也称“边际产业扩张论”，是日本学者小岛清教授在

20 世纪 70 年代提出来的。小岛清认为，由于各国的经济状况不同，因此，根据美国对外直接投资状况而推断出来的理论无法解释日本的对外直接投资。小岛清提出了更适合于日本国情的比较优势理论。它的基本内容是：对外直接投资应该从本国已经处于或即将处于比较劣势的产业(边际产业)依次进行。这些产业是指已处于比较劣势的劳动力密集部门以及某些行业中装配或生产特定部件的劳动力密集的生产过程或部门。

5. 国际生产折衷理论

国际生产折衷理论又称为国际生产综合理论，是 20 世纪 70 年代由英国著名跨国公司专家、里丁大学国际投资和国际企业教授邓宁提出的。国际生产折衷理论认为，一个企业要从事对外直接投资必须同时具有三个优势，即所有权优势、内部化优势和区位优势。所有权优势主要是指企业所拥有的大于外国企业的优势。它主要包括技术优势、企业规模优势、组织管理优势等。内部化优势是指企业在通过对外直接投资将其资产或所有权内部化过程中所拥有的优势。区位优势是指可供投资的地区在某些方面较国内优越。

如果一家企业同时拥有以上三种优势，那么它就可以进行对外直接投资。这三种优势的不同组合，还决定了对外直接投资的部门结构和国际生产类型。

6. 投资诱发要素组合理论

这一理论是近年来西方学者提出的，主要指任何类型的对外直接投资的产生都是由投资直接诱发要素和间接诱发要素组合所诱发产生的。直接诱发要素是指各种生产要素；而间接诱发要素是指各种非生产要素外的其他因素：如政策措施、投资环境等等。

该理论认为，发达国家的对外直接投资主要是直接诱发性因素在起作用；发展中国家则相反，在很大程度上间接诱发性要素在起作用。而在当代对外直接投资中，间接性诱发要素已经起着越来越大的作用。

第四节 国际直接投资的环境与环境评估方法

一、国际直接投资环境

投资环境是指投资者进行生产性投资时将面临的各种外部条件和因素。国际直接投资环境是指一国的投资者进行国际直接投资时所面对东道国的各种外部条件和因素，它包括经济、自然、政治、法律、社会和科技水平等方面。

可将国际直接投资环境如下分类：

（1）从各种环境所具有的物质和非物质性来看，分为硬环境和软环境两个方面。

（2）根据各因素的稳定性，分为自然因素和人为因素。

（3）根据包含的内容和因素的多寡，可分为狭义和广义的投资环境。

国际直接投资环境的主要内容有：

（1）政治环境。主要包括政治制度、政权稳定性、政策的连续性、政策措施、行政体制和行政效率、行政对经济干预的程度、政府对外来投资的态度、政府与他国的关系等。

（2）法制环境。主要指法律秩序、法律规范、法律制度和司法实践，特别是涉外法制的完备性、稳定性和连续性，以及人民的法治观念和法律意识等。

（3）经济环境。主要包括经济的稳定性、经济发展阶段、经济发展战略、经济增长率、劳动生产率、财政、货币、金融、信贷体制及其政策、对外经济贸易体制与政策、地区开发政策、外汇管理制度、国际收支情况、商品和生产要素市场的状况与开放程度、人口状况和人均收入水平等。

（4）社会环境。主要指社会安定性、社会风气、社会秩序、社会对企业的态度、教育、科研机关与企业的关系、社会服务等。

（5）文化环境。主要包括民族意识、开放意识、价值观念、语言、教育、宗教等。

（6）自然环境。自然地理环境优良与否，也关系到能否吸引投资。地理环境包括面积、地形、气候、雨量、地质、自然风光、与海洋接近程度、自然资源状况等。

（7）基础设施状况。基础设施是吸引外资的重要物质条件，包括城市和工业基础设施两个方面，具体如交通运输、港口码头、厂房设备、供水供电设备、能源和原辅材料供应、通讯信息设备、城市生活设施、文教设施及其他社会服务设施等。

二、评估方法

1. 投资障碍分析法

投资障碍分析法是依据潜在的阻碍国际投资运行因素的多寡与程度来评价投资环境的一种方法。这是一种简单易行、以定性分析为主的国际投资环境评估方法。其要点是：列出外国投资环境中阻碍投资的主要因素，并在所有潜在的东道国中进行对照比较，以投资环境中障碍因素的多与少来断定其坏与不坏。

2. 国别冷热比较法

国别冷热比较法又称冷热国对比分析法或冷热法，它是以“冷”、“热”因素表示投资环境优劣的一种评估方法，热因素多的国家为热国，即投资环境优良的国家，反之，冷因素多的国家为冷国，即投资环境差的国家。这一方法是由美国学者伊西·利特瓦克和彼得·拜延于 20 世纪 60 年代提出来的。

3. 投资环境等级评分法

投资环境等级评分法又称为多因素等级评分法，它是美国经济学家罗伯特·斯托色夫于 1956 年提出的。等级评分法的特点是，首先将直接影响投资环境的重要因素分为八项，然后再根据八项关键项目所起的作用和影响程度的不同而确定其不同的等级分数，再按每一个因素中的有利或不利的程度给予不同的评分，最后把各因素的等级得分进行加总作为对其投资环境的总体评价，总分越高表示其投资环境越好，越低则其投资环境越差。

4. 动态分析法，也称道氏分析法

从动态的、发展变化的角度去分析和评估投资目标国的投资环境，由美国道氏化学公司首先采用。道氏公司认为其在国外投资所面临的风险为两类：第一类是“正常企业风险”，或称“竞争风险”；第二类是“环境风险”，即某些可以使企业环境本身发生变化的政治、经济及社会因素。道氏分析法有优点也有缺点，它的优点是充分考虑未来环境因素的变化及其结果，从而有助于公司减少或避免投资风险，保证投资项目获得预期的收益；它的缺点是过于复杂，工作量大，而且常常带有较大的主观性。

5. 加权等级评分法

加权等级评分法是对投资环境等级评分法的演进，该方法由美国学者威廉·戴姆赞于 1972 年提出。该方法的一个重要思想就是对各环境因素的重要性进行排列，并给出相应的重要性权数。

6. 抽样评估法

抽样评估法是指对东道国的外商投资企业进行抽样调查，了解它们对东道国投资环境的一般看法。国际投资者可以通过这种方法了解和把握东道国的投资环境，同时，东道国政府也可以采取这种方式来了解本投资环境对外因投资的吸引力如何，以便调整吸收外资的政策、法律和法规，改善本国的投资环境。这种抽样评

估法的最大优点是能使调查人得到第一手的信息资料，它的结论对潜在的投资者来说具有直接的参考价值；缺点是评估项目的因素往往不可能列举得很多，因而可能不够全面。

7. 体制评估法

体制评估法是香港中文大学闵建蜀教授于 1987 年提出的。这种方法不局限于各种投资优惠措施的比较，而是着重分析政治体制、经济体制和法律体制对外国投资的政治风险、商业风险和财务风险所可能产生的直接影响，并指出企业的利润率不仅仅取决于市场、成本和原材料供应等因素，而且取决于政治、经济和法律体制的运行效率。

第五节　跨国公司与国际直接投资

一、跨国公司的产生与发展

跨国公司是国际直接投资的主体，世界上绝大部分的国际直接投资都是由跨国公司进行的。仅世界 100 家最大的跨国公司在国际直接投资的总存量就占到了 1/3 的份额。跨国公司的产生和发展主要经历了以下三个阶段：

(1) 第一次世界大战以前的萌芽阶段。工业革命后，世界市场逐渐形成，为了占领市场和获取原材料，一些西方国家的企业开始进行对外直接投资，于是出现了现代跨国公司的雏形。其中最早的有美国胜家缝纫机公司和德国的弗里德里克·拜耳公司，当时的对外直接投资主要集中于铁路和采矿业，且多投资于落后地区。总的说来，第一次世界大战以前世界范围内从事跨国经营的企业数量较少，对外直接投资额也不大，跨国公司处于萌芽阶段。

(2) 两次世界大战之间的逐渐发展阶段。在这个阶段，对外直接投资有了相当的增长，比第一次世界大战前增加了两倍，制造业吸引了更多的国际直接投资，越来越多的西方国家的大公司开始在海外建立子公司。据统计，在这个阶段共有 1441 家西方国家的公司进行了对外直接投资。然而由于战争、经济危机和国家管制，跨国公司虽然有了一定的发展，但速度仍然较慢。

(3) 第二次世界大战以后至今的迅猛发展阶段。第二次世界大战以来，出现了第三次科技革命，世界经济一体化程度不断提高，这使得对外直接投资在深度和广度上迅速发展，跨国公司的数量和规模大大增加，对外直接投资已经赶上并远远超过对外间接投资。根据联合国原跨国公司中心的资料，发达国家跨国公司母公司在 1968 年有 727 家，子公司 27300 家，到 1980 年已猛增到母公司 10727 家，子公司 98000 家。根据联合国贸发会议跨国公司与投资司的资料，到 1995 年全球共有 39000 多家母公司和 270000 多家跨国公司的分支机构。它们规模巨大，年销售额已超过 60000 亿美元。仅通用汽车公司的年销售额就相当于一个欧洲中等发达国家的国民生产总值。第二次世界大战后跨国公司的迅猛发展大大推动了资本国际化和生产国际化的进程，是促进经济全球化的主要力量。

二、跨国公司的概念

国际上对跨国公司有许多叫法，如全球公司、世界公司、多国公司等，各种机构和学者根据不同的标准对跨国公司下了各种各样的定义，现将目前较为通用的三种定义标准简单介绍如下：

1. 结构标准(Structural Criteria)

在这种标准体系下，跨国公司应该满足下面几个条件中的至少一个：

(1) 在两个以上的国家经营业务；

（2）公司的所有权为两个以上国籍的人所拥有；

（3）公司的高级经理人员来自两个以上的国家；

（4）公司的组织形式以全球性地区和全球性产品为基础。

2. 业绩标准（Performance Characteristics Criteria）

这种标准是指凡是跨国公司则其在国外的生产值、销售额、利润额、资产额或雇员人数就必须要达到某一个百分比以上。百分比具体应为多少目前并无统一的认识，实践中采用25%作为衡量标准的情况较多。

3. 行为标准（Behavioral Characteristics Criteria）

这种标准指跨国公司应该具有全球战略目标和动机，以全球范围内的整体利益最大化为原则，用一视同仁的态度对待世界各地的商业机会和分支机构。综合各种观点，可以认为，跨国公司是指这样一种企业，它在两个或两个以上的国家从事经营活动，它有一个统一的中央决策体系和全球战略目标，其遍布全球的各个实体分享资源和信息并分担相应的责任。

因此，总结起来，我们将跨国公司定义为在两个或两个以上的国家从事经营活动、有一个统一的中央决策体系和全球战略目标、在国外的各个实体分享资源与信息并分担相应责任的企业集团。

三、跨国公司的组织形式

跨国公司的组织形式有两层含义：一是法律结构，即法律组织形式，主要涉及母公司与国外各分支机构的法律和所有权关系、分支机构在国外的法律地位、财务税收的管理等方面；二是组织结构，即行政或管理组织形式，主要职能是如何提高企业的经营管理效率，优化企业资源的配置，以求取得最佳的经济效益。下面分别简要介绍跨国公司的法律组织形式和管理组织形式。

1. 法律组织形式

跨国公司的法律组织形式有母公司、分公司、子公司以及联络办事处。

(1) 母公司(Parent Company)。母公司又称总公司，通常是指掌握其他公司的股份，从而实际上控制其他公司业务活动并使它们成为自己的附属公司的公司。从上面的定义来看，母公司实际上是一种控股公司。但严格来讲，母公司并不等同于只掌握股权而不从事业务经营的纯控股公司，许多实力雄厚的母公司本身也经营业务，是独立的法人，有自己的管理体系，因而应属于混合控股公司(控股兼营业公司)。母公司通过制定大的方针、政策、战略等对其世界各地的分支机构进行管理。

(2) 分公司(Branch)。分公司是母公司的一个分支机构或附属机构，在法律上和经济上没有独立性，不是法人。分公司没有自己独立的公司名称和公司章程，只能使用母公司的名称和章程；它的全部资产都属于母公司，没有自己独立的财产权，所以母公司对分公司的债务承担无限责任；分公司的业务活动由母公司主宰，它只是以母公司的名义并根据它的委托开展业务。分公司一般包括生产型与销售型两种类型。

(3) 子公司(Subsidiary)。子公司是指按当地法律登记注册成立，由母公司控制但在法律上是一个独立的法律实体的企业机构。子公司自身就是一个完整的公司。其独立性及法人资格主要表现在以下几个方面：子公司有自己独立的公司名称、章程和行政管理机构；子公司有能独立支配的财产，有自己的财务报表，独立核算自负盈亏；子公司可以以自己的名义开展业务，进行各种民事法律活动，包括起诉和应诉。

(4) 联络办事处(Liaison Office)。联络办事处是母公司在海外建立企业的初级形式，是为进一步打开海外市场而设立的一个非法律实体性的机构，它不构成企业。联络办事处一般只从事一些收集信息、联络客户、推销产品之类的工作，开展这些活动并不意味着联络办事处在东道国正式“开展业务”。联络办事处不能在东道国从事投资生产、接受贷款、谈判签约及履约之类的业务。同分公司相同的是，联络办事处不是独立的法人，登记注册手续简单；同分公司不同的是，它不能直接在东道国开展业务，它不必向所在国政府缴纳所得税。

分公司、子公司和联络办事处作为母公司在国外直接投资的组织形式各有其特点，也各有利弊。投资者应当把它们的长处和短处同自己在东道国所要开展的业务活动的性质、所要达到的目标、本企业的经营管理能力与特色以及东道国的投资环境和税收政策等方面结合起来考虑，选择对推动本企业海外业务发展较为有利的对外直接投资形式。

2. 管理组织形式

跨国公司通常采用的管理组织形式有：国际业务部、全球性产品结构、全球性地区结构、全球性职能结构和矩阵式组织结构。下面分别加以简要介绍。

(1) 国际业务部(International Division)。随着产品出口、技术转让、国际投资等国际业务的扩大，跨国公司开始设立专门的国际业务部。国际部拥有全面的专有权，负责公司在母国以外的一切业务。有些跨国公司设立的国际总部或世界贸易公司也是属于国际业务部性质的。国际业务部作为隶属于母公司的独资子公司，其总裁一般由母公司的副总裁兼任。

(2) 全球性产品结构(Global Product Structure)。跨国公司在全球范围内设立各种产品部，全权负责其产品的全球性计划、管理和控制。全球性产品结构的优点是：在强调产品制造和市场销售的全球性规划的前提下加强了产品的技术、生产和信息等方面的统一管理，最大限度地减少了国内和国外业务的差别。它的缺点在于：容易向“分权化”倾斜，各产品部自成体系，不利于公司对全局性问题的集中统一管理；削弱了地区性功能，并易造成机构设置重叠，浪费资源。

（3）全球性地区结构(Global Regional Structure)。跨国公司以地区为单位，设立地区分部从事经营，每个地区都对公司总裁负责。这种结构又可分为两类：地区—职能式和地区—产品式。

（4）全球性职能结构(Global Functional Structure)。跨国公司的一切业务活动都围绕着公司的生产、销售、研究与发展、财务等主要职能展开，设立职能部门，各个部门都负责该项职能的全球性业务，分管职能部门的副总裁向总裁负责。例如财务部门对财务收支、税收安排、报表编制负有全球性的责任。

（5）矩阵式组织结构(Matrix Structure)。近年来随着跨国公司的规模越来越大，一些跨国公司在明确责权关系的前提下，对公司业务实行交叉管理和控制，即将职能主线和产品/地区主线结合起来，纵横交错，构成矩阵形，故称矩阵式结构。这意味着地区管理和产品管理同时并存，一个基层经理可能同时接受产品副总裁和地区副总裁的领导。

以上提到的五种管理组织结构各有其特点和利弊。跨国公司在决定自身管理组织结构时应充分考虑到自身的情况，如规模、经营产品、地区等，选择适合自己公司的组织结构。国际业务部往往是一家公司从单纯出口走向国际经营的中间步骤，有利于收集信息、探索经验、培养人才，为进一步全球性经营打下基础。对于产品品种已经实现多样化、系列化，产品类别之间生产技术差异明显，自成体系的企业，采用全球性产品结构比较合适。相反，如果产品品种并不很多，产品的规格、质量、包装、生产技术比较统一，同时销售市场分布广泛（如饮料、石油、医药等行业），那么，跨国公司则应选择全球性地区结构。全球性职能结构则主要适用于产品系列比较简单，市场经营环境比较稳定的跨国公司。当跨国公司的规模已十分庞大,产品种类繁多,业务内容丰富,经营地区广泛时,矩阵式组织结构成为一种理想的选择。

四、跨国公司的作用

(1) 对于整个世界经济而言,跨国公司的发展推动了各种生产要素在国际间的移动与重新组合配置,扩大了国际贸易和国际技术转让的规模,促进了世界经济一体化的进程,使各个国家的经济越来越紧密地结合在一起,加强了联系,促进了合作,提高了效率。

(2) 对于跨国公司母国来说,通过跨国公司的对外直接投资,扩大了资本输出、技术输出、产品输出和劳务输出,增加了国民财富,同时在一定程度上也增强了对接受投资国的影响。

(3) 对于接受对外直接投资的东道国来说,引进跨国公司的同时也引进了发展经济所必需的资本、先进的技术和管理,增加了就业机会,繁荣本国经济。

▶本章小节

本章介绍了国际直接投资方面的内容。本章的先行材料让我们在思考中进入本章的学习:一个企业在进入外国市场时,在不同的情况下是如何选择不同的进入战略的?带着对这个问题的思考,我们了解了国际直接投资的概念、发展态势、基本形式、建立方式,同时系统地学习了国际直接投资的各种理论。此外,本章还介绍了国际直接投资环境的评估方法以及跨国公司进行国际直接投资的一些情况。

本章的综述材料还将对国际直接投资中的无股化现象、投资的新方式以及投资风险的防范三个问题进行进一步阐述。

▶思考练习

1. 主要以巩固、扩大和开辟市场为目的的投资叫做（　　）的国际直接投资。

   A. 市场导向型　　B. 成本导向型

   C. 风险规避型　　D. 政策导向型

2. 产品生命周期理论是由以下哪个学者提出的？　　（　　）

   A. 小岛清　　B. 维农

   C. 额林　　D. 克鲁格曼

3. （复选）一国参与国际直接投资的方式和程度主要取决于　　（　　）

   A. 经济发展水平。　　B. 对外开放程度。

   C. 外贸依存度。　　D. 政策导向。

   E. 国际经济环境。

4. （复选）国际生产折衷理论中所提到的三个要素是　（　　）

   A. 所有权优势。　　B. 区位优势。

   C. 经济政策优势。　　D. 市场优势。

   E. 内部化优势。

5. 小岛清的“比较优势理论”也就是“比较劣势理论”，请问如何理解这句话的含义？

6. 简述国际直接投资的动机主要有哪些？

7. 试述跨国公司的发展与国际直接投资的关系。

▶综述材料

材料一：直接投资中的无股化现象

我们对于国际直接投资的认识还多限于其与经营权及以资金为基础的股权控制紧密联系这一初始阶段之内。当代国际直接投资发展的新趋势表明，直接投资的无股化已成为一种对世界经济有深远影响的新现象。

国际直接投资中的无股化现象，主要包括“投资融资”和“无股化控制”两方面。前者表现在投资额大于资本金，后者则指与股权脱钩，且从外部对企业产生实际影响的一种新的直投形态。下面分别就两方面作简要的分析：

1. 投资融资化——投资额大于资本金

许多从事国际直接投资活动的企业的投资额大于资本金，其超过资本金的投资又是以融资形式实现的。

企业采取这样的直投方式，有以下两大原因：

(1) 避免投资资产固定化，这是跨国公司特定的财务战略；

(2) 跨国公司追求负债经营方式所产生的“杠杆效果”。所谓杠杆效果是指以借入资金为工具，凭借他人资本来提高自在资本的利润率。

但是如果能从东道国角度看，这种融资投资方式与东道国为弥补资金缺口而引进外资这一初衷不尽相同。

2. 直接投资无股化——由内部的控制转向外部的实际影响

一般认为，直接投资以控制经营权力标志区别于间接投资。直接投资无股化则是指与股权脱钩，且从外部对企业产生实际影响的一种新的直接投资形态。它不同于经营权源于股权的原则，也有异于契约式合营方式。

对东道国公司的控制可以通过以下几种途径实现：

(1) 技术方面的控制。使东道国公司在生产设备和生产技术方面依赖于投资企业。

(2) 金融方面的控制。这不同于银行对一般企业提供的不干预其用途的贷款，该资金的用途被严格限定（如只可购买设备）而显示出介入经营的浓厚色彩。

(3) 构资方面的控制。包括一些原材料、半成品及零部件的控制等。

直接投资无股化现象是一个值得令人关注的新问题。通过对这一现象的研究，我们可以发现股权对于控制企业经营并非惟一的途径，这对我国企业探求除股份制以外的改革有着实际的参考价值。其次，直接投资无股化方式因其对于企业的控制更为灵活而具有调整经济景气的功能。最后，直接投资无股化方式是实现低成本或无成本控制企业的最佳途径。

材料二：国际直接投资的新方式——国际合作开发

1. 国际合作开发的定义

国际合作开发是国际直接投资的一种新形式。主要是指资源国政府或国家企业同外国投资者之间签订合同，在资源国（指定的地区一定时间内），允许外国投资者同资源国合作，进行勘探、开采资源并进行生产活动，按约定的比例承担风险，分享利润。

2. 国际合作开发的特点

(1) 东道国政府对合作项目的管理比较严。自然资源是一个国家的永久主权这是早已为世界所接受，所以进行合作开发必须经资源国政府批准，给予特权才能进行，政府的一些职能部门拥有制定开发规则，审批总体开发方案等诸多权利。

(2) 合作项目投资巨大，风险不小，利润额丰。进行自然资源的勘探、开发及加工等需要有大量的资金投入，而且风险也很大，在一定时间和地区内不一定能够开采出自然资源。不过，一旦发现自然资源，利润是非常可观的。由于合作开发的风险由外国投资者承担，与合资、合作企业相比，合作开发对东道国更为有利。

3. **国际合作开发的类型**

(1) 租让型：资源国赋予外国公司特许权(勘探和开采)，资源国收取土地税、开采税及其他税收。

(2) 联合经营：在投资和经营上，由外国公司与资源国或其公司共同负责，共同进行。

(3)产品分成合同：这种方式应该注意以下几点：①资源国拥有土地和资源的所有权，具有全面的管理控制权，外国公司只能以代理人的身份进行经营；②在勘探期间，由外方自负费用与风险；③石油等自然资源产出后，外国公司按合同约定比例分得部分产品作为提供资金、技术和设备的补偿，剩余的部分由资源国或其公司与外国公司分享。

材料三：国际直接投资的风险与防范

在国际直接投资中风险可以划分为商业风险和国家风险。

1. **商业风险**

商业风险主要是指在投资经营过程中的自然风险、外汇风险、利率风险和经营风险。

(1) 自然风险是指由于自然灾害、自然环境的突变所引起的投资经济损失的风险。

(2) 外汇风险是指由于汇率变动引起经济损失的风险。

(3) 利率风险是指由于利率变动引起的经济损失的风险。

(4) 经营风险。是指由于投入——产出物价格发生变动所造成的风险,例如通货膨胀、经济萧条等。

对于这些商业风险我们可以采取一定的措施进行防范。通过期货市场上的交易可以减少由于汇率、利率变动引起的不利影响;通过将经营方式、方向多样化,采用分散风险的办法可以避免经营风险及其他商业风险,对于自然风险由于我们难以预测,所以只好采用买保险之类的保守方法。

2. 国家风险

国家风险主要是指在直接投资中的主权风险和政治风险。

(1) 主权风险是指东道国从本国的利益出发,所采取的不受法律约束的为维护国家主权的行为。

(2) 政治风险,主要表现为国有化风险、政治动乱、民族纠纷等。

对于这些国家风险,由于它们都与国家行为相关,企业与个人的力量是无法抗拒的,所以要避免这方面的风险,就必须在投资之初做好准备,像选择政治稳定的地区投资、与投资地的政府签订一些保护协议、与东道国的企业合作经营等。

▶网址推荐

到中国外资网 www.chinafiw.com 去了解中国对外投资与吸引外资的情况

到西部科技网 www.kmmeeting.com 去了解引进外资对我国西部开发的影响

第九章

国际间接投资

▶学习目的

1. 掌握国际间接投资与国际直接投资的区别
2. 掌握影响国际间接投资的因素
3. 掌握国际证券投资与国际证券投资市场
4. 了解国际债券投资

▶先行材料

国际金融市场竞争规则

所谓竞争规则就是价格取决于市场供给和需求两方面的相互

作用,没有人能够操纵市场价格。如果有人能够改变价格为自己牟取暴利,那么资源配置将是低效率的。

国际金融市场的竞争规则的起源可以追溯到在20世纪30年代大萧条之后,美国通过了三个在20世纪最有影响的重要法案:1933年颁布的《证券法》、《商业银行法》和1934年颁布的《证券交易法》。按理说,反托拉斯法和证券市场管理条例可以限制参与者可能具有的垄断能力,严格管制证券交易市场,打击投机和内幕交易,但是,实行起来仍然出现了不少问题。

“道高一尺,魔高一丈”,现在这些法案已经远远不够用了。在制定这些法规的时候金融交易量远远小于贸易量,根本就没有什么金融对冲基金,也没有现在常见的那么多金融衍生工具。几十年过去了,斗转星移,世界发生了根本性的变化:1995年世界外汇交易额超过世界贸易额60倍,每天的外汇交易额高达1.2万亿美元。国际借贷资金流动量在1993年为8185亿美元,在1994年为9534亿美元,1995年增加为12584亿美元,呈直线上升趋势。第二次世界大战之后,把1美元从纽约汇到伦敦要办许多手续,起码要三天,因此相对来说,金融监督管理比较容易。进人90年代以后,现代计算机和金融技术可以在几秒内把上亿资金在全球范围内调来调去。

尽管国际金融市场已经发生了根本性的变化,很可惜,却没有相应修改国际金融市场的竞争规则。迄今为止,在国际金融界根本就没有一个反托拉斯法。由于世界各国的证券管理规则大不相同,对冲基金有许多空子可钻。许多对冲基金在百慕大群岛等地注册,连他们所属的国籍都搞不清楚,自然也就没有一个适用于他们的证券管理规则。

在金融市场上还有一个在其他商品市场很少遇到的问题:一个企业可以破产,但是一个银行的破产可能会对经济系统产生强烈的冲击。因此，银行的危机往往会被遮掩和拖延。当矛盾积累到了非常严重的情况，最终的爆发可能给一个国家造成非常严重的损伤。连金融投机大王索罗斯都说：不稳定可以被视为市场经济的流行问题。市场力量的自由发挥不但没有产生均衡，反而产生持续不断的变动过程，一种过渡现象之后是另外一种过渡现象。在某些状况下，尤其是其中涉及信用时，不均衡可能有累积性，一直累积到临界点为止。这种危机往往会向周边国家扩散，于是需要有一个国际组织来协调解决这个问题。这是设计当前国际金融秩序的基本出发点。

金融困难是否会造成金融危机取决于许多因素，主要是：①人们的信心问题；②金融界对于最终贷款者会出面解救的保证。最终贷款者的任务是通过向金融界显示有充分的货币准备来制止大量抛售不动产（股票、债券以及本币）和长期金融资产来换取美元的浪潮。

金德尔伯格认为：在 1929 年，由于没有国际最终贷款者出来，或者它的力量不够强大，英国的金融实力不够帮助德国和奥地利，美国和法国又不愿意承担责任，结果债务紧缩越来越严重，终于导致长期衰退。在布雷顿森林体系中，国际货币基金组织被公认为是国际最终贷款者。可是，如果人们预先知道，无论闯了什么样的祸，最后都可以依靠国际货币基金组织来解救，那么，就会出现许多明知故犯、不负责任的金融投机行为。救援这些金融机构只会使得问题越来越严重，以至于完全破坏了金融市场中的竞争规则。道德风险（moral hazard）使得市场不能在全球范围内合理地分配资源。

没有一整套有权威的法规是当前国际金融市场日渐无序的一个重要原因。当前，甚至应当由谁来修改金融市场规则这样最基本的问题都找不到解答。由于在国际金融市场上缺乏一个行之有效的竞争规则，以及执行这个规则的仲裁机构，因此，没有根据可以判断说，目前在国际金融市场上出现的乱局只是一个短期的故障。指望金融动荡雨过天晴是一种不切合实际的幻想。

▶关键术语

国际间接投资　国际证券投资　国际债券投资
国际金融市场

第一节　国际间接投资概述

一、国际间接投资的特点

国际投资主要分为国际直接投资和国际间接投资两种形式。第二次世界大战以后，尤其是进入80年代以后，随着国际直接投资的迅猛发展，国际间接投资也非常活跃，这对世界经济发展起了重大的促进作用。国际间接投资主要是指在国际证券市场上买卖国际证券以及国际中长期信贷的活动。在国际间接投资中，投资者并不参与国外企业的经营活动，其投资目的在于获得利息、股利等。

国际间接投资与国际直接投资相比，具有以下特点：

(1) 在国际直接投资中，投资者对投资的外国企业拥有有效控制。而在国际间接投资中，即使投资者取得了股权证券，其对企业经营者也无有效的控制，即实际上投资者并不参与企业的经营决策和管理。

(2) 国际直接投资一般都要参与一国企业的具体生产经营活动，规模大、投资周期长。而国际间接投资除有些中长期信贷的偿还期较长外，其他形式的国际间接投资回收期较短。尤其随着证券二级市场的日益发达与完善，投资证券的流动性进一步增强。

(3) 国际间接投资容易受国际经济、政治局势变化的影响，经常在国际间流动，以追逐投机性利益或寻找安全场所。而且，大部分间接投资至少有部分固定收益，故风险相对较小。

二、国际间接投资的主要形式

国际间接投资主要形式有国际中长期信贷和国际证券投资。

1. 国际中长期信贷

国际中长期信贷是借贷资本的国际流动，主要有国际中长期银行信贷、出口信贷、政府信贷、国际金融组织贷款以及近年发展起来的混合贷款和国际项目贷款等，其职能是组织吸收和利用国际上各种中长期货币资金，满足各国经济发展中对中长期资本的需求。

(1) 国际中长期银行信贷是一国贷款人在国际金融市场上向外国贷款银行介入的中长期货币资金。一般而言，中长期银行信贷条件较为苛刻，贷款利率属市场利率，利率随行就市，利率水平较高，贷款期限较短。但其信贷资金使用上比较自由，不受贷款银行的限制，可由借款人自由安排，且贷款的资金供应充分，手续较简单。

(2) 出口信贷是一国为鼓励和支持本国金额较大、期限较长的大型设备出口，通过本国银行对本国出口厂商或国外进口厂商或进口方银行提供利率较低的贷款。其目的是要解决本国出口厂商资金周转的困难，或是满足国外进口厂商对本国出口厂商的支付贷款的需要。

(3) 政府贷款是指一个国家的政府利用财政资金向另一国政府提供的优惠贷款。政府贷款属于中长期贷款，一般长达 10 年、20 年甚至 30 年以上。其通常是以政治关系良好为基础的、具有双边经济援助性质的优惠性贷款，其利息一般较低，甚至是无息的。但其资金的使用限制很大。

(4) 国际金融组织贷款是世界银行、国际开发协会、国际金融公司以及区域性的金融组织提供的中长期贷款。一般而言,国际金融组织的贷款期限较长、利率较低,但由于其多与工程项目联系,所以手续较繁琐。

(5) 国际项目贷款是为某一特定工程项目发放的贷款,是国际中长期信贷的一种。其目的是为一些需要资金数目巨大的国际自然资源开发、交通、运输工程兴建等项目进行在国际资本市场上的资金筹措。

2. 国际证券投资

国际证券是一种有价证券,是国际资本市场上的一种金融资产。它作为一种信用工具可以在国际市场上发行、流通、转让。国际证券的持有者通常享有定期向发行者索取一定收益的权利,发行者则以此获取一笔急需的长期资本。证券投资可使社会上分散、闲置的资金集中起来转化为投资资金,而且能够动员一部分短期待用资金和信贷资金加入投资行列,它是动员和再分配资金的重要渠道。在西方,证券投资常为投资者积累资本,并促进了社会化的大规模生产,因而备受人们青睐。证券投资已成为世界上经常采用的重要投资方式。

三、影响国际间接投资的因素

国际间接投资主要在国际资本市场上进行,其流向及流量受多种因素影响,除政治因素外,还取决于利率、汇率、偿债能力和风险性等。

(1) 利率。在国际间接投资的资本来源中,有很大一部分是食利资本,其流向主要取决于各国利率的差别。一般而言,资本从利率低的国家流向利率高的国家,这可促进利率水平趋向相对的均衡。在当今世界上，一些国家常利用利率政策，使资本流向朝有利于本国经济发展的方向变化。

(2) 汇率。汇率是影响国际间接投资的又一主要因素。一般而言，汇率的变动会直接影响资本的流入和流出。若一国的国际收支大量顺差，该国的经济实力就会相应增强，对外债券就会相应增加，这将有利于该国资本的流出。反之，则有利于外国资本的流入。同时，汇率稳定与否也会引起国际间接投资流向和流量的变化。

(3) 偿债能力。各国偿债能力的差异也是影响国际间接投资流向和流量的主要因素。国际间接投资在世界各国之间的流动要考虑到投资的回收问题。特别是国际中长期信贷是借贷关系。债券难以转让，债务人的偿债能力可能会对债权人造成一定的风险。因此，偿债能力就成为影响此类国际间接投资流向的因素之一。

(4) 风险性。风险性也是影响国际间接投资的一个因素。国际投资者在国外进行投资时，一般都要对预期收益和风险因素加以分析，以达到较小风险获得较大收益的目的。

四、国际间接投资的现状及新特点

随着全球经济一体化和金融一体化进程的深入，全球经济的发展有进入了一个新的较快增长与发展的阶段，国际资本流动的规模迅速扩大，证券融资发展迅猛。贸易自由化、生产一体化与金融国际化彼此相互作用、相互推动，各类金融市场全球发展，各国金融市场相互联结，为资本流动创造了条件，并起到了推波助澜的作用。目前国际间接投资的特点可分为以下几个方面。

1. 国际间接投资发展迅猛

自 80 年代以来，出于国际金融市场的迅速发展，国际直接投资比重相对下降，国际间接投资的比重相对上升。到 90 年代国际间接投资额已经全面超过了国际直接投资额。1993 年仅国际债券发行就达到 4180 亿美元，到 1997 年则增至 8316 亿美元，而 1996 年国际直接投资总量仅为 3490 亿美元。国际间接投资的增长一方面与发达国家私人资本的大量增加有关，另一方面也与直接投资的一些限制条件有关。直接投资受外资实行产业转移及跨国公司全球战略约束，间接投资则可以避免这些不足，为广大发展中国家特别是后进国家，开辟吸收外资的另一渠道。

2. 间接投资的结构

在国际间接投资中，国际证券投资占有绝对优势。1993 年至 1997 年五年中，除 1995 年外，国际证券投资在国际资本流入总额中所占比例都在 45%以上(1995 年为 40%)。证券投资占有主导地位的原因主要有：

(1) 中长期信贷是一种借贷关系，债权难以转让，一旦债务人出现债务清偿困难，债权人也容易陷入困境。而证券投资则比较灵活，投资者可以随时在二级市场上出售和转让。证券投资的这种流动性、变现性是借贷方式无法比拟的。

(2) 西方发达国家金融自由化理论盛行，各国放宽或废除金融业务的管制，从而促进证券化的发展。

(3) 随着金融技术的发展与改善，国际资本市场推出了一些新型工具，增强了对投资者的吸引力。

(4) 发达国家各类基金和保险公司的资金增长迅速而收益与风险分散的需求上升。但是，在这几年里，以证券形式流动的资本增长了 75.7%，而以贷款形式的资本流动增长了 185.6%，贷款的增速超过了证券，其原因在于证券市场更容易受金融风波的影响。墨西哥金融危机和东南亚金融危机使私人投资者对新兴市场的投资更趋谨慎，增加了发展中国家的私人、政府部门从国际证券市场融资的成本；同时，银行系统进行了一系列的改革与衍生品的开发，吸引了更多的借贷者。

国际间接投资有以下结构：

(1) 地区结构。发达国家在国际间接投资中仍占据主导地位，但其所占比重有所下降，而发展中国家比重较小，但其呈现上升趋势，发展中国家新兴市场在国际股权证券投资与对外借款和发行国际债券两项的资本流入增长迅速，国际股权证券投资从1990年的32亿美元上升到1997年的325亿美元，年均增长39.3%，对外借款与发行国际债券则从1990年的150亿美元上升到1997年的1032亿美元，年均增长31.7%。从表9.1中我们可以看到。对外借款与发行国际债券基本上是逐年递增的，而股权证券投资则呈现伴随剧烈波动的迅猛增长。国际股权证券投资流入发展中国家的增加上要归功于90年代以来有关国家较高的经济增长率、金融市场的自由化和国际化；归功于科技进步引起的通信技术的改善、市场信息传递的加速；归功于发展中国家广泛利用包括风险资本投资基金、国家基金、美国存托凭证(ADR)等新型境外股权融资工具及衍生产品的金融创新。而其剧烈波动则主要是由于证券投资本身较强的波动性以及1997年的金融危机的影响。

表9.1　1990年至1997年发展中国家的资本流入

单位：亿元

	1990年	1991年	1992年	1993年	1994年	1995年	1996年	1997年	年均增长
对外借款与发行国际债券	150	135	334	440	411	551	822	1032	31.7%
股权证券投资	32	72	110	450	326	325	458	323	39.3%

(2) 行业结构。从事间接投资的行业由资源开发、劳动密集型产业转向资本、技术密集型产业；由制造业转向高新产业与服务业。在国际间接投资中，流向服务业与高科技产业的资本比重不断

上升。其原因就在于新科技革命及其应用。这次革命改变了整个人类生存、交往的基本方式，彻底革新了人们的技术、经济概念，带来了支柱产业向高科技产业转移和产业结构的软化，进而推动了经济全球化的发展，使国际资本流向服务业和高新技术产业的比重不断上升。由新科技革命带动的电子计算机等高新技术产业的成长十分迅速。对这类企业来说，全球市场已联为一体，争夺市场和保持技术优势的竞争使其加强对海外市场的投资；而这类企业的美好前景，特别是发达国家高新技术企业的高增长速度则吸引了众多私人资本的投资。

(3) 币种结构。从币种结构看，美元一枝独秀，日元先升后降，德国马克地位稳固。国际银行贷款占了国际间接投资的大部分比重。在国际银行贷款中，美元的地位在下降，其比重从 1990 年的 81%下降至 1997 年的 69.8%，但其地位仍不可动摇。英镑的比重上升迅速，从 1993 年仅占 2.2%飙升至 1997 年的 15.6%，同时法郎也稳步上升，而日元的比重则一直较低(见表9.2)。

表 9.2 国际银行贷款的币种分布(%)

	1993 年	1994 年	1995 年	1996 年	1997 年
美元	81	80.7	76.8	74.7	69.8
英镑	2.2	8.6	11.7	12.5	15.6
法国法郎	1.9	1.6	1.5	4.8	5.3
德国马克	3.2	1.1	4.1	4.2	3.3
日元	0.7	0.2	0.2	0.2	0.2

第二节 国际证券投资

国际间接投资的主要形式是证券投资。第二次世界大战以来，国际贸易的飞速发展加速了金融的国际化过程，其中的证券投资已成为90年代国际金融市场最活跃的因素。在西方发达国家，证券投资活动已深入到社会各个阶层，成为企业经营和个人生活中的主要内容之一。自中国对外开放以来，中国的很多企业都积极参与国际投资活动，而涉足证券投资领域却还处于初创阶段。随着中国证券市场的对外开放和企业国际化趋势的加强，了解当代国际证券市场并广泛参与国际证券投资活动对中国来说是非常必要的。

一、证券投资的含义

证券是代表一定财产所有权和债权的凭证，它是一种金融资本，表示对财产的一项或多项权益，其内容包括占有、行使、处分和转让等。实际上，证券就是权益的象征，合法地拥有证券就意味着合法地拥有权益，这种权益将随着证券的转让而转移，因而，权益正是证券的价值所在。

证券具有狭义和广义之分，狭义的证券是一种有面值的，并能给持有者带来收益的所有权和债权的证书，其具体内容包括股票和债券。广义的证券内容十分广泛，它除了包括股票和债券以外，还包括货币证券、商品证券，不动产证券等。货币证券指的是支票、本票、汇票等；商品证券是指水单、仓单、提单等；不动产证券指的是房契和地契等。在我们日常生活中所说的证券指的是狭义的证券，即股票与债券。在大陆法系的国家中，证券被认为是有价证券的简称。有价证券是具有一定面额、代表一定的财产权并借以取得长期利益的一种凭证。有价证券既属于经济的范畴，也属于法律的范畴。其经济范畴主要表现为有价性和收益性，即它可以买卖和转让，并能凭此取得收益；其法律范畴主要体现在证券与权益紧密相连，以及证券发行和流通的规则性。

证券投资是指个人、企业以赚取股息、红利、债息为主要目的购买证券的行为。证券投资是一种不涉及资本存量增加的间接投资，证券本身不是商品，但它可以作为商品在市场上进行买卖。证券作为商品的时候则与一般商品不同，一般商品是用于满足人们的某种需要，其价值是由生产该产品所需的必要劳动时间决定的，而投资者购买证券是为了满足其增值欲望，证券的价值则由证券发行企业的经营状况决定的。证券投资的作用不仅仅体现在能给投资者带来收益，而且还能加速资本集中，促进社会资金的合理流向，以满足从事社会化和国际化生产的企业对巨额资金的迫切需求。证券投资是资本流动的形式之一，证券投资的国际化，不仅使闲置资本在世界范围内得到广泛的利用，促进了世界性的经济发展，而且为证券投资企业和个人带来了更广阔的投资机会。目前，证券投资已经发展成为国际投资活动的主要形式之一。

二、证券投资的特征

证券投资是以获取收益为目的并以信誉为基础的，投资者能否获取收益或收益多少取决于企业的经营状况，证券的持有者还可以将证券在证券市场进行买卖和转让，这些就决定了证券投资具有投资的收益性、投资行为的风险性、价格的波动性、流通中的变现性和投资者的广泛性等特征。

1. 投资的收益性

投资的收益性是指证券的持有者可以凭此获取债息、股息、红利和溢价收益。证券投资的收益分固定和非固定收益两大类，购买债券和优先股的投资者取得的收益是固定的，无论证券发行者的经营效益，他们分别获取固定的债息和股息，而购买普通股的投资者所获取的收益是非固定的，他们能否获取收益或收益的多少取决于证券发行者经营效益，盈利多则收益多，盈利少则收益少，亏损或无盈利则无收益。据统计，美国债券的投资者年平均收益率为

8%左右，而股票投资者的年平均收益率则平均在10%以上。此外，证券的投资者还可以通过贱买贵卖获取溢价收益。

2. 投资行为的风险性

证券投资者不仅可以获取收益，同时还必须承担风险。其风险主要来自四个方面：第一是经营风险，即证券的发行企业在经营中，因倒闭使投资者连本带利丧失殆尽，或因亏损在短期内没有收益而给投资者造成损失；第二是汇率风险，即由于投资者所用货币贬值，导致债券等的投资者到期所得到的本金和利息不足以弥补货币贬值带来的损失；第三是购买力风险，即在投资期内，由于通货膨胀率上升，货币的实际购买力下降，从而使投资者的实际收益下降；第四是市场风险，即投资者往往会因证券市价的跌落而亏损。此外，政治风险往往也是证券投资者不可回避的因素。购买任何证券的投资者都要承担一定的风险，只是承担风险大小的不同而已。投资股票的风险一般要大于投资债券的风险，投资于政府债券的风险又要比投资于其他债券的风险小得多。实际上，证券投资的收益越多，投资的风险也就越大。

3. 价格的波动性

企业往往根据其发行证券的目的、企业的发展规划和发行方式的不同，来决定证券的发行价格，但由于企业的经济效益、市场、投资者心理和政治等因素的影响，导致市场的交易价格与票面值或发行价格相偏离，这种偏离会给投资者带来收益或损失。当然，很多投资者都想利用价格的波动来满足其资本增值的欲望。

4. 流通中的变现性

证券在流通中的变现性指的是证券的让度性和可兑换性。证券的投资者可以在证券市场上按照法定的程序将证券公开进行买卖和转让，即持有者可以根据自身的需求和市场的具体情况自由地将证券变为现金。变现性的强弱取决于证券期限、收益形式、证券发行者的知名度、证券的信用和市场的发达程度等多种因素。一般说来，证券的信誉越高、期限越长、发行者的知名度越大、市场运行机制越发达，证券在流通中的变现性越强，否则，其流通中的变现性就较差。

5. 投资者的广泛性

投资者的广泛性主要是指参与证券投资的人多而且面广。证券的投资者既可以是政府和企业，也可以是个人，其中社会大众是主要的证券投资者。证券投资对投资者的投资数量不作具体限制，投资数量由投资者根据其资金数量的多少和风险的大小自行决定，这就为寻求资本增值的社会大众参与证券投资提供了可能。据统计，美国有 1/3 的人口参与了证券投资，中国近几年出现的“股票热”也充分说明了这一点。

三、国际证券投资的发展趋势

作为国际投资活动重要组成部分的证券投资，在整个 80 年代和 90 年代的最初几年一直呈迅猛发展的态势。纵观目前国际证券投资的现状，国际证券投资未来将呈以下发展趋势：

1. 证券交易国际化

证券交易国际化主要表现在四个方面，一是证券发行、上市、交易的国际化，这主要体现在一国的筹资者不仅可以申请在其他国家发行和上市交易有价证券，而且在其他国家发行的证券既可以本国货币为面值，也可以东道国或第三国货币为面值；二是股价传递的国际化，即任何一国的股市行情都对其他国家有示范效应；三是多数国家都允许外国证券公司设立分支机构；四是各国政府间及其与国际组织间加强了证券投资合作与协调。

2. 证券投资基金化

在证券投资活动中，个人投资者数额小而且资金分散，难以参与收益较高和资本额要求也较高的证券投资活动。于是各种投资基金便应运而生。投资基金一般由专家运营，不仅提高了投资者的收益率，也减少了投资风险。

3. 证券投资的增长速度超过了直接投资

从第二次世界大战结束到70年代末，国际直接投资一直占有主导地位，其中发达国家在1951年至1964年间的私人投资总额中，大约有90%采用直接投资，其私人直接投资额从1960年的585亿美元增加到1980年的4702亿美元，增长速度为11%。进入90年代以后，国际证券投资的增长速度超过了国际直接投资。从1981至1989年，国际债券市场的发行量从528亿美元增至2500亿美元，平均每年增长18.9%。世界最大的投资国美国从1980年至1993年的对外证券投资由624.5亿美元增加到5184.8亿美元，平均每年增长17.7%，而美国同期的对外直接投资仅从2154亿美元增加到5486亿美元，平均每年只增长7.5%。国际证券投资的增长势头还会随国际金融市场发展与完善，以及发展中国家因经济建设速度加快而对资金需求的急剧增长，保持相当一段的时间。

4. 债券在国际金融市场融资中所占的比重日益提高

国际债券融资一直是国际融资的一种方式，而债券融资的地位在不断提高。1975年，在国际金融市场融资总额585亿美元中，债券融资仅为187亿美元，占融资总额的32%。而1994年债券融资达到了2939.4亿美元，占当年国际金融市场融资总额4741亿美元的62%。债券融资占国际金融市场融资比重的提高与各国证券市场的开放、证券市场的统一化和国际化以及交易的多样化有关。

5. 流向发展中国家的证券资本在不断增加

90年代以来，国际资本流动的总态势是流向发展中国家。进入 90 年代以后,流向发展中国家的证券资本也在迅速增加。例如,1993 年,在全球海外股票投资的 1592 亿美元中,有 525 亿美元流向发展中国家,占了股票总投资额的 33%。从 1989 年至 1992 年,流向发展中国家的证券投资每年平均递增 34.1%,其中主要是流向新加坡、马来西亚、泰国、印尼、中国等亚洲的新兴市场。这主要与发达国家的低利率政策,以及发展中国家经济发展迅速,市场收益率高,风险较小有关。

第三节 国际债券投资

债券是一种按照法定程序发行的,并在规定的期限内还本付息的一种有价证券,债券所表明的是一种债务和债权的关系。债券对发行者来说是一种筹资手段,也表明了它对持有者所欠的债务;债券对购买者来说却是一种投资工具,还表明了它对发行者所享有的债权。人们购买债券的行为就是债券投资,如果投资者购买的是国际债券,那就是国际债券投资。国际债券投资具有获利性、安全性和流动性等特点。

一、债券的种类

债券种类的划分方法很多,下面将介绍几种最常见的分类方法。

1. 按债券发行主体分类

(1) 政府债券。它包括国家债券和地方债券。国家债券是中央政府为维持其财政平衡所发行的债券,而地方债券是地方政府为解决其财政开支所发行的债券。

(2) 公司债券。它是由股份公司为筹集发展资金而发行的债券。

(3) 金融债券。金融债券是由金融机构为筹集资金而发行的债券。

2. 按债券是否记名分类

(1) 记名债券。记名债券是指在债券上标有投资者姓名,转让时需经办理过户手续的债券。

(2) 无记名债券。无记名债券是指在债券上没有投资者的印鉴,转让时也无需办理过户手续的债券。

3. 按债券是否有抵押或担保分类

(1) 抵押债券。抵押债券是债券的发行者以其所有的不动产和动产为抵押而发行的债券。

(2) 无抵押债券。无抵押债券是指债券的发行者不以自己的任何物品作抵押,而是以自己的信誉为担保的债券。

(3) 收入债券。收入债券是地方政府以某些项目的收入为担保而发行的债券。

(4) 普通债务债券。普通债务债券是国家政府以其信誉及税收等为担保而发行的债券。

4. 按债券形态分类

(1) 剪息债券。剪息债券指的是券面上附有息票,定期到指定的地点凭息票取息的债券。

(2) 贴现债券。贴现债券是指以低于券面额发行,到期按券面额偿还,其差额为投资者利息的债券。

5. 按债券的偿还期限分类

(1) 短期债券。短期债券一般是指偿还期限在一年以内的债券。

(2) 中期债券。中期债券一般是指偿还期限在 2～5 年的债券。

(3) 长期债券。长期债券一般是指偿还期限在 5 年以上的债券。

6. 按债券募集方式分类

（1）公募债券。公募债券是公开向社会募集的债券。

（2）私募债券。私募债券是指向少数特定人募集的债券。

7. 按债券发行的地域分类

（1）国内债券。国内债券是由本国政府、银行、企业等机构发行的以本国货币计价的债券。

（2）国际债券。国际债券是指由一国政府、金融机构、企业在国外发行的、并以某种货币计价的债券。

二、国际债券的种类与类型

国际债券是由一国政府、金融机构、企业或国际组织，为筹措资金而在外国证券市场上发行的、以某种货币为面值的债券。随着世界各国对外国投资者限制的放松和国际证券市场的迅速发展，使国际债券的发行量在90年代初超过了银团贷款的数量，从而出现了国际借贷证券化的趋势。

1. 国际债券的种类

国际债券大致可分为三大类，一类是外国债券，第二类是欧洲债券，第三类是全球债券。

（1）外国债券。外国债券是借款国在外国证券市场上发行的、以市场所在国货币为面值的债券。如某国在美国证券市场上发行的美元债券，在英国证券市场发行的英镑债券等。习惯上人们把外国人在美国发行的美元债券称为“杨基债券”，在英国发行的英镑债券叫“哈叭狗债券”，在日本发行的日元债券叫“武士债券”。外国债券的发行一般均由市场所在国的金融机构承保。中国曾在日本、美国、欧洲等地的证券市场上发行过外国债券。外国债券实际上是一种传统的国际债券。

（2）欧洲债券。欧洲债券是指以某一种或某几种货币为面额，由国际辛迪加承销，同时在面额货币以外的若干个国家发行的债券。如美国在法国证券市场发行的英镑债券就叫欧洲债券。按习惯，如果面值为美元的欧洲债券一般被称为欧洲美元债券，面值为日元的欧洲债券被称为欧洲日元债券，面值为德国马克的欧洲债券被叫做欧洲德国马克债券，其他面值的欧洲债券可以以此类推。在日本东京发行的外币债券，通常称为将军债券。总之，欧洲债券的发行者、面值货币和发行地点分属于不同的国家。

欧洲债券既有期限为1～2年的短期债券，也有5～10年的中长期债券，还有无偿还期的永久性债券。欧洲债券往往采取无担保的不记名形式发行，投资欧洲债券的收益是免缴收入所得税的。除瑞士法郎市场以外，欧洲债券可以不受各国法规的约束，进行自由流通。欧洲债券往往通过国际辛迪加发行，并可在一个或几个国家的证券交易所同时挂牌。欧洲债券具有发行成本低、发行自由、投资安全、市场容量大等特点。

欧洲债券的发行者主要是公司和国际组织，近些年来，一些国家的政府也开始涉足这一市场，而欧洲债券的投资者主要是公司和个人。目前，欧洲债券的币种以美元、日元、德国马克和瑞士法郎居多。欧洲债券于1961年2月1日首先在卢森堡发行，所以卢森堡和伦敦是目前欧洲债券市场的中心。

（3）全球债券。全球债券是指在国际金融市场上同时发行并可在世界各国众多的证券交易所同时上市、24小时均可进行交易的债券。全球债券最初的发行者是世界银行，后来被欧美以及一些发展中国家所效仿。全球债券先后采用过美元、加元、澳元、日元等货币发行。全球债券采取记名形式发行，在美国证券交易所登记。全球债券具有发行成本低、发行规模大、流动性强等特点。全球债券是一种新兴的债券，它的发行规则和程序还有待完善。

2. 国际债券的类型

（1）一般欧洲债券。一般欧洲债券是一种期限和利率均为固定不变的债券。它属于传统的欧洲债券，目前这种债券的发行量在不断减少。

（2）浮动利率债券。浮动利率债券是一种根据银行间的拆借利率为基准，再加一定的加息率，每 3 个月或 6 个月调整一次利率的债券。这种债券始于 70 年代初期。

（3）锁定利率债券。锁定利率债券是一种可由浮动利率转为固定利率的债券，即债券发行时，只确定一个基础利率，待债券发行之后，如果市场利率降到预先确定的水平时，则将债券利率锁在一定的利率水平上，成为固定利率，直到债券到期时止。锁定利率债券于 70 年代中期才开始发行。

（4）授权债券。授权债券是指在债券发行时附有授权证，债券的持有人可按确定的价格，在未来某一时间内，购买指定的债券或股票。

（5）复合欧洲债券。复合欧洲债券是指以一揽子货币为面值发行的债券。到目前为止，发行这种债券已采用过的货币单位有欧洲记账单位、欧洲货币单位、特别提款权、欧洲货币合成单位。复合欧洲债券的利率固定而且水平较高。

三、国际债券的发行

1. 国际债券市场对发行者的要求

国际债券市场一般有严格的管理制度，但也有一些国家债券市场相当自由。管理较严的国家一般对发行者均有如下要求：

（1）必须经过正式申请和登记，并由专门的评审机构对发行者进行审查。

（2）发行者必须公布其财政收支状况和资产负债情况。

(3) 在发行期间，每年应向投资人报告资产负债及盈亏情况。

(4) 债券发行获得批准后，必须根据市场容量，统一安排发行的先后次序。

(5) 债券的发行与销售一般只许证券公司或投资银行经营，一般银行只能办理登记及还本、付息、转让等业务。

(6) 一般须由发行者国家政府或中央银行进行担保，担保必须是无条件的和不可撤销的。

第四节　国际证券投资市场

一、国际证券市场

国际证券市场是由国际证券发行和流通市场所组成。国际证券市场一般有两层含义，一层含义是指已经国际化了的各国国别的证券市场；第二层含义指的是不受某一具体国家管辖的境外证券市场。目前，绝大多数的国际证券市场属于第一层含义的证券市场，只有欧洲债券市场属于第二层含义的国际证券市场。由于股票是目前国际证券市场上交易量最大的有价证券，所以人们通常把股票市场称为证券市场。

国际证券市场历史悠久，最早可以追溯到 17 世纪创立的荷兰阿姆斯特丹证券交易所。19 世纪 70 年代以后，以股票为中心的证券交易所如雨后春笋般蓬勃地发展起来，尤其是第二次世界大战以后，股票和债券交易量的大幅度增加，使世界上形成了诸如纽约、伦敦、东京、香港等许多著名的国际证券交易所。国际证券市场不仅可以吸收社会大量闲散资金并使其在国际间进行合理的配置，而且还为企业转移和分散风险，以及投资者利用闲置资本获取利润提供了机会。国际证券发行市场已成为当代国际金融市场的重要组成部分。

二、国际证券发行市场

国际证券发行市场是向社会公众招募或发售新证券的场所或渠道。由于发行市场卖出的是新印发并第一次出售的证券，所以称为“初级市场”或“第一市场”。

证券发行市场由发行人、购买者和中间人组成。证券市场上的发行人一般是资本的使用者，即政府、银行、企业等；证券的购买者多为投资公司、保险公司、储蓄机构、各种基金会和个人等；中间人主要包括证券公司和证券商等。证券发行市场一般有固定的场所，证券既可在投资公司、信托投资公司和证券公司发行，也可在市场上公开出售。

三、证券交易所

证券交易所是买卖和转让已核准发行的债券、股票等有价证券的交易场所。它是一种大型的、有高度组织的交易机构。

1. 证券交易所的组织形式

证券交易所的组织形式一般有两种，一种是公司制，另一种是会员制。

(1) 公司制证券交易所。公司制证券交易所是由投资者以股份有限公司形式设立的，以盈利为目的的法人机构。这种交易所是由股份公司提供场地、设备和服务人员，并在主管机构的管理和监督下，证券商依据证券法规和公司章程进行证券买卖和集中交割。公司制证券交易所相当于一个以盈利为目的的自负盈亏的私人公司，其收益主要来自发行证券的上市费和证券交易的手续费。证券公司本身的证券大都不上市交易，公司本身也不自行或代客买卖证券。目前，世界各国的多数交易所属于公司制证券交易所。

(2) 会员制证券交易所。会员制证券交易所是由证券商自愿组成的非法人团体。会员制交易所是不以盈利为目的的,在交易所内进行交易的投资者必须为该所的会员,其会员资格是经学历、经历、经验、信誉和资产的认证以后取得的。会员制交易所的会员既可以是投资银行、证券公司、信托公司等法人,也可以是自然人。交易所的费用由会员共同承担。这种交易所也同样提供场地、设备和服务人员,证券的投资者也只能通过经纪人代为买卖。发达国家的交易所以前多属于会员制交易所,但目前他们中的多数已转为公司制交易所。

2. 证券交易所交易的基本程序

由于在证券交易所进行证券交易的投资者仅限于交易所的会员,因此,大多数投资者是通过经纪人买卖证券的,这就使证券交易更为复杂。目前,西方国家的证券交易所的交易程序大多经过以下几个步骤:

(1) 选择证券经纪人。证券投资者应首先在某一家银行或证券公司等金融机构,选择一个符合自己要求的经纪人。选择经纪人的标准,主要有经纪人所属证券公司的声誉和经纪人本人的声誉、资历、经验等。此外,还可以通过报纸上的广告来寻找经纪人。对于一个缺乏经验的初次投资者来说,寻找一个经验丰富的经纪人作为决策参谋是很有必要的。

(2) 开立账户。即投资者到选定的经纪人公司办理开户手续。在开立账户之前,经纪人公司要对申请开立账户的客户进行调查,如果对客户的信誉情况搞不清楚,经纪人公司可以要求客户缴抵押金或提供银行担保。待开户申请批准后,经纪人公司发给客户同意书,并予以编制账号,填制“开立账户卡”给客户。账户实际上是投资者与经纪人所签订的、规定有双方权利和义务的委托买卖证券的契约。目前证券买卖开立的账户有四种:一种是现金账户,即客户在成交以后，买方必须在清算日或清算日之前全额支付价款，卖方也必须交清出售的证券；第二种是保证金账户，即以证券商提供资金信用购买证券的方式所开立的账户；第三种是联合账户，即由两个或两个以上的投资者共同开立的账户；第四种是随机账户，即客户授权经纪人自主决定并随机根据行市的变化进行交易的账户，它亦称授权账户。

(3) 委托。开立账户以后，投资者便可委托经纪人买卖证券。委托可以当面委托，也可以通过电话、电报、电传、信函等形式进行委托。委托还需填写委托书，委托书一般注明委托人的姓名、账户、时间、股票名称、买卖数额、委托方式和类型等。委托的类型一般有五种：①购买与出售委托，购买委托是购进证券，出售委托是卖出证券；②整数与零数委托，委托交易的单位为一个或其倍数的委托叫整数委托；交易单位为一个单位以下的委托为零数委托；③市价委托与限价委托，由经纪人按市价自行决定交易的委托为市价委托，要求经纪人在一定的价格范围内进行交易的委托为限价委托；④当时委托和公开委托，委托时间从委托有效期开始至当日交易所营业终止时结束的叫当时委托，公开委托是指当周委托、当月委托或不定期委托；⑤授权委托，它包括完全授权委托和限制授权委托，前者是指客户对经纪人买卖股票的种类、数量、价格等方面不加以任何限制，而后者指的是客户对经纪人在买卖股票的种类、数量、价格等方面加以限制；⑥停止损失委托，即客户委托经纪人在股价升至其指定限度以上或股份跌至其指定限度以下时，为其按市价买进或卖出股票，以维护其既得利益或减少其损失。

(4) 成交。经纪人接到委托指令后，马上到交易台前执行委托，在了解了行情以后，便可进行讨价还价。在证券交易所内买卖证券是通过竞价方式进行的，这种方式也称双边拍卖，即买者之间相互竞以高价买进，卖者之间竞以低价卖出，最后将两头凑近达成交易。按交易所的规定，后者喊出的卖价不得高于前者，而后者喊出的买价也不得低于前者。报价和竞价的方式目前主要有三种：即口头、填单和电脑。

(5) 清算。清算就是证券的买卖双方在成交以后，通过证券交易所的清算公司将双方交易的数量和价格等进行轧抵，并计算出差额的过程。

(6) 交割。交割是证券的卖方交票、买方付款的过程。在成交并经过清算之后，便可进行交割。但在证券交易所的证券交易中，并不一定对每笔交易都进行交割，只对其净差额的证券和价款进行交割。交割也并不是在成交后立即进行，交割的时间一般有几种确定的方法：①当日交割，即在成交当日进行证券和价款的收付；②次日交割，即在成交日后的下一个营业日进行证券和价款的收付；③例行交割，即按当地交易所的例行规定，从成交日算起的若干个营业日内完成交割；④选择交割，即证券交易双方自行选定交割日期，选择交割的期限一般在成交日后的5～6天进行，选择交割多用于场外交易。

(7) 过户。过户是办理证券所有权变更的过程。在成交以后，如果证券的买方不打算在短期内卖出便可办理过户，过户仅限于记名的证券，过户时需要买方持有经原证券所有人背书的证券和成交通知书，并填有过户申请书，过户一般均由经纪人代为进行。如果投资者买进是为了卖出，以赚取买卖差价，就可不必办理过户手续。

▶本章小节

本章介绍了国际间接投资方面的内容。国际间接投资的重要场所就是国际金融市场，因此本章的先行材料首先介绍了国际金融市场的相关内容，主要是国际金融市场的竞争规则。在此基础上，本章详细介绍了国际间接投资的含义、主要形式、影响因素，并对国际证券投资、国际债券投资作了一般性的介绍。

本章的综述材料将对中国企业的海外上市问题作进一步地探讨，以开拓读者的视野。

▶思考练习

1. 食利资本在国际间流动时考虑的最主要的因素是 （　　）

A. 汇率。　　B. 利率。

C. 风险性。　　D. 偿债能力。

2. 国际债券投资与国际股票投资的共同特点是 （　　）

A. 盈利性。　　B. 安全性。

C. 风险性。　　D. 流动性。

3. (复选)国际投票投资的主要交易方式有 （　　）

A. 现货交易。　　B. 期货交易。

C. 保证金交易。　　D. 期权交易。

E. 股票价格指数期货交易。

4. (复选)国际证券投资的主要特点有 （　　）

A. 投资的收益性。　　B. 投资行为的风险性。

C. 价格的波动性。　　D. 流通中的变现性。

E. 投资者的广泛性。

5. 试述国际金融市场的竞争规则对国际间接投资的影响。

6. 简述国际间接投资的现状。

7. 试比较国际证券投资、国际债券投资和国际股票投资的异同点。

▶网址推荐

到中国营销传播网 www.emkt.com.cn 去了解相关内容

第十章

国际BOT投资方式

▶学习目的

1. 掌握BOT投资方式的概念、优缺点、使用范围和形式
2. 了解BOT投资方式的复杂性的分析
3. 了解BOT投资方式的风险性的分析
4. 了解BOT投资方式的成本费用与收益分析
5. 了解我国BOT方式的发展及前景

▶先行材料

BOT方式在我国的运用

国际BOT投资方式(BOT—Build-Operate-Transfer，即建设

一运营一转让投资方式)是近二十年来兴起的一种把私营企业引入公共设施建设的投资方法。80年代中期以来,由于国际宏观环境的变化,BOT方式迅速发展,无论是在发达国家,还是在发展中国家中都被广泛采用。发达国家由于其金融市场发达,法律体系完善,从事BOT项目的机构组织和相应专业人才充足,原先基础设施比较齐备等诸多原因,采用BOT方式进行基础设施建设比较容易,但发展余地不是很大;相反,大多数发展中国家虽然各方面条件都较差,发展BOT方式存在许多障碍,但是正处于经济发展的起步阶段或快速增长阶段,社会对公共设施建设的需求非常之巨大,因而采用国际BOT方式进行基础设施建设有着十分广阔的前景。

我国作为最大的发展中国家,改革开放以来经济发展非常迅速。但政府财政投入有限,基础设施的供给难以满足国民经济快速发展的需要,成为制约经济发展的一个瓶颈,积极采用BOT方式引进外资能在一定程度上缓减政府投入不足与基础设施亟待改善的矛盾。但作为一种新兴的投资方式,BOT总体上对我国政府来说还是比较陌生的。

BOT项目在我国的起步时间较晚,我国的第一个BOT项目是1984年沙角某电厂项目。该项目的建设是完全参照国际BOT方式的国际运作惯例进行的。那时,我国政府对国际BOT项目还没有任何既定的政策或管理措施。从我国的“八五”计划开始,我国的一些政府部门(如国家计委等)开始重视与采用BOT方式来发展我国的基础设施产业,并在我国的“八五”规划中提出了一些设想和措施。尤其是进人20世纪90年代以后,我国各地采用BOT方式的项目逐渐增多。为此,国家计委曾多次召集有关部门研讨BOT项目在我国的发展战略,并先后多次召开有关的国际研讨会,以充分参照和借鉴国际惯例来发展我国的BOT项目。

但是，由于目前受我国的基础条件所限，如外汇供应和担保问题等难以解决，致使到目前为止，我国有关 BOT 项目的专门法规和政策尚难以出台。

尽管目前还没有专门的法律法规或相应的政策规定，但我国的有关主管部门，如国家计委等部门从实践中已摸索出一些管理和规范我国 BOT 项目发展的原则和规定。

1995 年初，我国的外经贸部曾专门下发文件，就目前我国国际 BOT 项目的优惠政策问题作出规定。该文件明确规定：在现阶段下，国际 BOT 项目可以享受与外商投资企业同等待遇的政策优惠措施。这些措施包括项目的外汇平衡及税收优惠等方面。

至于国际 BOT 项目所需的必要的国家担保等方面的问题，就目前而言，还需本着“一事一办”的原则，具体问题具体解决。

近几年来，我国对国际 BOT 方式的研究与应用已有了较大的发展。我国建设资金相对缺乏、技术水平相对落后，而经济建设和发展任务又非常繁重的基本国情，决定了国际 BOT 项目在我国是有远大发展前景的。

从长远看，国际 BOT 方式在我国的运用，将主要有两种方向：一是通过国际 BOT 方式，引进外资和技术建设我国的基础设施，如电站、公路、通讯设施和机场等；二是我国的一些机构与企业等通过 BOT 方式，在国外承建项目，并带动我国技术、成套设备、劳务、一般机电产品和货物的出口，为国家创外汇，并为出口单位带来较好的经济效益。

▶关键术语

项目融资　BOT 投资方式

第一节　BOT 投资方式概述

一、国际 BOT 投资的有关概念及其形成

在学习 BOT 之前，先了解一下项目融资的概念。所谓项目融资就是指不依赖公司的资产和信用，而是以项目本身的收益和未来资金流量作为融资的基础。国际 BOT 方式是国际直接投资的一种重要形式，其融资方式采用的是项目融资的形式。

BOT 的英文是 Build Operate Transfer，即建设—运营—转让。它的含义是指东道国政府或公共机构(我们以后简称其为业主政府)亦即项目所在国政府或公共机构与国外私营企业签定协议，赋予其某项目的融资、建设与经营权，并承担该项目亏损、失败的风险；最后，在协议规定的特许期限结束后，项目公司再将该项目转让给东道国政府或公营机构。实践中特许期限一般为 15～20 年。

在 BOT 投资方式中，项目公司从业主政府那里获得经营特许权，即得到通常由国家公营机构承当的大型基础设施或工业项目的设计、融资、建设、经营、维护的权利。业主政府允许项目公司在特许经营期内取得该项目的所有收益，以使项目公司有能力偿还其因建设该工程而欠下的所有债务并取得一定的利润。BOT 项目一般非常巨大，因此投入也非常之高，大部分资金都是通过借贷等手段来融资获得。由于政府通常不愿给予任何贷款担保，项目公司只能用项目融资的方式在无追索权或有限追索权的基础上进行融资。在无追索权或有限追索权的基础上进行融资是 BOT 投资在融资方式上的最大特点。

BOT 概念的正式形成是在 1984 年由当时土耳其总理奥扎尔

(Turgut Ozal)提出，并首先在土耳其国家公共部门的私有化项目中加以运用。虽然其第一个 BOT 项目因政府不肯提供任何融资上的担保而最终失败，但这种项目融资方式在各国特别是在发展中国家如菲律宾、泰国、马来西亚等国引起了极大反应。20 世纪 80 年代末，90 年代初私营企业投资建造英法海底隧道的成功，更进一步激发了各国的 BOT 方式的兴趣。应该说国际 BOT 方式是国际贸易与国际经济合作发展到一定阶段的产物。

二、国际 BOT 投资的优缺点

我们先举一个例子来简单说明 BOT 项目投资的运行。正当泰国曼谷交通拥挤的时候，香港 Hepewell 公司的总裁 Gordon Wu 向泰国政府适时表示了对以 BOT 方式建设价值 800 亿株(约 31.4 亿美元)的私有高速公路和铁路项目的兴趣。泰国铁道部于 1989 年 12 月批准了这一建议，并由 Hepewell 公司赢得了项目投标。该项目的特许期为 30 年。

经过几年的准备，Hepewell 公司筹集了 4 亿美元的股本，并向英法等国银行贷款了 24 亿美元开始了工程的建设。负责该项目的建筑承包公司是香港的 Ove Arup & Partners 公司。建设过程中，贷款银行组成专家组对资金进行监督，并提出很多建议。为避免风险，泰国在融资方面并未给 Hepewell 公司任何实质性的帮助，但给予了减免税赋的待遇，使其免除了 15%的预提税。目前，该项目已建设成功，并在 Hepewell 公司的直接控制下正常运营。根据特许协议，Hepewell 公司将在 2019 年将该工程无偿转让给泰国政府，但在此之前可以获得该工程的一切收益。

根据该案例，我们可看出 BOT 方式具有以下特点：

(1) 国际 BOT 项目的法律主体，一方为业主政府，一方为项目公司。

(2) 对于业主政府来说，该方式具有开放基础设施领域以利用外资，即以市场换资金的特点。

(3) BOT 项目特许期满后，项目公司需将该项目无偿转让给业主政府。

(4) 项目建设投入资金庞大，动辄几十亿美元，像英法海底隧道，其投入甚至达到了 130 亿美元。

(5) BOT 项目的执行是一个非常复杂的任务和过程。它牵涉到许多需要互相间能良好协调合作的关系人，如业主政府、项目公司、股东、项目建设的承包商、贷款方、保险公司等。由于 BOT 涉及多方利益，并且需要一个复杂的开发系统，如：土地、交通、能源、通讯、人力等生产基础设施来实施，因此其成功与否在很大程度上取决于政府的支持。

(6) BOT 方式一般采用国际招标形式。

根据 BOT 方式的以上特点，我们可以看出，采用 BOT 方式对业主政府有以下优缺点：

(1) 优点：

①采用国际 BOT 方式，项目由外国经营机构投资，方便了业主政府的预算分配，避免了业主政府借债投资和还本付息的财务负担。

②一般大型公共设施建设投资大、周期长、风险大，使用 BOT 方式能将风险转移给项目公司，使政府避免了项目建设经费超支等风险。

③对发展中国家来说，BOT 方式还有利于引进先进技术、管理方法以弥补本国公共机构建设基础设施能力的不足。

④将私营企业引入公共设施建设，有利于提高项目建设、运营的效率。

⑤在本国政府财力能力不足时，仍能发展国民经济与改善人

民生活水平。

(2) 缺点：

①业主政府在项目被移交前失去了对项目的经营权。

②由于私营机构的贷款利率往往高于政府贷款，且私营机构要求较高的利润率以补偿它所承担的风险并获得其自有资金的机会成本，BOT 项目的产品或服务的费用因而也往往较高，这就增加了本国最终消费用户的费用支出。

③如果项目公司与建设承包公司是国外公司，而产品或服务又基本在本国销售，业主国在项目建成后往往有较大的外汇流出。

④为增加私营企业对 BOT 项目的兴趣，业主政府事实上仍需给项目公司许多优惠并承担较多的责任，同时须在一定程度上保证项目公司的收入。以减少项目公司的建设成本和项目产品或服务消费不足的风险。

对项目公司来说，BOT 又有以下优缺点：

(1) 优点：

①通过 BOT 项目，可使他们有机会涉足业主国的基础设施建设领域，扩展了东道国市场。

②BOT 项目一般为基础性项目，这种项目的市场和资金回报率一般比较稳定，投资收益比较有保障。

③国际 BOT 方式一般可带动投资方的产品特别是大型工业机器设备的出口，从而有助于其开拓市场。

④可取的与项目有关的其他行业的经营权，一举多得，如项目附近的广告业、饮食业等的经营权。

⑤考虑到 80 年代 BOT 之所以兴起，主要是当时发达国家基础设施建设已比较充分，而处于当时经济周期谷底的各公司、集团生产能力过剩，应用 BOT 方式能将过剩的生产能力转向发展中国家，促进了他们的发展。

(2) 缺点：

①BOT 项目所需资金较大，而业主政府一般不给予直接担保，项目的贷款属于无追索权或有限追索权的。因此，项目公司的融资极其困难。

②业主国的政治稳定与法律建设的完备是 BOT 项目成功的关键因素之一。东道国的原基地设施状况及业主政府机构的工作效率也对 BOT 项目的成功与否也有着举足轻重的影响。但现在大多数发展中国家的上述因素都难以令人满意，因此对项目公司造成很大风险。

③项目公司的投入一般为硬通货，收入却往往为本国软通货币(业主国货币)，其可兑换性与是否坚挺对项目公司都是风险。

三、BOT 方式的使用范围

由于 BOT 项目的高度风险，为保证其经营过程的稳定收入，其产品或服务往往具有一定的垄断性。它主要适用于一国或地区在基础领域内的一些能通过收费获得收入的设施或服务的项目。如机场、港口、电厂、高速公路、铁路、桥梁、隧道、化工、水库、大坝、通信设施、工业区、医疗卫生教育设施等等。

四、BOT 的形式

纯粹的 BOT 由于其风险大，复杂性高，特许期不够长等诸多原因，实际中用得并不多见。因此，在实际中，其又有许多演变形式，如 BOO、BOOT、BOOST、BTO、BLT、BT、BMT、DBOT、FBOOT、DBOM、DOT、ROT、CAO 和 ROO 等。其中最重要的要数 BOO 与 BOOT 了。BOOT 是英文 Build-Operate-Own-Transfer(建设—经营—拥有—转移)的缩写，BOO 则是 Build-Operate-Own(建设—经营—拥有)的缩写。他们与 BOT 的区别主要体现在所有权是否转移和特许期的长短的不同。

如前所述,BOT 的特许期一般为 15～20 年,而 BOOT 一般为 20～50 年,如澳大利亚的悉尼港和马来西亚的南北高速公路的特许期均为 30 年;而至于 BOO,其特许期要么无限长,要么长到足以使项目寿命终结的程度。一般认为长于 50 年的项目即为 BOO,如英法海底隧道的特许期就长达 55 年。需要说明的是,不管采取哪种形式,实践中政府都对项目公司以很大的帮助,承担着一定的风险。对国际 BOT 的各种形式,我们下文统称为 BOT 方式。

第二节 BOT 的复杂性分析

我们上文多次提到 BOT 的复杂性,但如果仅从定义上看,BOT 方式是非常简单的。在此,我们将对 BOT 的整体操作作一个总的介绍,以使读者对其复杂性有个总体了解。

一、总体运作的模式

国际 BOT 方式,事实上并不仅仅只包括 Build、Operate、Transfer 三步,它在“建设”之前还有其他多种工作,以保证项目正常的建设、操作与转移。按照国际惯例,国际 BOT 方式一般要经过以下几个阶段来完成:

1. 项目提出

BOT 项目的提出,一般有两种情况:一种是以政府根据对全国或区域经济的发展规划,社会公众对公共设施的需求以及现有公共设施对公众、经济发展的满足程度等,提出可适用于 BOT 方式建设的项目建议;另一种是由私营企业或财团,根据政府确定的建设规划的重点,自身发展的需要以及对市场经济的调查研究的基础上，向政府提出可用 BOT 方式建设的项目建议，以供政府选择。不管是哪一方提出项目建议，都要经过政府部门评审，以确定该建议是否可行。项目建议通常要包括以下几点：

(1) 证明该项目是能给国家或该国某一地区带来利益的优先项目；

(2) 项目实施方案的初步设想；

(3) 项目带来的社会和经济效益的初步估计；

(4) 对项目实施方案的可行性分析；

(5) 对项目风险的初步评估。

2. 进行招标与评标

一个项目从确立方案到签订最终特许协议的过程非常复杂，其时间甚至可以长达几年。参加投标的公司一般要花费 100 万美元才能提出一个吸引人的标书；而要中标，又要再花费几百万美元。这一阶段是 BOT 项目的成功的前提，具体又可以分成如下几步：

(1) 确定项目方案及其技术参数，准备项目的标书文件与评标标准。

(2) 资格评审，根据投标者的业绩记录、经验、技术水平与财务状况，对有兴趣参与投标的私营企业进行资格预审。

(3) 邀请投标，对确定的项目向合格的投标者发出投标邀请，并请他们提出详细的工程建议、运营标书与融资计划方案。

(4) 招标准备，投标者在政府标书文件上正式提交标书与项目融资、建设、经营方案。

(5) 合同谈判，业主政府与中标者就有关特许权详细进行讨论，如谈判顺利，则签订有关合同。

必须注意，此阶段私营企业所递交的投标书和项目方案应该尽量详细，以引起政府的注意。其具体应该至少包括：

①项目的范围和预期目标；

②工程所需投资的预算，以及资金的筹措结构与融资方式；

③工程建设的时间表；

④拟定的项目产品或服务的收费标准及对项目经营特许期的长短的要求；

⑤详细的社会、经济效益分析；

⑥详细的风险分析、风险管理和风险分担的安排以及对政府支持的要求；

⑦项目的维护方案与特许期满后项目资产存在的状况；

⑧成本、收益和利润预测；

⑨合同纠纷的解决程序。

通过对各个投标者所递交的投标书与项目方案的研究，业主政府从中选出一个最符合其意愿且确实可行的中标者。政府的评标标准主要包括：

①对政府目标的满足程度；

②融资安排的可行性；

③风险评估；

④政府需做的支持程度的大小和所需承担风险的大小；

⑤项目产品/服务的价格；

⑥项目的实施战略和时间安排。

特许协议的内容各个 BOT 项目都不尽相同，但其总体上应取决与业主政府与项目公司双方就以上各个方面的博弈结果。

3. 中标者组建项目公司

中标者完成合同谈判后，将独自或与其他私营企业共同在业主国组建一个项目公司。该项目公司必须得到业主政府的授权来进行建设与运营。

4. 项目规划和融资

项目公司在得到授权后对项目进行规划、设计、建设，同时进行项目融资。这种融资是建立在无追索权或有限追索权的基础上的，它由项目公司具体负责。

5. 项目运营

项目建设完成后，项目公司根据特许合同，在特许期内独家负责项目的经营与管理，也可以通过合同交给其他公司经营。所产生的全部(或绝大部分)收入将成为项目公司的营业额，用来偿还贷款、利息与作为利润来源。

6. 项目转让

当特许期届满时，项目公司必须按特许权合同中规定的项目质量标准中的资产完好程度，将项目的所有权与固定收益将由项目公司转交给业主政府。当然，特许期也可能不规定死，而是根据特许合同中可能规定，如果项目公司提前实现其预期的全部股本或缩短。如合同中可能规定，如果项目公司提前实现其预期的全部股本收益，移交期必须适当提前；若移交期到达时，但项目公司的收益仍未达到预期水平，政府必须适当延长特许期。

二、BOT 方式的各种合同

BOT 项目由于其本身的风险性，除了特许协议外，还须就融资与建设、经营中的许多环节签订一系列合同(协议)。中标的私营企业与政府签订有关协议(包括特许权协议，保证原材料供给的采购协议，产品最低销售量或价格担保协议，以及汇率、利率担保协议等)后，将独自或联合其他投资者在业主国成立项目公司并注入股本资金。项目公司以法人身份，对项目进行融资，贷款银团可能包括国际性的商业银行、政府出口信贷、世界银行等多边国际金融机构，有时也可能包括业主国商业银行，这些贷款都是在无追索权或有限追索权的项目融资的基础上进行的；在较多情况下，政府也给予从属贷款担保。同时项目公司将与项目工程建设承包公司签订工程承包合同，由工程承包公司负责项目的建设；此中还涉及到供应商的大型设备供应问题。为减少风险，项目公司可与保险公司签订保险合同。待项目建成后，项目公司可独自负责项目经营，也可通过经营协议将项目委托给某经营公司经营，通过把项目产品服务出售给最终用户而获得销售收入。经营所得收入由项目公司进行债务、利息偿还，并按股东协议返回给投资财团股息、红利。

三、BOT实践工作中应该注意的几个问题

在BOT实践中，以下几个事务方面的问题，值得引起注意：

(1) 由项目发起方所作的可行性分析报告要对另一方与贷款方有吸引力。可行性报告是用来说明一个项目技术上的可行性，并同时说明其在经济上也有生命力。在运营期间，项目公司完全能够以合理的收入来负担费用，偿还债务，同时它也有公平的回报，通常回报率至少为15%。

(2) 业主政府往往对BOT项目保证供应场地、能源、原材料、建筑材料与通讯设施。因为其中一旦有一环脱节，就会造成工程延期或项目无法正常运行，导致项目失败。

(3) 由于融资与协议的复杂性，必须保证项目的各个关系者之间紧密合作。所涉及的各个公司都必须有经验且资信良好。

(4) BOT项目风险巨大，不同时期风险不同，在项目前期就需仔细分析各种可能风险，并通过各种合同将风险分散或避免掉。

第三节　国际BOT项目的风险性分析

高风险性是国际BOT方式的一个显著而重要的特点。由于国际BOT项目投资额巨大，建设周期长，涉及经济实体多，合同关系复杂，其运行过程中充斥着各种难以预期的因素，而业主政府

一般既不提供任何直接的项目融资担保，又在实际中尽量避免各种需承担的责任，使得 BOT 项目在运行过程中充满各种各样的风险。这些风险主要由项目公司承担，其中的某些风险是能在项目的某方或多方的合理控制内的，而一些风险可能不受任何一方控制，但却是可以花钱投保的，还有一些则是不能投保的。在项目的风险承担控制中，总的原则就是要求对各种风险的控制最大的一方来承受该种风险。通常这一方会要求与其所承担的风险相当的项目报酬。在一个 BOT 项目中，对项目公司来说，其风险主要有以下几种：

一、政治风险

这是 BOT 项目最主要的风险之一，因为它会对其他项目风险产生重要影响。BOT 项目的政治风险主要是指由于业主国发生政变、政权更迭、领导人变更以及暴乱等给项目造成的费用超支甚至项目被没收等风险，这在发展中国家中体现得尤为明显。当在具有潜在政治风险或政治不稳定的国家进行国际 BOT 方式投资时，投资方可用以下方法来减轻风险：

(1) 用风险回避来处理政治风险是最简单的，即不在政治风险过大的国家进行投资。

(2) 形成一个国际投资者和贷款方的集团，这样如果该项目被没收或被迫放弃，将导致该国对一系列国际贷款、合同的违约，从而危及该国的国际信用，使其陷入一种不能被国际社会接受和容忍的境地。

(3) 邀请业主国的大公司、大财团参与 BOT 项目，或在业主国的金融市场上融资，将风险转移给业主国的投资者，以使业主政府不敢轻举妄动。

(4) 向商业保险公司、官方的出口信贷机构或多方发展机构投保政治风险。

二、金融风险

金融风险包括货币的可兑换性风险、汇率风险、利率风险、通货膨胀风险等。

（1）货币的可兑换性风险与汇率风险通常又总称为货币风险。BOT 项目资金的投入一般为硬通货及可能的很少一部分业主国货币。但由于一般是基础设施，其经营收入大都为业主国货币，则能否按预期以硬通货回收投资成本并获得利润就成了项目公司最关心的事。

（2）利率风险是指在项目的整个过程中，由于利率的变动而直接或间接地给项目公司造成的利息增加、利润减少的风险。80 年代以来，国际上普遍实行浮动利率制，BOT 项目的实施期一般至少为 15 年，利率大幅度波动的可能性很大。

（3）通货膨胀风险：当业主国发生通货膨胀时，如果项目产品和服务的价格随之上涨，就会使需求量减少，从而影响项目的销售收入；或者项目公司为保持销售量而固定价格，但这也会造成实际收入的减少。

（4）由于业主国金融市场未步入正轨，非常混乱，而造成项目公司无法正常地运用资金的情况，也是项目公司遇到的常见金融风险之一。

金融风险一般受业主政府的控制、影响较大，所以项目公司通常要求业主政府能给予一定的支持与保证。实践中有以下几种减少金融风险的方式：

（1）外汇担保，项目公司从业主政府或业主国中央银行得到保证，能随时使它的所有销售收入以外汇形式自由汇出国外。

（2）离岸契据账户，BOT 项目的投资者一般要求业主政府提供支持,在业主国以外某地建立一个契据账户,以使国外贷款与项目收入能顺利入账、自由流动,从而保证在特许期间,项目资金与收入可以顺利流向各方。

(3) 项目公司与业主政府的特许协议中有关价格协议的单位最好都采用硬通货,或以多种货币计量,同时考虑物价指数的影响,用以避免汇率与通货膨胀的风险。同时,项目贷款也宜根据需要采用不同的币种、方式借贷。由于不同币种与借贷方式有不同的利率,所以可以减少利率风险。

(4) 为了减少贷款风险,银行往往要求其贷款的偿还具有优先性,也即贷款方一般只肯给予优先性贷款。此时,项目公司可要求业主政府承诺在一定时期内给予一定金额的后备贷款或后备贷款担保。如我国广东深圳沙角 B 电站这一 BOT 项目,中国电力当局就帮助安排了在特定情况下的紧急贷款。

(5) 此外,也可采用投保等形式转移风险。

三、技术风险

技术风险主要是指项目各方因技术方面问题而给项目带来损失的风险。它主要包括:

(1) 竣工风险,即因项目的延误建成而带来的利息成本的增加和利润减少的风险。项目建成延迟带来的利息成本的增加这一点毋庸置疑。另外,考虑到有些项目如英法海底隧道,其特许期是包括建设时间的,竣工的延迟会相应地减少项目公司对项目的经营时间,从而造成利润的损失。

为减少竣工风险,项目公司可要求建筑公司尽量使用成熟的技术,保证在一个双方同意的工程进度内完成项目建设,并提供担保预付款及滞留金,最好能提供银行保函。

(2) 运营与维修风险,运营与维修风险包括项目公司经营项目时遇到的种种风险。为减少这种风险，以下几点尤为重要：成熟的技术，先进的管理方法，合格的工作人员，有经验的管理者，有效的政府执照。除去自身问题外，项目公司一般还要求施工承包商对该工程提供一个使用保证期限。通常在项目被移交后的12个月内，建设承包公司被要求免费对项目的材料和建设缺憾进行修补。

四、法律风险

由于进行的是跨国投资，BOT项目的投资者不可能对业主国法律有一个足够充分的了解；再加上BOT项目投资基本上是一种新兴投资方式，目前关于BOT的法律很少，除了少数国家如马来西亚、土耳其等国外，大多数国家仍无关于BOT具体的详细的法律。特别是发展中国家，其法律体系本来就不完善，这就更增加了项目公司所面临的法律风险。解决该风险的方法主要是项目公司与业主政府签订专门协议来减少风险的可能性。该专门协议应规定，倘若业主政府的政策法规发生变化，如最低工资、国家控制的原材料价格发生变化以及其他能使项目成本增加的法规发生变动，可以使项目的产品与服务价格随之作相应的调整。同时，政府也应该主动完善其法律体系。

五、资源风险

BOT项目工程庞大，建设中资源供应的稳定非常重要。项目公司一般要与业主政府签订一个专门的采购协议，以保证项目的施工运行期间资源的稳定供应。在我国广东沙角某电厂项目中，项目公司——Hepewell公司就要求政府保证运行期间燃料的供应。在大多数BOT项目中，项目公司都要求业主政府至少保证施工期间的电力供应。

六、战争风险

这也是项目公司不得不考虑的一种重要风险。如两伊战争中，在伊朗的总投资额为45亿美元的Barder Khomemi石油化工综合项目，就因为项目所在地经常遭到敌机袭击而使得项目投资者不得不放弃该项目。而日本三菱(Mitsui)财团的银行在1987年为此项目所支出的10亿美元也就因此付之东流了。

七、其他风险

BOT中涉及的其他风险还包括自然灾害风险，以及作为外国投资者投资业主国基础设施而引起业主国民族势力反对、抗议的风险等等。

第四节　BOT项目的成本费用与收益分析

一、BOT项目的成本费用与收益分析

BOT项目的成本并不仅仅局限于施工费用、贷款利息支出、项目维修费用与经营成本这些项目建设、经营中的费用，还包括它的投标费用。

我们上面已经说过，典型的BOT项目，一般需要100万美元左右才能取得投标权，而要中标并与政府达成特许协议，还需要几百万美元。投标费用之所以这样巨大，是因为复杂的项目结构和实现无追索权或部分追索权的融资所需的无数谈判。因其复杂性，BOT招标需要高出传统招标15～50倍的专家费用。除此之外，我们也需考虑BOT招标谈判在时间上的漫长性给私营企业带来的时间成本。

这里涉及到一个令人感兴趣的热门问题:那些参加投标却未中标的私营企业所花费的巨额费用应如何负担?是应由投标者各自负担,还是由中标者独自负担并最终转移到消费者身上,是应该降低费用以减轻消费者负担(这会增加项目的风险),还是为了保持较低的风险继续高投标费用?国际经济合作方面的专家提出了各式各样的建议,但至今仍没有公认的行之有效的方法。

二、国际BOT方式的收益分析

国际BOT项目的收益分析是可行性分析不可缺少的组成成分,企业进行BOT投资时,必须把风险、成本与收益一起考虑,才能做出正确的选择。

BOT项目在建设、经营的各个阶段都有一定的收益,如工程附近的广告、饮食业、旅馆等服务业带来的收益,大型机器设备进口带来的收益,但最主要的仍属项目运行阶段的收益。BOT方式固有的高风险使得大多私营企业认为至少有17%~18%的稳定投资收益率的BOT项目才是值得进行投资的。

要保证项目的稳定收入,BOT产品或服务必须有一定的垄断性。但由于政府必须考虑到项目产品或服务的消费者大都为本国居民,从而它必须对其价格进行一定的限制。因此在价格被大体限制而无法灵活变动的时候,项目公司必须要求有关它的收益的另一个变量——需求量能得到一定的保证。实践中项目公司一般要求与政府签订"排水协议"。所谓"排水协议",又称"扣除协议",即业主政府保证对项目产品或服务的某一最少需求量。

第五节　我国 BOT 方式的发展及展望

一、BOT 在我国的发展与前景

我国最早的一个国际 BOT 项目是广东深圳沙角某火力发电厂。它于 1984 年签订协议，1986 年完成融资安排并动工兴建，并于 1988 年投入使用。该项目中投资 42 亿港币(按 1986 年汇率计算约为 5.4 亿美元)。此后相继又有几个 BOT 项目开展投标、建设，如浙江省的嘉兴电厂、河北保定的定染火电厂、广州轻轨铁路二期工程。北京的京通公路是我国首次以规范化的 BOT 投资方式进行的基础工程建设。而 1995 年国家计委正式批准采用 BOT 融资方式建设的广西来宾 B 电厂，则标志着我国 BOT 方式开始步入正轨。

我国属于发展中国家，社会上对电力的需求正在迅速增长，平均每年要增加 1000 万 MW 才有可能赶上需求的增量。这就需要政府每年投资 150～200 亿美元，这种形势迫使我国动员国外资金投资于我国的电力项目建设。

1995 年 9 月，国务院提出"九五"计划和 2010 年远景目标，明确提出国家要进行大规模基础设施建设。1997 年我国在基础设施上投资 600 亿美元。1998 年 2 月李岚清在瑞士达沃斯世界经济论坛上宣布中国在未来三年内将要在基础设施上投资 7500 亿美元。这些投资仅靠政府财政拨款是远远不够的，所需资金主要领先的是一些传统的信贷融资方式，即商业银行信贷，如世界银行等国际性多边金融机构的信贷。但仅靠以上几方面仍是不够的。BOT 项目投资采用无追索权的项目融资方式，可以很好的帮助解决这方面财政的困难，是政府的一个很好的选择。作为一种引进外资的形式，BOT 还可以解决我国失业率过高，有效需求不足等经济问题。可以预计，国际 BOT 方式投资在我国有着广泛的发展前景。

近几年来，我国政府在法律方面、金融证券市场上做了大量的努力，同时政府的信誉也不断提高（前不久我国的债务信誉被美国的 Moody 信誉评价机构评为 A3 级）这些都将增加外国企业对在我国进行 BOT 方式投资的信心。

但同时我们必须看到，我国的现行政策、法规与 BOT 投资方式的要求仍有相当差距。

首先是股权问题。由于基础设施的特性，国家曾对外商投资于基础设施中的股权做过一些限制性的规定。如港口、码头等设施不允许外商独资，铁路、公路要中方控股。而在 BOT 方式中，由于项目的建设、运营直接决定了投资回报率的大小，因此外商通常要求独立经营，至少也应控制股权。这样，就使得共同的协议难以达成，如 1994 年末，有消息说四川成渝高速公路经营权打算以 40 亿人民币转让给李嘉诚，但最终因为路权归国家所有而失败。

其次是法律问题，BOT 投资方式在我国是个新兴事物，目前，仍没有专门的 BOT 法律可供参考，有的仅是一些通知和暂行规定。如 1994 年对外经贸部发布的《关于以 BOT 方式吸引外商投资有关问题的通知》；国家计委、电力部、交通部 1995 年联合发布的《关于试办外商投资特许权项目审批管理有关问题的通知》、《外商投资特许权项目暂行规定》等。发达国家和地区如英国、法国、澳大利亚和香港虽也没有关于电力、公路等用 BOT 方式建设的专门法律，但一来这些国家和地区本身的法律体系就比较完善，二来他们往往有关于某一具体 BOT 项目的具体法律，如关于英法海底隧道建设、运营的具体法律，该法律随着项目的成立而诞生，亦随着项目经营的终止而废除。我国法律体系不完善，又没有专门或具体的法律来保障投资人和债权人的权益，这必将给吸引外资进行

BOT 方式投资带来困难。

再次,BOT 方式投资在我国的具体操作上仍有相当困难。如各种项目的燃料供应不足,国内外金融市场衔接不畅,运输状况、国内劳务雇用条件、场地租用情况都比较差;对 BOT 方式,既没有专门的法规或政策,也没有专门的管理机构;政府缺乏对 BOT 项目明确而统一的规划和引导,在 BOT 项目合同的签订方面缺乏经验;某些项目,特别是省一级项目,缺少 BOT 专业技术人员;政府机构庞大,审批机构数目众多,互相间缺乏协调,招标标准不明确,手续复杂……实际操作中,中外双方都感到难以达成令双方比较满意的合同。

二、关于我国进行 BOT 项目吸引外资的几点建议

宏观投资环境的好坏是 BOT 投资的首要考虑因素。它一般可分为政治环境、法律环境、经济环境等。

我国是实行社会主义市场经济的国家,这就必然造成政治、法律、经济三者紧密联系,难以分割。就这种状况,我们提出以下几点建议:

(1) 精简政府机构,减少项目的审批环节,明确具体如何选择中标者的审批标准,以减少投资者投资所需的财力、精力与时间。

(2) 培养熟悉 BOT 内容,善于运用谈判技巧的专业人才。

(3) 国家应尽快建立专门的机构来统一协调和管理 BOT 项目,制定我国关于国际 BOT 项目发展的统一规划,切忌贪多过滥。同时在法律环境上,有关部门应尽快制定、通过、实行有关 BOT 的具体法律。同时完善配套法律,如有关的雇用、工资的法律,健全法律体系。

(4) 政府应给予 BOT 项目以必要的支持,可以采取以下的几点措施:

①给予项目排他性承诺，同意与项目公司订立“排水协议”。

②给予项目公司一定额度的后备资金贷款，即紧急贷款，以保证项目公司的资金顺利流动。

③给项目公司以外汇担保，保证外汇可兑换性与可取得性。还有一种方法是，我国政府或政府机构可以通过对项目公司收取合理的保险费而对其提供外汇汇率风险的保险。

④针对通货膨胀的风险考虑各种成本的上升因素，在特许协议中的定价公式中应对项目的附加能量费用规定价格上升条款。也可规定，通货膨胀或利率上涨时，政府给予项目公司的损失以一定比例的补偿。

⑤允许项目公司建立一个离岸保管账户，即离岸契据账户，以使项目资金顺利流通。

⑥给予项目公司税收及大型设备进口关税上的优惠。

⑦当项目公司的营业收入不足以弥补投入，而在特许期结束时又不得不将项目转交给政府时，政府给予其一定比例的补偿或在合同中规定可适当地延长特许期。

▶本章小节

本章介绍了国际BOT投资方式。本章的先行材料首先介绍了BOT投资方式在我国的应用情况，分析了BOT在像我国这样的发展中国家运用时的优势及其存在的问题。在此基础上，本章详细介绍了BOT的概念、优缺点、使用方式和范围，同时，又对BOT的复杂性和风险性进行了一般性的分析，最后，本章还介绍了BOT投资方式在我国的发展前景。

本文以在发展中国家开展BOT方式的习惯做法，以所遇到的各种问题的解决方法等为基础，同时参照发达国家的一些做法，对BOT方式进行了一个总的分析，并就其与我国目前在进行

BOT 方式所遇到的问题进行比较，提出了一些建议，希望能让更多的人了解国际 BOT 方式，并能为我国运用 BOT 方式进行公共基础设施建设有所帮助。

▶思考练习

1. BOT 投资方式首先是在哪个国家开始应用的？（　　）

A. 土耳其。　　B. 泰国。

C. 马来西亚。　　D. 菲律宾。

2. 建设—经营—拥有方式也就是（　　）

A. BOT。　　B. BOO。

C. BOOT。　　D. FBOOT。

3. (复选)BOT 投资方式的特点是（　　）

A. 法律主体一方为业主政府，一方是项目公司。

B. 以市场换资金。

C. 项目期满，无偿转让给业主政府。

D. 项目建设投入资金庞大。

E 执行过程复杂。

4. (复选)在一个 BOT 项目中，对项目公司来说，主要的风险有（　　）

A. 政治风险。　　B. 金融风险。

C. 技术风险。　　D. 法律风险。

E. 资源风险。

5. 试述国际 BOT 方式的优缺点。

6. 简述 BOT 投资方式在我国目前运用的情况，说明其优势和不足。

7. 阅读下面的综述材料，说明 BOT 方式在环保领域运用存在的问题。

▶综述材料

BOT 在环保领域运用的若干问题

BOT 即“建设—经营—转让”投资方式，是政府以契约方式将通常由政府部门或国内单位承担的为某重大项目进行设计、施工、融资经营和维修的责任让渡给国外投资者，该企业在负责建成此项目后，在协议期内对项目拥有所属权、经营权、收益权，以回收投资和获得合理利润。特许权期满后则将该项目无偿转让给当地政府。作为一种带资承包方式，BOT 主要用于收费公路、电厂、污染物处理设施等项目。本文拟对 BOT 在环保设施（污染物处理设施）领域运用的问题进行探讨。

1. 环保 BOT 项目的运作

环保 BOT 项目的运作大致分为五个阶段：

(1) 前期准备阶段。前期准备阶段可分为可行性研究和项目准备两个步骤。政府在选择环保 BOT 投资方式前，应从技术、经济和法律等方面进行可行性研究。在确定对某一环保设施领域采用 BOT 投资方式后，政府要为进行公开招标作一定的准备工作，如制作投标申请表、发出投标通知等。

(2) 招标投标。政府招标在国内公开进行。在收到有关的投标方案后，政府组织有关单位和专家对其进行综合分析和评价。一般而言，这种分析和评价分为两个方面。一是承建商的资质认定。有关政府部门应审查投标人拟进行项目的盈利可能性，投标人在本国是否具有法人资格，是否有成功从事类似项目建设的经验，项目资金计划是否与项目建设、运行、维修成本相符；二是技术评估，包括技术设计是否科学合理，是否符合环境标准，全套设备结构、运行和维修程序是否完备。在经过严格的评定程序后，政府有关部门从投标人中挑出合适的投资商。

(3) 合同的签订。政府部门和中标人就工程建设质量，污染物处理，投资方式，经营期限，违约责任等事项进行协商，签订合同。此合同性质属于行政合同范畴，因而政府在合同的签订过程中处理主导地位。

(4) 项目建设经营。承建商应按合同的规定按时进行项目的融资和建设，项目完工后，项目公司(承建商或其委托人)全权负责此项目的经营管理，向项目使用者(排污单位)合理收取污染处理费用，并从后期附加产品(如发电、供暖)中获取利益，以获得投资收益。

(5) 项目转让阶段。在合同期满时，项目承建商无偿地将环保设施转让给当地政府机构，并且无保留地转让各项技术，以保证项目设施转让后能够正常运行。

2. 法律政策协调问题

(1) 环境保护政策和机制的协调。环保 BOT 投资方式的运用，顺应污染治理集约化、企业化、社会化和专业化发展的潮流，体现了污染物集中控制的原则，应大力提倡。但我国现有的环境政策和原则，却因其弊端的存在而制约了 BOT 投资方式的发展。例如，作为我国环境大政策之一的"谁污染，谁治理"原则，存在不合理和相当的局限性，因为此原则反映的是点源控制思想，强调各污染源的个体责任和个体治理行为，容易造成治理效率低下，治理设施重复低层次建设，企业经营成本提高，负担重。应确认能够发挥市场调控作用的"投资者受益，使用者补偿"政策和国际上通行的污染者付费原则(PPP)，鼓励环保投资主体多元化，把一般排污者与专业污染处理者分离，引导污染治理朝市场化方向发展，并建立适应社会主义市场经济体制的环境保护发展机制。

(2) 环境法律制度的协调。我国的环境保护法律制度多是在社会主义计划经济体制、强化政府统一和综合管理职能背景下产生、发展起来的，有些制度已不太适应当前环保产业迅速发展的情况，也不利于 BOT 投资方式的运用。为了保证环保 BOT 项目的正常运作，"三同时"、排污收费、限期治理制度等环境管理制度也需要进一定的修改。

"三同时"制度要求各排污单位的污染治理设施与主体工程同时设计、同时施工、同时投入使用。而实施环保 BOT 项目，有些排污单位产生的废料和污水可以交由这些专业性的污染处理企业进行治理，因此它们将不再需要设计、施工和使用污染处理设施。

我国的排污收费制度规定排污费由国家征收，主要用于补助重点污染单位治理污染源和环境污染综合治理工程。在环保设施领域运用 BOT 投资方式后，污染治理的责任由 BOT 项目投资商承担，按照"谁投资，谁收益"的原则，排污费(可改称污染处置费)亦应由 BOT 项目投资商收取，成为其营业收入。污染处置费的具体数额，由污染排放单位和 BOT 项目投资方经协商后签订合同，按照合同的规定收取。双方因合同的履行发生纠纷，可以依照司法程序寻求解决。

作为环境管理新五项的限期治理制度，对控制严重污染源起过很大作用，但是它主要还是从点源治理需要出发的，未考虑污染单位能够利用外部环保设施处置污染的情况。所以在环保 BOT 项目产业化的条件下，应对限期治理制度的内涵加以扩展，只要污染者在限定时间内完成治理任务即可，而不应要求其一定依靠自己的设施完成治理任务，应允许被限期治理单位利用环保 BOT 项目代为处置污染物，减少对于限期治理的过程性控制。实际上，在《固体废弃物防治法》第 46 条中已有类似规定。

(3) 其他法律问题。除了环境保护机制和政策以及环境保护法律制度外,BOT 投资方式的运用还有其他一些法律问题没有解决,例如投资者在合同期限内需要拥有项目的经营权和使用权,而我国法律目前对外商投资、经营基础设施采取限制性规定;投资者需要将收入所得换成外汇汇出,而在《中外合资经营企业法》中,对外商投资所得兑换汇出仍采取限制性规定。为适应 BOT 投资方式的运用,这些相关法律和制度应进行修改。

3. 应注意的几个问题

(1) 项目风险分担。BOT 项目的进行,对于政府和承建商都存在风险。政府的风险在于,由于投资者自身和外来因素影响,使得合同不能完全履行;投资者的风险来自建设和运营两个方面。在建设过程中原材料价格的波动,贷款利率、汇率的波动,设计缺陷等将直接影响项目的建设。在项目的运营中,也存在一些风险,如征收费用,国有化,提高税率,地震、台风等不可抗力情况的出现,在同一区域范围内另一同类环保设施的建设,都会对项目的盈利带来风险。划分风险和减少风险是 BOT 项目双方关注的焦点。对此,政府和项目承建商应该协商确定项目风险分担的责任。建设中的风险一般由外国投资方承担,对于运营中的风险,我国政府应对自己可以控制的因素作出保证,如不竞争保证、价格保证、外汇汇出保证等。在 BOT 项目特许期间,如因我国政策调整等因素的影响,使项目公司遭受重大损失的,我国政府应允许项目公司合理提高收费标准或延长项目公司的经营期限。对于不可抗力的自然风险给工程项目造成破坏和损害的,则应由项目双方分担责任。

(2) 环保部门对环保 BOT 项目和管理。环保 BOT 项目在建设过程中,当地政府环保部门对项目建设的进展情况应进行技术监督,防止承建商在项目施工过程中偏离批准立项的规定。项目建成后,环保部门一方面对项目的经营管理进行规范,检查污染处理设施是否正常运行,污染处理是否达标,另一方面对排污单位的排污情况进行监测和检查，一旦发现有偷排或私自倾弃污染物的行为，要给予严厉的处罚，维护项目投资人的经济利益，保障环保设施起到净化环境、减少污染的目的。至于BOT项目经营者收取排污单位污染处置费的行为，属于民事合同行为，政府环保部门不应过多加以干预，发生纠纷则按司法途径解决。

BOT的运作在我国还属于新鲜事物，在基础设施项目中的实际运作还不普遍，在环保设施领域的运作就更少，经验较缺乏。因此BOT项目在环保设施领域的运用还需要进一步研究。

▶网址推荐

到国际招商网 www.asiaif.com 去查找相关内容

到中国国际投资促进网 www.chinafdi.gov.cn 去查找BOT投资方式的法律依据

第十一章

国际发展援助

▶学习目的

1. 掌握国际发展援助的含义、方式和特点
2. 了解国际发展援助的三大类机构

▶先行材料

联合国志愿人员项目

1. 什么是联合国志愿人员项目

1970 年，联合国大会通过决议，组建“联合国志愿人员组织”(UNV)。联合国志愿人员组织是联合国系统内一个独特的机构，

从事和管理与国际志愿者事业相关的各类事务。联合国志愿人员组织鼓励志愿者为本国和国际间的发展与和平尽其所能，并努力促进国家经济与社会进步并使之得到持续发展。该组织从属于联合国开发计划署(UNDP)，中方合作伙伴是中国对外贸易经济合作部下属的中国国际经济技术交流中心。项目的设立由双方批准。

2. 联合国志愿人员的来源

每年，全球约有4000名符合条件且经验丰富的人员自愿加入联合国志愿人员项目，到发展中国家从事志愿服务。在过去的30年里，已有来自150多个发展中国家和发达国家的20,000名联合国志愿人员被派遣到140多个发展中国家完成项目委派的工作。目前，联合国志愿人员中有70%来自发展中国家，30%来自发达国家。

3. 联合国志愿人员的服务领域

联合国志愿人员在技术、经济和社会发展领域服务。他们的主要工作内容包括：(1) 与需要技术帮助和支持的政府进行技术合作；(2) 在社区和基层工作，帮助所在地区的人民达到自力更生的目标；(3) 从事人道主义的援助工作，帮助受援国人民重建家园；(4) 从事和平建设事业。联合国志愿人员是在平等的基础上工作的专业人员，他们聆听并参与讨论；他们提供教学和培训；他们鼓励、支持和促进他们的服务对象。在工作的同时，志愿人员还共同分享并交流思想、技术和经验。

4. 联合国志愿人员的技术领域

联合国志愿人员项目涉及的领域非常广泛，联合国志愿人员组织的人才库包含了110多个专业领域如农业、卫生、教育、社区发展、职业技术培训、工业技术、交通、能源、环境保护和人口研究等，每年人才库中的在线候选人员一般总能保持在至少5000名。

联合国志愿人员在全世界140个国家提供服务。其中36%在非洲,31%在亚洲及太平洋地区,其余在阿拉伯国家、加勒比海、中南美及中东欧。三分之一的志愿人员在全球最为贫困、偏僻和落后的地区工作。这些志愿人员有一半远离都市,在偏远的村镇工作。

5. 联合国志愿人员项目如何运作

联合国志愿人员组织与受援国政府、联合国专门机构、国际开发银行及国际民间组织和社区组织进行伙伴式合作。联合国志愿人员提供服务的项目通常由受援国政府管理,并且经常得到联合国系统组织、世界粮食计划署、联合国教科文组织、联合国难民署、世界卫生组织、联合国儿童基金会等联合国专门机构以及世界银行、亚洲开发银行等发展领域的国际金融机构的技术援助和项目监督。联合国志愿人员组织也应一些受援国政府的要求作为项目的执行机构。

6. 联合国志愿人员项目的资金来源

联合国志愿人员项目的部分资金来源于她的母体——联合国开发计划署(UNDP)。其他实质性的资金来源于联合国机构的日常项目预算、驻在国政府的捐款、捐助国政府的特殊用途捐款以及联合国志愿人员的特别志愿基金。联合国志愿人员组织每年接受的捐款和志愿基金约为1600万美元。

7. 联合国志愿人员的服务条件

联合国志愿人员的服务期通常为一到两年,但有时也可为半年。根据接受单位的要求和合同各方的约定,合同期可以延长,但最长不得超过八年。联合国志愿人员的工作不能被视为一项职业。

联合国志愿人员所享受的基本待遇包括:

(1) 从住地到服务地点的往返旅费;

(2) 享受每月生活津贴和安家补贴;

(3) 住房费用由项目上或由用人单位承担;

(4) 医疗和人身保险;

(5) 根据项目工作需要的出差旅费；

(6) 国际志愿人员(不论是中国引进的，还是中国外派到其他国家的)可携伴侣及子女，且另有生活津贴；

(7) 年假及探亲假。

▶关键术语

国际发展援助　联合国发展系统　世界银行

区域性发展援助组织

第一节　国际发展援助概述

一、含义

国际发展援助指发达国家或高收入的发展中国家及其所属机构、国际有关组织、社会团体以提供资金、物资、设备、技术或资料等方式，帮助发展中国家发展经济和提高社会福利的具体活动。

对外发展援助有有偿和无偿两大类，具体形式有赠与和中长期无息、低息贷款等。

国际发展援助的目标是促进发展中国家的经济发展和社会福利的提高，以缩小其与发达国家之间的距离。

国际发展援助以资本运动为主导方式，并伴随着资源、技术和生产力与生产要素在国际间的移动。

二、方式

1. 按援助款的流通渠道可分为双边援助和多边援助

(1) 双边援助，指两个国家或地区之间通过签订定发展援助计划或经济技术合作协定由一国(援助国)以直接提供无偿或有偿款项、技术、设备、物资等方式，帮助另一国(受援国)发展经济或渡过暂时的困难而进行的援助活动。

(2) 多边援助，指多边机构利用成员国的捐款，认缴的股本、优惠贷款及在国际资金市场借款或业务收益等，按照他们制定的援助计划向发展中国家或地区提供的援助。

例如联合国发展系统以赠款的方式向发展中国家提供无偿的技术援助；国际金融机构及其他机构多以优惠贷款的方式提供财政援助、紧急援助和救灾援助。

2. 按援助的内容可分财政援助、技术援助、项目援助和方案援助

(1) 财政援助是指援助国或多边机构为满足受援国经济和社会发展的需要，以及为解决其财政困难，而向受援国提供的资金或物资援助。财政援助通常有赠款和贷款两种形式，而这种贷款又分成无息贷款和有息贷款两种，贷款期限一般在 10 年以上，且有宽限期。

财政援助的资金来源通常分为官方的和民间的两种。①官方援助指发达国家官方机构向发展中国家提供的赠款或赠与成分不低于 25%的优惠贷款，以及由援助国政府指定的专门银行或基金会向受援国的银行、进口商或本国的出口商提供的，以促进援助国的商品劳务出口为目的的资金援助。通常以出口信贷来实施的。②民间援助指由非营利的团体、教会组织、学术机构等提供的援助，以出口信贷和直接投资的形式实施。

要衡量一个财政援助是否是官方援助的标准为：①由援助国政府机构实施的；②以促进发展中国家的经济发展为宗旨，不得含有任何形式的军事援助及各种间接援助形式的援助；③其中赠与形式必须在 25%以上。

(2) 技术援助，指技术先进的国家和多边机构向技术落后的国家在智力、技能、咨询、资料、工艺和培训等方面提供资助的各项活动。技术援助又分有偿的和无偿的援助。有偿技术援助指技术的提供方以优惠贷款的形式向技术的引进方提供各种技术服务。无偿技术援助指技术的提供方免费向受援国提供各种技术服务。

技术援助的形式通常有:①援助国派遣专家或技术人员到受援国进行技术服务。②培训受援国的人员。③承担考察、勘察可行性研究、设计等投资前活动。④提供技术资料和文献。⑤提供物资、设备。⑥帮受援国建立科研机构,学校、医院、职业培训中心。

(3) 项目援助指援助国政府或多边机构援助资金直接用于受援国某一具体建设目标的援助。每一个具体的援助目标都是一个具体的建设项目。

(4) 方案援助指援助国政府或多边机构根据一定的计划,而不是按照某个具体的工程项目向受援国提供的援助。一个援助方案含数个或更多项目,且往往要经历数年或数十年的建设周期,常用于进口拨款、预算补贴、国际支收津贴、偿还债务,区域发展和规划。

三、特点

1. 政治色彩日益浓重

80 年代前,援助国只注重受援国的政治倾向,援助只给予本政府集团内的国家或在政治上与受援国立场一致的国家经济援助。

80 年代后,西方国家以受援国按其意图进行改革为条件,在“民主、多党制、私有制”的先决条件下,进行援助。

2. 附加条件日益增多

许多援助国援助计划都是以扩大本国的商品和劳务出口为目的的,所以限制性采购占援款的比例不断提高。即采购援助国的商品和劳务。这就会产生受援国进口一些质量差、价格高的商品或劳务以及一些不适用或过时的技术。这就会加大受援国的债务负担。

3. 大部分援助国没达到联合国规定的援助标准

1970年《联合国第二个10年国际发展战略》规定,发达国家对发展中国家提供的官方发展援助净交付额应占其国民生产总值的0.7%,经济合作与发展组织成员国的平均援助水平,不仅没有达到这一标准,反而越来越远。

4. 援助格局发生了变化

(1) 一些发展较快的小国地位上升、大国地位下降

1980年至1993年,日本提供的援助额占发达国家援助总额的比重从12.18%上升到20.68%而美国则从26.2%下降到17.85%。

(2) 石油输出国组织成员国的援助额平均减少了61%,其中占沙特在1989年的援助额竟比其提供最多时少了约80%。

(3) 原苏联解体,由援助国变为受援国。

四、发达国家向发展中国家进行援助的积极与消极影响

1. 对援助国的积极影响

(1) 扩大本国影响,包括政治、经济、文化等,做到控制和牵制与其政治等方面有不同主张的国家,使其向援助国希望的方向发展。

(2) 有利于调节国际收支,使顺差减少,以减少通货膨胀的压力。

(3) 可以绕过关税壁垒占领市场。

2. 对援助国的消极影响

(1) 汇率波动、利率波动、东道国政局不稳会对输出的资本带来风险。

(2) 减少本国就业机会,减少财政税收。

3. 对受援国家的积极影响

(1) 资本输入可解决暂时的国际收支逆差;可满足贸易融资的需要。

(2) 可解决发展经济进展中资本不足的问题。

(3) 输入国外先进技术有利于生产力的提高。

(4) 增加就业机会和财政收入。

4. 对受援国的消极影响

(1) 加重了外债负担。

(2) 引起利率与汇率变动,甚至影响一国的货币政策。

(3) 资金利用率不高,造成浪费。

(4) 在国际关系与政治局面上受牵制。

5. 官方资本流动变化及原因

60 年代后,西欧和日本加入官方信贷和对外援助,其援助资金主要流入发展中国家。1970—1990 年双边贷款与赠与和多边贷款前者增加 6 倍,后者增加 11 倍。美国的官方援助自 1970 年的 32 亿美元占双边援助份额的 56%,到 1990 年为 114 亿美元,占 29%,所占比例愈来愈小。因此,80 年代以来,西欧、日本等国促进本国商品和劳务以及投资的向外发展,双边官方援助日渐增多。一般附带条件或指定用途。

6. 发展中国家债务危机

自 60 年代以来日益依靠外资,到 80 年代初终因债务负担过重无力偿还而陷入危机,主要集中在拉丁美洲如阿根廷、巴西、墨西哥等。分析其原因如下:

(1) 外部原因。70～80 年代,世经衰退使发展中国家的劳动密集产品及初级产品价格下降,外汇收入急剧减少。外债约 80% 以美元计算,80 年代初美元汇价上升加重了外债负担。70 年代末西方援助减少，发展中国家只好大量举借商业贷款，加重了外债负担。

80 年代初，欧洲美元市场因美国国际收入连年逆差，美元大量流入欧洲货币市场，加上石油美元回流。国际商业银行信贷资金充裕，且国内经济衰退需求不足无力加大援助；后又减缩贷款使还债困难。

(2) 内部原因。一些发展中国家不顾国力，盲目借债，进行长期大型项目建设，耗资巨大，回收慢。如 1980—1982 年墨西哥用 300 亿美元推行以石油工业为中心的工业计划，但 80 年代世界油价下降，无力清偿。一些拉美国家采取财政货币政策，形成大量财政赤字和通货膨胀。一些债务国的不适当汇率政策。大量资本外逃，国际储备枯竭。外债结构不合理。其中浮动利率的短期商业债贷比重很大，造成利率负担加重，还款期过度集中。外债管理不善，本用于生产性的创汇盈利项目，移作它用，给债权国资金周转造成问题。

第二节　国际发展援助机构

国际发展援助机构是指专门从事向发展中国家提供发展援助的各类国际组织和各国或地区政府的有关机构。它是国际发展援助活动的协调者、组织者和管理者，在国际发展援助活动中起着十分重要的协调作用。

一、联合国发展系统(United Nations Development System)

联合国发展系统又称联合国援助系统(United Nations Assistance System)，是联合国向发展中国家提供发展援助的机构体系。它的组织十分庞大，有三十多个组织和结构，其中包括经济及社会理事会、开发计划署、人口活动基金会、儿童基金会、技术合作促进发展部、贸易与发展会议、环境计划署、粮食计划署等。它的主要任务是对发展中国家提供无偿技术援助。

联合国发展系统的主要机构有：

(1) 联合国开发计划署。它是联合国发展系统从事多边经济技术合作的主要协调机构和最大的筹资机构，其援助资金主要来源于会员国的自愿捐款，发达国家是主要捐款国。

联合国开发计划署主要是根据会员国的捐款总额、受援国的人口总数和受援国人均国民生产总值所确定的指示性规划数进行援款分析。这种分配每 5 年进行一次。

开发计划署提供援助的方式主要是无偿的技术援助。范围包括发展战略、政策和计划的研究与开发、自然资源、农业、渔业、工业、通讯、运输、贸易和金融等方面的培训和现代技术的运用。接受援助的地区，以非洲为第一位，亚太居第二位。

(2) 联合国工业发展组织。它的宗旨和任务是通过直接援助和动员各国以及国际上的资金进行技术援助和开展国际工业合作，加速发展中国家的工业化进程。

(3) 联合国人口基金会。它是联合国在人口方面的主要筹资机构，目的是使联合国系统更好地满足在人口工作方面寻求援助的国家的需要。其宗旨和任务是提高各国人口活动能力和知识水平，促进国际社会了解人口问题对经济、社会和环境问题的影响，促使各国根据自身的情况寻求解决这些问题的有效途径，促进计划生育、人口统计资料的收集和整理、人口动态研究、人口培训及机构的设立、人口政策及规划的制定、评估、实施等方面问题给予协调和援助。

(4) 联合国儿童基础会。它是联合国国际儿童应急基金会的简称，它的宗旨和任务是：根据联合国 1959 年《儿童权利宣言》的要求，帮助各国政府实现保护儿童利益和改善儿童境遇的计划，使全世界的儿童不受歧视地得到应享的权益。

该基金的援助资金主要来自各成员国政府、国际组织和私人的自愿捐赠，有时也通过出售贺年卡等方式进行筹资活动。

儿童基金会在与发展中国家的合作中，主要采取三种形式：一是对规划和设计儿童服务项目方面提供技术援助；二是为上述服务项目提供用品和设备；三是为援助提供项目中培训从事儿童工作的有关人员提供资金。

二、世界银行

（一）概述

世界银行是世界银行集团的简称，它包括 5 个组织，即 1945 年设立的国际复兴开发银行，1956 年设立的国际金融公司，1960 年设立的国际开发协会，1965 年设立的解决投资争端国际中心和 1988 年设立的多边投资担保机构。其中国际复兴开发银行，国际金融公司和国际开发协会属于国际性的金融机构。

（二）世界银行和国际货币基金组织(IMF)

两者都是国际性的金融组织，但在宗旨、职能等方面都有着区别。下面将从几个方面加以比较说明：

1. 宗旨

世界银行的宗旨是通过中长期贷款和投资，解决会员国战后恢复和发展经济建设的资金需要。目前最重要的是向发展中国家提供开发性贷款，资助其兴办长期性的建设项目，以促进经济增长和资源开发。世界银行目前已发展为世界上最大的开发性和援助性国际金融机构。

而国际货币基金组织的宗旨是：

(1) 建立一个永久性的国际货币机构，促进国际货币协作；

(2) 促进国际贸易的扩大与平衡发展，借以提高和维持就业与实际所得在较高的水平上，并开发各会员国的生产资源；

(3) 促进汇率稳定，维持会员国之间的正常汇兑关系，避免竞争性的货币贬值；

(4) 协助会员国建立国际收支中经常业务的多边支付制度，并消除阻碍国际贸易发展的外汇管制；

(5) 在适当的环境下，基金对会员国提供资金，树立改善国际收支失调的信心，从而避免采用有损于本国和国际繁荣的措施；

(6) 缩短会员国国际收支平衡的时间，并减轻其程度。

2. 资金来源

世界银行的资金来源主要有：

(1) 成员国缴纳的股金。世界银行成立初期，法定股本为100亿美元。世界银行的法定资本的增加，来自临时的选择性增资和普遍增资。

(2) 在国际市场发行债券。世界银行不仅进行短期借款，而且通过发行债券等进行筹资，其中中长期借款占大部分。迄今为止，世界银行已向美国、德国、日本、瑞士、加拿大等国以及一些石油输出国发行了债券，且数额急剧增长。它向日本的借款数额已超过美国。

(3) 债权转让。世界银行为了扩大贷款的能力，还把贷出款项转让给私人投资者，主要是美国金融资本，以回收一部分资金，扩大银行贷款资金的周转能力。

(4) 业务收益及积累。当然，世界银行也有自己的业务活动，而且它在国际市场上有着极好的声誉，每年都有可观的利润。这一部分资金也是贷放资金的来源之一。

IMF 的资金来源主要有以下几个方面：

（1）会员国的基金份额。这由理事会根据各成员国的国民收入、外汇储备、平均进出口变化率及出口额占 GNP 的比例等多方面因素来确定的。这种份额确定每 5 年进行一次。

（2）向会员国借款。在国际货币基金组织与会员国的协议下，向会员国借入资金，作为对会员提供资金融资的来源。

（3）出售黄金，建立信托基金。1976 年出售四分之一的黄金，利用官价和市场价的差额获取的利润建立信托基金。

3. 贷款的发放的

世界银行的贷款，归纳起来具有以下特点：

（1）贷款期限较长，短则数年，最长可达 30 年，宽限期为 4 年左右。

（2）贷款利率参照资本市场利率，但一般低于市场利率，采用固定利率。

（3）对贷款收取的杂费很少，只对签约后未支用的贷款额收取 0.75%的承诺费。

（4）贷款须与特定的工程项目相联系，银行一般只提供项目所需的外汇资金，并采取国际招标。

（5）贷款以美元计，借款国借什么货币，还什么货币，要承担该货币与美元的汇率变动风险。

（6）贷款必须如期归还。

（7）贷款手续严格，取得贷款时间长，一般需 1.5 年至 2 年。

国际货币基金组织发放贷款的特点有：

（1）发放贷款对象限于会员国政府，它只与会员国的财政部、中央银行、外汇平准基金组织或其他类似的财政机构来往。

（2）贷款的用途限于弥补因经常项目收支而发生的国际收支

的暂时不平衡。

(3) 贷款的规模与会员国在国际货币基金组织缴纳的份额成正比。

(4) 贷款的形式以会员国的本国货币"购买"外汇(即弥补国际收支差额所需的外币)的形式出现。

三、区域性国际发展援助组织

区域性援助机构是区域性多边组织里从事国际发展援助活动的机构。

1. 经济合作与发展组织(OECD—Organization of Economic Cooperation and Development)

这是发达资本主义国家间的经济与合作的协调机构。它是个咨询机构,主要任务是协调各成员国的经济和社会政策。其下设机构发展援助委员会是目前国际上最有影响的国际发展援助咨询机构,其宗旨是鼓励和协调成员国为援助发展中国家作出贡献。它对国际发展援助事业做了大量有益的工作,据该组织报告称,1995年经合组织所属各工业化国家向发展中国家提供援助总额为590亿美元。

2. 欧盟(EU)/欧共体

这是欧洲资本主义国家组成的经济和政治集团。在国际发展援助方面,它注重与发展中国家的关系,并不断增加对发展中国家的经济援助。EU 的援助主要是通过欧洲开发基金和欧洲投资银行来进行官方资金转移。前者的宗旨和任务是:向非洲、加勒比和太平洋国家组织成员国提供无偿贷款和优惠贷款,以促进这些国家的经济、社会和科学文化进步。而后者是在不以赢利为目的的前提下,通过提供长期信贷或保证,促进欧盟各成员国各地区经济的平衡发展,也可对发展中国家以优惠条件发放专项贷款,且年息较低。

3. 石油输出国组织(OPEC)

OPEC 是发展中国家的一些石油生产国为协调石油政策,反对国际石油垄断资本的控制和掠夺而于 1960 年建立起来的石油生产与出口国组织。该组织主要通过 1976 年设立的石油输出国组织基金向发展中国家提供援助。其宗旨和任务是:向发展中国家提供财政援助和发展项目和计划贷款;提供信贷优惠和便利,帮助发展中国家实现国际收支平衡;向有关发展机构提供贷款。基金的资金来源是成员国捐款。

4. 亚洲开发银行

亚洲开发银行是一个类似世界银行,但只面向亚太地区的区域性政府间金融开放机构。它于 1966 年 11 月正式成立,总部设在菲律宾首都马尼拉。其宗旨是:向其成员国或地区成员提供贷款与技术援助,帮助协调在经济贸易和发展方面的政策,同联合国及其专门机构进行合作,以促进亚太地区的经济发展。亚洲开发银行的资金来源主要是:成员国认缴的股金;在国际市场上筹集的资金,即借款;各种机构对它的捐款;银行业务的资金收入。亚行的贷款使用范围以发展中国家的能源开发、基础设施建设和农业为主。

四、双边援助机构

长期以来,各个国家的主要双边援助机构在国际发展援助活动中发挥着越来越重要的作用。

1. 美国国际开发署

美国国际开发署是负责办理美国对外双边发展援助事宜的专门机构,它是一个半独立机构,署长直接对国务卿和总统负责。

美国国际开发署负责制定发展援助方案。它提供的发展援助一般采取赠款和贷款两种形式,但一半以上的援助采取限制性采购或半限制性采购，并常附有改善人权和民主状况、实行市场经济的条件。美国对外援助的主要地区是中东，其次是拉美和非洲。

美国作为当今世界经济实力最强大的国家，其对外发展援助和经济增长是极不相称的。近年美国对发展中国家的援助大幅度减少，从 90 年代初居西方国家之首，到 1995 年已经降到第四位，仅为居第一的日本的一半。

2. 日本海外经济协力基金。

日本海外经济协力基金的宗旨是：帮助东南亚地区和其他发展中国家和地区的产业开发和经济稳定。当这些地区开发产业和稳定经济所需要的资金难以从日本输入银行和普通金融机构借入时，基金便向他们提供必要的资金，以促进海外经济合作。日本政府提供的发展援助主要有赠款、贷款和技术援助等形式。赠款只向最不发达的发展中国家提供。

日本政府贷款的期限一般为 15～30 年，宽限期为 5～10 年，援助的方向主要是亚洲（占 2/3），特别是东南亚地区。

3. 其他国家的双边援助机构。

德国的发展援助机构分为官方机构、半官方机构和非官方机构三类。官方机构是联邦经济合作部，半官方援助机构主要有：(1)德意志开发银行；(2)复兴信贷银行；(3)德意志国际发展基金会；(4)德意志技术合作有限公司。非官方援助机构主要是教会、四大政党的四大基金会。它们各自在自己的援助领域内进行活动。

英国负责发展援助事务的机构是外交部和联邦事务部内的半自治单位——海外开发局。英联邦开发公司作为发展援助的执行机构，是一个法人组织，只对英联邦国家提供有偿援助。援助不仅有利于增加受援国的财富，而且有助于取得合理的投资收益。

各大国际性和地区性的援助机构，在国际发展事务中协力合作，为发展中国家的经济发展起着不可忽视的促进作用。而我们中国也与这些机构有着多多少少的联系。

▶本章小节

本章介绍了国际发展援助方面的内容。本章的先行材料首先介绍了国际发展援助的重要形式之一——联合国志愿人员项目；在让读者对这一项目有所了解和认识的同时，本章详细介绍了国际发展援助的含义、方式和特点，并对国际三大发展援助机构作了一般性的介绍。

▶思考练习

1. 国际发展援助的主导方式是 （ ）

A. 资本运行。 B. 资源流动。

C. 技术转移。 D. 生产要素转移。

2. 上个世纪 80 年代，发展中国家的债务危机主要集中在 （ ）

A. 亚洲。 B. 拉美。

C. 非洲。 D. 大洋洲。

3. (复选)联合国发展系统的主要机构有 （ ）

A. 联合国开发计划署。 B. 联合国工业发展组织。

C. 联合国人口基金会。 D. 联合国儿童基础会。

E. 世界银行。

4. (复选)下列用于解决发展中国家债务危机的方案有 （ ）

A. 贝克计划。 B. 布雷迪方案。

C. 密特朗方案。 D. 日本藏省方案。

E. 联合国发展援助方案。

5. 简述发达国家向发展中国家进行援助的积极与消极影响。

6. 试述国际三大发展援助机构。

7. 简述中国的对外发展援助进行的情况。

▶网址推荐

到国家中西部网 www.nationmidwest.com 去了解中国把国际援助将中西部引入的情况

到西部中国网 www.west86.com 了解上述内容

第十二章

中国利用外资研究

▶学习目的

1. 了解中国当前利用外资的概况
2. 了解中国引进外资所面临的挑战
3. 掌握引进外资对我国经济发展的作用
4. 掌握中国利用外资的主要形式和发展趋势
5. 了解中国利用外资的实证分析

▶先行材料

新时期利用外资的两个问题

1. 完善市场经济制度和投资环境仍是重点

20年来，我国在制度建设和改善投资环境方面做出了不懈的努力，但时至今日，“缺乏健全有效的法律法规制度和政策的稳定性”仍经常成为外国投资者对我国投资环境的一种评价，这说明我国利用外资的相关制度和政策环境还存在很多问题，与市场经济国家的差距依然很大。如何解决这些问题，将成为“十五”时期利用外资发展战略的重要课题。

在中国已正式成为WTO成员之后，“十五”时期正好是在多边协议框架下逐步兑现市场开放等各项承诺的过渡期，与贸易有关的投资制度调整也是其核心内容之一。从我国市场经济体制改革和经济发展战略的需要出发，“十五”时期的制度性准备具有三个方面的含义。一是按照WTO多边规则和我国的承诺，清除或修改与这些规则、承诺相抵触的贸易与投资制度和政策，如取消非关税贸易壁垒、调整对外国投资的内销比例、制定外汇平衡规定及对国内采购的优先原则等；二是建立和完善与国内市场开放以及贸易投资活动市场化进程相适应的宏观调控体系，如利率、汇率制度的市场化改革，外经贸行业协调体制、市场规范管理、金融服务体系、中介组织、信息与咨询机构、法律援助、贸易保险制度等；三是充分利用多边框架下能够享有的制度与政策自主安排空间，构筑有效的产业保护和经济安全体系。许多分析表明，我国目前的关税实际征收水平远远低于名义关税率，并未达到与法定关税水平相应的保护效果；外资企业享有一些优于本地企业的“超国民待遇”，客观上造成了相互之间的不平等竞争。因此，在我们承诺的政策和制度调整范围内，仍然有相当大的调整空间和余地。在实施关税减让、取消外资企业内销比例限制的过程中，通过清理现有的各种优惠政策，缩小实际关税率与名义关税率的差距，实现普遍的国民待遇体制等，能够在很大程度上提高经济稳定手段的有效性，维护公平合理的竞争环境。

上述三个方面的制度调整中前两项有利于改善投资环境、规范市场行为，对利用外资的长期发展具有积极的促进作用。但是第三方面的调整，会逐步减少直至取消目前外商投资享有的一些“超国民待遇”，使这些企业的收益受到一定影响。对此，应当有相应的过渡安排。第一，应当认真兑现关税减让和国内市场对外国货物与投资的公平开放承诺，通过降低进口与制度成本弥补收益压缩部分。第二，加快知识产权保护和市场规范制度的建立与完善，维护正常的市场秩序，逐步由制度和政策倾斜的引导方式转向市场化调节机制。第三，在需要继续保持一些特殊优惠的领域，实行内外统一的政策，在保留外资企业优惠条件的同时，对非外资企业给予同样的待遇，在今后的产业政策和地区政策中应当充分体现这一原则。

2. 通过方式创新提高利用外资的规模与质量

国际经验表明，制度创新是技术创新和跨越式发展的主要推动力量，方式创新是制度创新的一个重要内容。在利用外资领域同样如此。引资制度与方式的多样化已经成为发展中国家从国际资本市场分享更多份额的重要手段。我国传统的制度方式已经对进一步提高利用外资的规模与质量形成制约作用，有必要从创新入手，为外资流入提供更多的空间。

首先，创新应从扩大对外开放的领域开始。目前的紧迫课题是逐步减少服务贸易领域的准入限制，有步骤地开放金融、保险、电信、外贸、商业、旅游以及会计、法律服务等行业。因为通过吸引外资,实现服务业的跨越式发展,有利于强化市场竞争程度,提高服务质量和水平,完善投资环境,增强相关产业的国际竞争能力,促进经济结构和经济整体素质的提升。与制造业相同,在服务业对外开放的同时首先应当对内完全开放,取消对于非国有企业、特别是私营经济的诸多市场准入限制,通过国内的充分竞争提高相关企业的国际竞争力。

在我国吸收的外资中,股本和债券等方式的证券投资比重偏低,并未成为稳定的国际收支顺差来源。这一特点与目前国际资本流动的新趋势形成反差。为了适应世界范围的资本证券化潮流,我国有必要通过资本市场的逐步开放和金融体制的完善,利用金融创新手段,提高资本市场的国外资本吸纳能力。资本市场的开放是一个渐进过程,但是应当有比较明确和适度的目标模式与进程表。过渡期太长,不利于资本市场本身的发展和利用外资的需要。随着资本市场开放进程的加快,A股市场与B股市场的合并也将提上议事日程。两股的合并只能通过市场化的方式推进。在目前两股之间存在明显价差的情况下,这样的方针有利于推动B股市场的发展,吸引包括外资在内的资金入市,扩大资本市场吸收外资的规模。创业板市场是资本市场制度创新的典型例子,这种机制可以在吸收外资领域发挥作用。我国股票市场开放试点可以从允许外资进入即将形成的创业板市场开始。这样既可以促进资本市场的成熟与开放,也能够带动外资对高科技领域的投资。

观念更新是制度与方式创新的基础和内容之一,利用外资的很多方面都存在观念更新的必要性。以金融服务为例,长期以来,对于国内金融机构面向外资企业的信贷存在很多限制。这些限制既增加了外资企业的筹资成本,影响了许多外国厂商利用信贷资金在国内的投资和经营活动,同时使中资金融机构、特别是银行信贷业务的发展空间受到制约。这类问题既有体制方面的原因,也有传统观念的影响。

▶关键术语

利用外资　中外合资经营企业　中外合作经营企业
外商独资经营企业　中国合作开发

第一节　中国当前利用外商直接投资概况

一、我国利用外资的发展阶段

1. 起步阶段(1979—1986年)

十一届三中全会以后我国确立了积极采取多种方式利用外资的方针政策,逐步完善了立法,如颁布了第一个利用外资的法律《中外合资经营企业法》;改善了投资环境,比如在深圳、珠海、汕头、厦门四处试办经济特区,开放几十个沿海港口城市,建设沿海经济开发区,并在这些地方实行利用外资方面的优惠政策,此阶段成立较多的是合作企业。

2. 稳步发展阶段(1987—1991年)

1986年10月出台的《关于鼓励外商投资的规定》,对外资企业,特别是先进技术企业和产品出口企业出台了更多的优惠政策,并保障企业的独立经营自主权,使我国的投资环境得到初步改善,外商投资工作也逐渐打开局面,在此阶段成立较多的是合资企业。

3. 高速发展阶段(1992—1993年)

1992年邓小平南巡讲话发表后,全方位的对外开放在全国范围内开始推进。地方政府更是积极地投入吸引外商投资的工作,1993年我国吸引外商投资的实际总额跃居世界第二,仅次于美国。

4. 调整发展阶段(1994 年至今)

这一阶段,利用外资的重点由注重数量转向注重质量和结构优化,特别是支出结构、地域分布方面的优化,并开始对外商投资逐步实行国民待遇原则。此间,虽协议金额逐年有减,但实际利用外资金额却持续增加。

表 12.1 所示为截至 2000 年外商直接投资情况的统计。

表 12.1 截至 2000 年外商直接投资情况

金额单位:亿美元

年 度	协议金额	实际使用金额
1979—1986	191.8	65.9
1987—1991	331.9	167.5
1992	581.24	110.08
1993	1114.36	275.15
1994	826.80	337.67
1995	912.82	375.21
1996	732.76	417.26
1997	510.03	452.57
1998	521.32	455.82
1999	——	404.00
2000	——	407.00

二、我国利用外资的地域分布

外商对我国直接投资的地域分布特点是东部沿海地区明显大于中西部内陆地区。东部沿海地区集中了外商 80%以上的直接投资,而中西部占全国面积 86%、人口 58%的 19 个省区在 1979—1996 年间,其协议外资金额与实际利用外资额仅占同期全国总额的 6.8%和 14.9%。

我国吸引外资最多的三个地区是珠江三角洲、长江三角洲和环渤海地区，这三个地区除交通便利、开放较早外，都具备了得天独厚的地理优势。

珠江三角洲地区毗邻香港，货物进出口便利，从香港融资和取得信息服务方便。广东省还将外商投资扩大到服务业领域，如商业流通、金融、证券、保险、旅行社、会计、法律等方面。

长江三角洲前有浦东作龙头，有上海作为金融中心，后有长江流域作广阔的腹地，于经济发展极为有利。

环渤海地区自然资源丰富，煤炭、石油产量分别占全国二分之一和三分之一。距日本、韩国最近，是我国参与拟议中的东北亚区域合作的主要地区，在这里投资意味着直接参与未来的东北亚合作与竞争。

三、我国外商直接投资的产业分布

外商特别是跨国公司对我国的直接投资主要分布于电子、汽车、家电、通讯、机械、电气等行业。据统计，到 1997 年 9 月底，外商投资于工业及房地产的合同外资额达 58%和 26%，而亟待投资的农业、能源和交通运输业却仅占 1.5%、7.2%和 1.9%。从此角度看，这些外资投资项目的结构与我国政府鼓励外商在基础产业和基础工业方面投资的产业导向仍有较大的差距。

四、我国外商直接投资的主要形式

目前，中国利用外商直接投资的主要形式有：中外合资经营企业、中外合作经营企业、外商独资经营企业和中外合作开发(如表 12.2 所示)。

表 12.2　中国利用外商直接投资的主要形式

投资形式	概　念	特　点
中外合资经营企业	由外国公司、企业和其他经济组织或个人同中国的公司、企业或其他经济组织在境内共同投资举办的企业。	合资各方共同投资、共同经营，按各自的出资比例共担风险、共负盈亏。企业是中国的独立法人，组织形式是责任有限公司，董事会为最高权力机构。合资各方投资物都要折股计算投资比例，选择合资形式，有利于外商获得当地各种资源和市场信息并更好地与当地政府交流，得到当地政府的保护，降低政治风险。
中外合作经营企业	国外公司、企业或其他经济组织或个人同中国的公司、企业或其他经济组织在境内共同投资或提供合作条件举办的企业	合作的方式较为灵活，各方的权利和义务包括投资或提供合作条件、利润或产品的分配、风险和亏损的承担、经营管理的方式和合同终止时财产的归属等项，都是合作各方签订的合同中确定。且如中外合作者在合同中约定合作期满时企业的全部财产归中方所有，则外方合作者可在合作期间内先行回收投资。此方式适合追求短期回报的投资者。合作企业可是中国的独立法人，也可以不是。在管理方面，企业还可委托第三方管理。
外商独资经营企业	在中国境内设立的全部资金由外国投资者投资的企业	外资企业相当于外国跨国公司在东道国设立的拥有全部股权的子公司，它由外国投资者独立投资，独立经营，独立核算，自负盈亏。
中外合作开发	是中国企业与外国企业合作开发自然资源的主要形式	

五、我国外商直接投资的方式新变化

随着90年代对华投资规模的扩大,对中国市场的了解的加深,加上中国政府对引进外资的不懈努力,各跨国公司对华投资战略已作出调整和升级,开始倾向于采取独资方式,以便使其在华子公司更好地执行和贯彻母公司的战略安排,符合其全球战略的需要。

(1) 从投资环境的改善方面来看,独资可以充分发挥外国投资者资金运用,采用先进技术等方面的主动性,并尽快取得生产与销售上的垄断,抢占市场,实现利润最大化。故从“贸易”本性而言,投资者更趋向于独资。早期由于我国吸引外资的大环境还不够成熟,法规不够完善,有关硬件与基础设施方面的建设也相对较落后,加上外国投资者对中国经济的不了解,投资者多来自于港澳台中小企业,且较多投资于合资式合作企业。进入90年代后,中国经济的持续高速增长,中国现实与潜在的市场容量和投资环境的改善均引起世界注意,越来越多的大跨国企业进入中国,独资企业也随之增加。

(2) 合资企业中外双方存在的矛盾增加了创办合资企业的困难。中外双方出于自身的利益,再加上在企业战略、方针和管理等方面的不融合,市场取向、价值观念的不同,很难对一些行动或战略达得一致,增加了经营成本,导致了经营效率低下。

(3) 中国为改善投资国结构,增加鼓励类投资项目,鼓励出口型企业和高科技投入含量的企业来华投资,进一步放宽独资企业的投资领域,以吸引欧美日大跨国公司来华投资。

(4) 国际大跨国公司为抢占中国市场,以免在市场竞争中落后于同行业的竞争对手,也开始纷纷在中国进行投资,且他们大多更愿意采取独资形式。

西方跨国公司在投资方式出现的另一个新的趋势就是收购我国企业股份的案例增加，这说明跨国公司在投资方式选择上有了新动向，即在投资新建企业、独资、合资，另外在股权购并两种主要投资方式的选择上已经开始权衡比较，而不仅仅是以前的"三资"形式。

第二节　引进外资对我国经济发展的作用

利用外资是中国改革开放政策的重要组成部分。外资对中国经济增长、就业、技术进步、进出口、体制转换、产业重组等各个方面都有显著影响。

未来几十年，我国仍将是一个经济高增长的发展中国家，也是一个正在进行体制转轨的国家。经济的现代化、市场化和国际化，都需要继续积极利用外资。继续利用外资和不断提高利用外资水平，是保持中国经济持续、稳定发展需要认真研究的重大课题。

一、外商直接投资的规模和效应

中国利用外商直接投资开始于70年代末期的经济特区，经过80年代的初步发展，"八五"期间呈现出强劲的发展劲头。"八五"期间，外商直接投资协议金额3555亿美元，为1979年到1990年11年累计数的2.6倍，为"七五"累计数的14.4倍；外商实际投入金额1141.8亿美元，为"七五"累计数的8倍。1996年，外商直接投资协议金额有所下降，为732.1亿美元，实际利用额423.5亿美元，比上年仍有所增加。至1999年，中国已经连续6年成为吸收跨国投资最多的发展中国家，也是全球跨国投资的第二大东道国，仅次于美国。

与发展中国家吸收国外直接投资的一般情况相比，中国的外来直接投资呈现出以下特点：

(1) 累计投资额中以港、澳、台资金占较大比例。1992年以前，外来直接投资中港澳台资金约占75%左右，每个项目的平均投资额只有110万美元左右；1992年以后，大跨国公司投资增加很快，到1996年底，世界排名前500位的大跨国公司，在中国投资的已有200家以上。港、澳、台投资所占比重1996年降到65%左右。相应地，单个项目平均投资额上升到272万美元。

(2) 高度集中在沿海地区。1993年以前，在实际利用外资总额中，投向沿海地区的占90%以上。1993年，这一比重下降为87.4%，以后几年大致保持在这个水平，1996年，这一比例为88.3%。

(3) 国内销售比例较高。据工业普查资料，1995年，外商投资工业企业的销售收入中，内销占64.8%，外销占38.2%。

外商投资企业在中国经济中起着重要作用。以外商直接投资比例最大的工业为例，据第三次全国工业普查提供的可靠数据，1995年末，外商投资工业企业的规模为：企业数59311个，从业人员898.3万人；工业总产值12021.2亿元，工业增加值2586.4亿元，产品销售收入10116.3亿元，实现利润400.4亿元，上交税金398.2亿元，进口用汇450.5亿美元（不含作为投资的设备进口），出口创汇572.3亿美元。在外商投资企业中，合资企业占68.6%，合作企业占10.8%，独资企业占20.6%。在实投资本中，外方占57.7%，中方占42.3%；在外方实投资金中，港澳台投资占59.2%，外国投资占40.8%。

在全部工业中，外商投资工业企业的相对地位是：从业人员占8.8%，工业增加值占16.7%，产品销售收入占19.1%，实现利润占24.5%，上缴税金占9.9%。

外商投资企业对中国的对外贸易产生日益显著的影响。1996

年，外商投资企业进出口1371亿美元，占进出口总额的47%，其中出口615亿美元，占出口总额的40.7%，进口756亿美元，占进口总额的54.5%。如果扣除设备进口的248.6亿美元，外商投资企业实现贸易顺差107.7亿美元。据第关总署统计，1999年外商投资企业进出口总值已达1745亿美元，比上年增长10.7%，占全国进出总额的比重已超过国有企业，在我国对外贸易中列居首位。

外商直接投资对中国经济发展的积极作用还表现在促进体制转换方面。通过与外商合资，促进了企业经营机制的转换，培养了一批掌握大型跨国企业现代化经营管理知识的人才。跨国投资之所以被称为“一揽子创造性投资”，就是因为随着资金的转移，技术、管理、营销技术、市场网络等都会随之移向受资方。如果没有大量的外商直接投资，中国经济的市场化进程和国际化进程不会推进得如此迅速。

“八五”以来，中国对外商直接投资开放的领域不断扩大。1996年开始在浦东进行外资金融机构经营人民币业务的试点，在浦东和深圳进行中外合资外贸企业的试点，以这两个领域对外资的开放为标志，可以说，除少数与国家安全有关以及新闻媒介等国际社会认可的不开放领域外，中国利用外商直接投资已基本上“无禁区”。

二、外商间接投资分析

与外商直接投资在“八五”期间剧增相比，我国对外借款的增长相对比较平稳。“六五”期间平均每年借款约十几亿美元，“七五”期间平均每年借款约60多亿美元，“八五”总计比“七五”增长40%。

近20年来，中国对外筹款的渠道不断拓展，筹资方式趋于多样化。改革开放时期，政策部门和中国银行是对外筹款的主渠道，借款类型主要是外国政府贷款、国际金融组织贷款和政府补贴性的商业贷款，这种类型筹款占当时筹款总额的 90%以上，以后所占比重明显下降。至 1995 年底，外国政府贷款余额为 221 亿美元，国际金融组织贷款余额为 148 亿美元，两项合计占当年外债余额的 35%。

进入 80 年代以后，中国开始进入国际资本市场，筹资渠道和筹资方式多样化。除政府部门和中国银行外，国内其他金融机构也开始在国际市场上筹资。1982 年，以中国国际信托投资公司在日本发行 100 亿日元武士债券为标志，我国开始向国际资本市场发行债券。1995 年末，海外市场债券余额约为 170 亿美元，仅次于国外银行及其他金融机构贷款和外国政府贷款，占海外筹集资金的第 3 位。至 1995 年末，我国向国外企业和私人借款余额已达 71 亿多美元，在对外筹款方式中占第 6 位。占比重较大的筹资方式还有：利用出口国买方信贷，1995 年末余额达 117 亿美元；此外，在华外资银行发放贷款、国际金融租赁等对外筹款方式都有所发展。1995 年的我国债务人结构为：政府部门外债余额占外债余额总额的 29.2%，金融机构占 42.6%，外商投资企业占 15.5%，国内企业占 11.0%，租赁公司占 1.7%。

“八五”以来，中国向国外投资者开放国内股票市场和国内企业到海外上市有长足发展。1991 年，以上海电真空发行人民币特种股票(B 股)为标志，中国企业开始在境内向境外投资者发行股票。1993 年中国首批 9 家大型国有企业在香港发行股票(H 股)，并在香港联合交易所上市。到 1996 年，中国共有 26 家企业在香港联交所、纽约证券交易所上市，累计筹集资金 49 亿美元。

按照宏观经济政策及产业政策，对外借款主要用于生产性投资，重点是基础设施、基础工业、支柱产业和出口创汇产业。通过与国内资金配合，建设了一大批重要项目。改革开放以来累计计算，对外借款中投资于能源项目的占全部项目的29%,用于交通通讯项目的占17%,重要原材料项目占20%,机电轻纺项目占14%,农林水利项目占8%。"八五"时期,利用国外借款建设了2000多个项目,其中已建成的近200个项目中,有重要铁路干线、高速公路、港口、机场、火力发电站、水电站、核电站等重大基础设施项目,也有煤炭基地、油汽田、石化、钢铁等一批重大基础产业项目。与国内同期人民币贷款和外商直接投资相比,国外借款向基础产业、瓶颈产业的倾斜十分明显,对中国经济持续高速增长起到了重要的支持作用。通过利用国际金融组织贷款(主要是世界银行的贷款项目),中国还培养了一批掌握大型项目建设管理经验的人才。

借用外债也是调节国际收支的重要手段。买方信贷的使用,外国政府贷款项下的进口,都增加了国内市场的外汇供给,对贸易外汇收支平衡起到了调节作用。

三、外债规模及结构

由于中国对外借款持续增长,外债规模随之不断扩大,对外还本付息额也在逐年增加。1995年,中国外债余额超过1000亿美元,1996年达1162亿美元。成为发展中国家中仅次于墨西哥和巴西的第三大债务国,债务风险管理已经成为国内国际普遍关心的问题。

中国政府一直坚持对外债增加和外债结构进行严格控制。改革开放以来,主要外债监控指标始终低于国际公认警戒线。进入90年代以来,虽然每年借用外资额增加,还本付息开始进入高峰期,但负债率平均低于18%,债务率平均低于80%,偿债率平均低于10%。1995年,负债率、债务率和偿债率分别为19.4%、69.9%和7.3%,低于20%、100%和25%的国际通用警戒线水平。

"八五"期间,中国已开始采取措施控制外债规模的增长。这五年债务的增长速度比“七五”期间降低了10个百分点，但仍然高于同期国民生产总值的增长率。1996年，中国外债增速开始减缓，新增外债余额为96.9亿美元，比上年增长9%，是近四年来增幅最小的一年，改变了“八五”期间有四年外债增幅高于国民生产总值增幅的状况。

中国对外债的管理随着外债的增长日趋成熟。在80年代初期，中国借用外债中短期债务所占比例较高，到1985年，短期外债比例曾高达41%。此后政府采取措施控制短期债务的增长，1988年以来对短期外债实行余额管理，使债务期限结构趋于合理。1995年末外债余额中，短期债务占11.2%，大大低于25%这个国际通用的警戒线水平。此外，在债务监管、外债币种结构等方面的管理也都在不断改进。

第三节　我国引进外资所面临的挑战

一、我国引进外资面临的国际竞争与挑战

90年代以来，国际直接投资呈现出前所未有的发展势头，其增长速度远远快于世界贸易的增长速度。据联合国跨国公司中心统计，在1990—1996年间，国际直接投资流量平均每年增长17.1%，存量年均增长11.1%，大大高于同期世界国内生产总值和世界贸易的增长速度。国际投资已成为各国经济和世界经济发展的主要推动力量。无论发达国家还是发展中国家都纷纷采取了鼓励外资到本国投资的态度，并制定了相应的新措施。我国利用外资面临着更加激烈的竞争和挑战。

1. 国际引资活动竞争日趋加剧

为了争取更多的外来投资，各国政府纷纷制定放宽限制、鼓励

外资流入的政策。据联合国贸发会议《1997 年世界投资报告》显示，1991—1996 年间，在 599 起各国有关投资的政策变革中，属放松管理、走向自由化的占 95%以上。全球范围投资政策自由化的深入发展，使各国吸引外国投资的竞争更趋激烈。

2. 大部分外国直接投资流入发达国家

发达国家由于经济发展水平高，市场容量大，政局稳定，法制体系完善，基础设施完备，因而吸收了约 2/3 的世界直接投资。鉴于国际投资主要来源于发达国家，它们之间的经济模式、消费习惯和劳动力素质水平较为接近，更易形成相互投资。特别是随着欧洲联盟单一货币欧元的正式启用和欧洲统一大市场的形成，这种相互投资格局更趋于加强。

3. 一批发展中国家的竞争优势有所增强

发展中国家内部的情况也在发生变化。近年来，东欧国家由于经济普遍回升和政局相对稳定，吸引了越来越多的外资流入。拉美主要国家在度过 1994 年底开始的金融动荡后，经济逐步恢复，发展速度加快，1997 年经济增长极为引人注目，外资流入不断增加。连外国投资多年陷入停滞状态的非洲，也引起了国际资本的投资兴趣。国际货币基金组织的统计和预测显示，非洲经济增长率将由 1997 年的 3.4%进一步提高到 1998 年的 4.7%。东南亚国家在 1997 年年中以后，虽然遭受了金融危机的重创，却依然对外国直接投资保持了相当的吸引力。联合国贸发会议最近发表的调查报告表明，外国直接投资仍看好亚洲国家，1997 年流入受危机冲击最严重的东南亚五国的外国直接投资，仍保持了 164 亿美元的高水平，仅比 1996 年减少了 5 亿美元。

4. 亚洲金融危机将导致亚洲国家减少对我国的新投资

东南亚各国、韩国和台湾地区的货币自 1997 年下半年以来多次贬值，使工商企业以及金融机构的资产价值大幅度无形缩小，投资严重下降。同时，这些国家和地区的金融机构存在大量不良债务，不少机构倒闭或合并，市场银根紧缩，筹资成本上升，也必然会减少对外投资。在我国全部外国直接投资中，港、澳、台、东盟和韩国所占比重高达 80%以上，这部分投资来源的减少必然会抑制我国总体引资规模的扩大。厦门市 1997 年下半年以来的外商投资的变化，就反映了这种趋势。据报道，厦门市 1997 年 7～12 月，来自菲律宾、泰国、印尼、马来西亚四国的投资项目比上年同期减少了 57.14%，协议外资金额也相应下降了 86.24%。已签约项目、在谈项目、意向项目因受危机影响而要求取消、中断或暂缓执行的有 27 项，涉及投资金额 4.76 亿美元。1998 年 1、2 月份，来自香港的投资项目比去年同期下降 56%，日、韩、泰、印尼四国的投资均为空白。

5. 证券投资愈来愈成为近年国际资本流动的主要形式

90 年代中期以来，在世界经济持续增长、通货膨胀率普遍下降和利率水平相对偏低的大环境下，伴随通讯和信息技术的飞跃进步以及金融创新的发展，国际证券投资表现非常活跃，已成为世界各国引进外资的重要形式。1996 年仅 1～9 月，国际资本市场上的证券发行额就净增 50%，达到 3490 亿美元，相当于 1996 年全年的国际直接投资额。

我国吸引外资形式的构成和发展同国际资本流动形式的新发展并不合拍。我国近 20 年累计利用外资 3700 多亿美元，其中外商直接投资占绝大比重，对外证券融资仅 130 多亿美元，只占全部利用外资的 3.5%左右。这种引资结构限制了我国近期利用外资的规模发展。

二、我国今后引进外资的政策取向

(1) 已给予外商的“超国民待遇”优惠措施短期内不能取消。

过去一个时期内，国内理论界和实业界不少人士呼吁，应尽快取消对外国直接投资的税收优惠待遇，使其和我国国内企业享受同样的“国民待遇”，以便减轻对国内企业的竞争压力。从长远来看，这确实是我国对外引资政策的方向，多数发达国家已基本做到了这一点。但是目前总的来看，我国的投资环境与发达国家还有一定差距，对外资企业大规模减少税收优惠、实施“国民待遇”的条件还不成熟。“超国民待遇”可在一定程度上弥补投资环境的不足。

多年的引资实践证明，各项税收优惠对吸引外商来华投资起了积极作用。而1996年4月1日起实行的取消对外资企业设备进口免税的政策调整和随后两年外商投资协议政策调整，与随后两年外商投资协议额和项目数的减少有较大的因果效应。另一方面，从国际上看，对外国投资实行税收减免，也是发展中国家的普遍做法。发达国家的税率一般在50%左右，发展中国家和地区则一般在25%～40%之间，例如泰国为40%，菲律宾35%，香港仅16.5%。而我国对中外合资企业的所得征税33%，对外商独资企业的税率为20%～40%不等，这一水平与其他发展中国家的情况是基本一致的。另外，也有很多发展中国家对外资企业的资本货物进口给予免税。因此，我国只有当总体投资环境获得大大改善后，才能逐步取消对外资企业的优惠待遇。

(2) 大力推动欧美资本增加对华投资，改善外资来源地结构。多年来，我国主要依靠从港、澳、台、东盟、韩国等亚洲国家和地区引进外资，但这几个国家和地区在全球对外直接投资中占的比例很小，到1996年为止，仅为6%左右。显然，进一步增加这部分投资的潜力是有限的。与此同时，国际上对外投资主要来源地为美、英、日、德、法西方五大国，它们的对外直接投资总额占全球的62%，而来自这些国家的投资在我国吸收的外国直接投资中尚不足20%，西方发达国家对我国的潜在投资能力还远未充分开发和利用。面对日趋激烈的国际竞争与挑战，我们必须改善引进外资结构，即必须尽快把引资重点转向发达国家。为了达到这一目标，我们应有一些切实可行的具体办法。西方国家的企业尤其是大跨国公司对外资考虑的首要因素多是占领东道国市场。据对一些美国来华投资跨国公司的调查表明，它们之所以来华投资并不断扩大投资额，是因为它们在中国生产的产品如电梯、药品、饮料食品等几乎完全在中国市场销售，出口或返销比例极低。由此可见，我国若想吸引更多的大跨国公司来华投资，必要时，就得“投其所好”，在内外销比例方面放松限制，采取更加灵活务实的态度，为获得更多的技术而让出部分市场。当然，在这一过程中，需要政府有关部门进行统一宏观调控，以避免重复引进和行业过度竞争。

另外，在大力引进西方大跨国公司的同时，还应重视吸引更多的欧美中小企业进入我国。在欧美各国，大型企业仅占全部企业数量的很小一部分，中小企业则占绝大部分。它们经营灵活，技术也很先进。如果能引进一大批欧美中小企业，不仅对我国有资金支持作用，而且对我国中小企业特别是私营企业的发展会起到有益的示范作用，促进我国经济的多样性。

(3) 加快改善中西部地区的投资环境，提高引资竞争力。我国地域辽阔，南北东西中跨度很大。东部沿海地区与中西部内陆地区在自然条件、交通条件、基础设施和经济发展程度方面存在明显差异。改革开放以后，由于政府实行了由东至西的梯度开放政策，首先给交通运输方便、经济较发达的东部沿海地区施以大量吸引外资的优惠政策，使东部地区利用外资走在了前面，并使东部地区的基础设施得以大大改善，生产管理水平和消费水平大幅度提高。与此对照，原本交通运输条件不利、经济基础较薄弱的中西部地区由于优惠政策滞后，利用外资和经济发展也因此滞后，与东部地区的差距进一步拉大，相对投资环境更为不利。目前，包括 19 个省、市、自治区的中西部地区只占全国引进外资的11.4%。中西部地区幅员广大，自然资源丰富，劳动力成本低，对外资尤其是资源开发型和劳动密集型的外国投资有一定吸引力。

目前，政府应加大对中西部地区的政策倾斜和扶持力度，对到中西部地区投资的外商给予更加优惠的待遇和更少的限制。政府还应大量增加对这一地区的基础设施投资；优先安排世界银行等国际组织提供的优惠贷款；同时鼓励国内外资本以“项目融资”形式参与中西部地区基础设施建设；在条件具备的地区建立一些经济开发区，以尽快改善投资硬环境。近期比较可行的是鼓励、帮助已在东部地区设立项目的外商投资企业进一步向西发展，扩大投资，建立新的投资项目。他们对中国的经营环境和外资政策比较了解，已建立了产品内外销售渠道，在中西部地区投资成功的把握更大些。

(4) 鼓励外商收购或参股部分经营困难的国有企业。我国国有企业亏损面很大，政府已确定今后对企业“抓大放小”的管理方针，并且已开始陆续出售一些中小企业。这些企业经营陷于困境，往往是由于技术落后、产品结构不合理或经营管理不善等原因造成的。外资参股或收购这些企业后，通过注入新的资金，进行资产重组，盘活存量资产，调整产品结构，运用现代化管理方式对企业的产、供、销进行科学管理，可以使企业扭亏为盈。此外，还有一些企业的问题是由过去不合理的投融资体制所致。国家在创办企业时，未进行财政拨款，全部由银行贷款提供资金，投产后，尽管企业经营良好，但由于债务负担过重，企业难以维持正常经营和发展。如果政府无力或不愿增加对这些企业的投入，那么允许和鼓励外商加盟，将挽救这种濒于破产的企业，使它们转入良性循环，中外双方均可从中受益。因此，国家应鼓励外商参股或收购一些国有企业，将其作为我国今后几年引进外国直接投资的重要形式。

(5) 在坚持以直接投资为主的前提下，鼓励多种方式引资。近几年，外商直接投资在我国利用外资总量中占了近 80%，保持绝对优势。实践证明，外商直接投资在引进技术、促进产业结构升级和增加出口等方面起了积极作用，同时又避免了巨额外债的压力，是一种适合中国国情的较稳妥的引进外资方式。借鉴于目前证券投资仍是国际资本投资的主要方式，我国的引资结构（1995 年证券融资仅占我国实际使用外资金额的 1.63%）限制了引资总规模的增长，使证券投资难以在外国直接投资出现下降时成为我国外资来源的有效补充。因此，今后几年，我国应在试点已取得经验的基础上，加大证券融资的规模。

(6) 政府应将劳动密集型产业作为长期鼓励投资的行业。我国在劳动力资源方面有明显的比较优势。按照李嘉图的比较成本理论，我国应大力发展有比较优势的产品和行业，以便获得更多的比较利益。在现实中，我国为了解决大量人口就业的问题，也必须这样做。吸引外资政策应与产业政策保持一致，国家应积极鼓励外资向可大量增加就业岗位并且产品加工程度较高的劳动密集型产业投资。从作为我国传统出口产品的纺织品、服装、鞋类的情况看，过去以中低档产品出口为主，高档产品少，价格偏低，出口创汇能力低，还容易遭到西方国家的“反倾销”调查和施加惩罚性关税。因此这些行业仍有必要借助于外资的加盟，提高设计和生产水平，多生产符合国际市场需要的、附加值更高的产品。

我国在引资方面尽管面临着国际环境不断变化带来的种种挑战，但也具备一定的优势。中国经济持续稳定发展，投资环境在不断改善。中国经过近 20 年的引资实践，逐步积累了丰富经验。特别是人口众多的大市场对外资的吸引力是难以抗拒的。因此，只要我们继续坚持把利用外资作为一项基本国策，并及时根据国内外引资环境的变化，不断调整和完善引资政策，就一定能够逐步扩大引资规模，提高引资质量，把引进外资推向一个更高的水平，为中国的经济建设作出更大的贡献。

1. 正确看待劳动密集型投资的作用

外国直接投资的技术含量过低是外资部门分布中最大的问题。解决这个问题要求我们转变对外资的态度，从以产总量扩张为主时期的"来者不拒"，向以提高质量为主时期的"有所选择"转变。注意吸收资本、技术密集型的外国投资，特别要注意引导外资流向我国产业发展的支柱产业，比如机械、电子、石化、汽车等等。

同时，我们也应该更加理性地看待劳动密集型的投资在我国的作用，不应该一概排斥劳动密集型的投资。这一点在现在的舆论条件下，显得更加重要。这一判断有理论与现实的双重理由。国际经济交往和国际分工是依比较优势进行的，自然资源丰富和劳动力充裕是我国目前最大的也是最现实的比较优势。到目前为止，我们还不能说我们已经充分利用了这一比较优势，而比较优势是一个动态的概念，它是不可以储存的。在更高的层次上培育新的比较优势无疑是必须的，但其前提应该是充分利用现有的比较优势，否则我们会坐失许多发展的机会，甚至无从将资本、技术这些在我国目前尚属稀缺的要素培养成我们的比较优势。另一方面，我国目前的失业问题（包括显性的和隐性的）比较严重，为了达到将失业率控制在5%以内的目标，一味否定劳动密集型投资的积极作用是不恰当的。

在中西部地区引进外资的问题上，尤其应该注意这一点。现在，常有人提出要高起点地引进资本、技术密集型投资，高起点地改造现有经济结构。这一论点如果被演绎为简单地拒绝劳动密集的投资，是非常有害的，因为这无异于舍弃了这些地区最初始的发展动力。

当然，这不是说只停留在劳动密集型产业的开发上，不发展资本、技术密集型产业。恰恰相反，所有论述的意图是要说明，获得现有条件下的发展，是产业升级的必需条件。因此现阶段应以实用、适用技术为主，消化就业压力。

2. 正确认识产业的要素密集程度与要素优势之间的关系

发展资本、劳动密集型的产业，使之成为我国经济新的增长点，是我国产业升级的目标，也应该是指导外资投向的方向。这里有一个问题必须明确，吸引资本、技术密集型的外国投资，并不意味着这些投资一定可以提高国民经济的资金力量或者技术水平。前文已经谈到，目前我国国内的许多技术密集型的外资企业，对国内转移的关键技术很少，这样的投资，在国内的产业链比较短，技术转移的溢出效应受到很大限制。还有一些跨国公司与国内企业组成合资企业之后，将原有的企业的技术开发部门纳入跨国公司总部的管理，这样有可能影响我国自身的技术开发能力，加深对外来技术的依赖。这些投资虽然从产业分类的角度看是属于较高级的产业类别，但是我国从中的获益远没有达到最大化。

在我国注重高技术含量的外资流入的时候，我们更应注意这部分投资流入过程中技术转移的程度，逐步提高国民经济的技术水平和技术开发能力。

同样的道理，如果对劳动密集型的企业加以改造和提高，加强新产品的开发，提高产品的加工程度和附加值的劳动密集型投资也一样是有利于产业结构的升级的，对这样的外资我们也应该持欢迎态度。

3. 引导外资投向不能走行政命令的老路，不能一刀切

高效的市场运作是良好的投资环境之要素。在引导外资投向的工作中，不应该过多地运用非市场化的手段，我们过去惯用的行政命令手段，不利于外资的进一步发展，也将被证明是低效或无效的。

因此，引导外资流向的根本手段，是使国内的商业环境有利于我们希望外资流入的部门。比如，我国1994年颁布的《90年代国有产业纲要》提出，要利用外资发展我国的基础设施和基础产业，要引导外资参与农业的开发，而这些产业部门一般投资期较长，目前的利润率也偏低。我们可以运用税收、信贷等经济手段提高这些部门的投资回报，提高外商对这些领域的投资兴趣。

处理外资的部门结构问题，要具体问题具体分析，不能一刀切。比如对劳动密集型的外国投资，要具体分析其具体的行业属性和地区投向，属于国内已经发达或者已经饱和、过剩的，或者投资目标地区该类投资已经比较密集的，应该采取一定的限制措施，但是国内生产能力严重不足的，或者在投资目标地区该类投资密度较低的，应该允许或者鼓励。对于资本、技术密集型的投资，也要作进一步的分析，视技术的先进性、实用性和经济性，作不同的选择。

处理第三产业的外资问题也应该遵循这一原则。我国的第三产业比较薄弱，这就要求我们一方面要扩大外资的流入，以推动产业的发展，另一方面又要非常慎重，以避免外资对国内的产业部门和国民经济产生大的冲击。

▶本章小节

本章介绍了中国利用外资方面的情况。利用外资是中国经济得以起飞的一个重要原因，外资的全方位的进入对于中国经济的发展无疑起到了重要作用。本章详细介绍了中国利用外资的发展历程、主要形式和发展趋势，并对中国目前利用外资的情况作了实证分析。此外，本章还详细介绍了中国利用外资的过程中存在的各类问题。

可以说，中国利用外资无疑是比较成功的。但是，在这一过程中，仍然存在着很多问题，有些问题如果解决不当，会对整个经济的发展起到不良影响。

▶思考练习

1. 1992到1993年，是中国利用外资的（　　）
   A. 起步阶段。　B. 稳步发展阶段。
   C. 高速发展阶段。　D. 调整发展阶段。
2. （　　）愈来愈成为近年来国际资本流动的主要形式。
   A. 跨国公司内部转移。　B. 证券投资。
   C. 国际直接投资。　D. 股票投资。
3. （复选）外商直接投资的主要形式有（　　）
   A. 中外合资经营企业。　B. 中外合作经营企业。
   C. 外商独资经营企业。　D. 中外合作开发。
   E. 对外援助。
4. （复选）两缺口模型是由（　　）提出的。
   A. 罗森斯坦　B. 罗丹
   C. 钱纳里　D. 斯特劳特
   E. 瑟尔沃尔
5. 简述我国引进外资所面临的挑战。
6. 试述我国引进外资对经济发展的作用。
7. 简述我国利用外资过程中存在的问题并提出解决方案。

▶ 综述材料

官员细说中国汽车利用外资

“十五”期间，中国汽车工业的主要目标将是形成独立自主的开发能力，因此，要对现有的利用外资战略以及引进方式从四个方面进一步完善。

这是中国国家机械工业局规划发展司司长杨桦在北京国际汽车展期间向记者透露的。

中国从1981年开始直接利用外资建立中外合资汽车企业，到1998年底已与世界上20多个国家和地区的企业建立了600多家外商投资企业。外商投资企业在华总投资规模逾209亿美元。

杨桦称，五十年来，中国汽车工业通过引进外资，解决资金短缺的问题，缩短了与发达国家的差距，大幅度地提高了产品技术水平，改善了汽车工业产品结构，使产品结构日趋合理。但是，中国汽车工业如果总是停留在不断引进的水平就难以在世界汽车工业中占有一席之地。

杨桦强调，中国今后要大力提高利用外资的质量，并从以下几方面着手。首先，“十五”期间，中国汽车工业仍然要进一步扩大引进外资的规模，尤其是在汽车零部件领域要进一步扩大外资的进入。可以在目前条件下进一步放宽准入的条件，鼓励外商对汽车零部件的投资。

还要多渠道利用外资。以往中国汽车工业利用外资只将注意力集中在建立三资企业方面，随着改革开放的深化，中国经济进一步与国际接轨以及汽车工业的国际化趋向，除了建立必要的三资企业外，还要拓宽思路，积极运用发行股票、债券和各种形式的贷款，筹集资金发展中国汽车工业，并规范利用外资的渠道，将各种利用外资的形式纳入到利用外资的统一管理中来。

同时，也要通过一定的政策措施来促进合资企业进行开发，如合资企业的第二代产品应当是合作开发的产品等。如果没有鼓励政策，就会在自行开发新产品的企业和继续引进产品的企业之间导致不平衡，大大减少企业自主开发的积极性。

最后，引进与开发并行发展。合资企业应把消化吸收的引进技术用于新产品开发，形成具有自己知识产权的品牌。今后，中国汽车生产企业应坚持这一战略。国家对企业的这种做法要予以支持。中国汽车生产企业在进行合资的同时，要注意开发和形成自己独立知识产权的产品商标品牌。

杨桦认为，外商直接投资于中国汽车工业，虽然促进了中国汽车工业的发展，但由于外商在进行投资时是以自己的利益为出发点，要从自己的战略进行考虑，尤其是世界跨国公司来中国合资建厂，是看上中国具有广阔的汽车市场和丰富廉价劳动力这两大优势，然后凭着其在资本、技术、产品方面的绝对优势，利用中国高关税和进口数量限制的保护，占据中国市场以获得高额利润。这样，他们必然要把中国汽车工业作为其在全球战略部署中的一部分来对待，因此不可避免地会对中国汽车工业造成若干负面影响。

中国汽车引进外资的问题主要表现在项目投资、引进重复，禁而不止，给汽车零部件的标准化、系列化、通用化和整车、零部件国产化、大批量生产及自主研究开发设计新产品带来难度。其次，热衷于散件装车，不注重引进技术的消化吸收及零部件生产的本地化。通过知识产权控制合资企业，使中国汽车工业难以形成独立自主的产品开发能力，进而对零部件企业在整车产品更新时延续配套关系形成威胁。再者，投资领域偏重于整车，对汽车零部件领域投资相对较少。还有，投资规模偏小，企业形成合理经济规模的时间延长。

▶网址推荐

到中华人民共和国对外经济贸易合作部 www.moftec.gov.cn 去了解中国利用外资的简明情况

到中国国际投资促进网 www.chinafdi.gov.cn 去了解中国利用外资过程中的法律问题的探讨

第十三章

中国对外投资研究

▶学习目的

1. 了解研究发展中国家跨国经营的理论
2. 了解我国境外企业的发展概况
3. 了解如何增强中国跨国公司优势的政策和策略

▶先行材料

避免国内恶性竞争　中国鼓励企业走出去

在 2000 年 12 月 27 日的全国外经贸工作会议上获悉，中国外经贸部门正鼓励更多有条件、有实力的企业到海外投资。

外经贸部部长石广生在会议上要求各级外经贸主管部门继续鼓励有条件、有实力的企业对外投资，开展境外加工贸易，合作开发资源，生产当地有市场、有需求的产品。他说，要尽快出台中国境外投资管理条例，完善发展境外加工贸易和开发资源的财税、信贷、外汇、保险等政策，简化审批程序，提高审批效率。

他说，为保护中国在海外投资企业的合法权益，中国将同有关国家商签双边投资保护协定、避免双重征税协定，进一步研究和利用多边投资担保机构公约的有关条款，保护中国对外投资企业的利益。

2000 年初，中国政府正式提出了“走出去”战略。石广生强调，企业是实施“走出去”战略的主体，有条件的企业要敢于大胆地走出去，在国际竞争中发展和壮大；同时，要积极探索走出去的管理模式和协调机制，避免在同一市场一哄而上，恶性竞争。

据不完全统计，2000 年 1～11 月，经国家批准和备案的境外企业共 313 家，中方协议投资总额 6.6 亿美元，其中境外加工贸易项目 108 个，中方投资额 2.2 亿美元。目前中国在境外企业已超过 6000 家，投资总额超过 100 亿美元。

▶关键术语

我国境外企业　跨国公司

第一节　我国境外企业发展状况

一、我国境外企业发展状况

党的十一届三中全会后，在邓小平理论的指导下，我国的境外投资事业逐步兴起，并在不太长的时间内得以迅速发展，现已初具规模，成为我国对外经济贸易的一个重要组成部分。据统计，自1979年至1997年底，经外经贸部批准或备案的境外企业（金融除外）达5356家，协议中方投资额为60.67亿美元。我国的境外企业从改革开放初期的以境外贸易公司为主，已逐步发展到涉及境外资源开发（矿业开采、石油天然气开采、林业开发、远洋捕鱼）、机电产品散件组装、加工制造、交通运输、工程承包、医疗卫生、旅馆旅游及餐饮业等广泛领域，遍布世界140多个国家和地区。

1. 我国境外企业的作用

境外企业对于我国扩大对外经济技术交流与合作，促进国内经济发展起到了积极的作用。我国境外企业的作用主要表现在：

（1）直接利用国外资源，促进我国经济可持续发展。

（2）扩大我国出口商品市场占有率。

（3）有利于学习国外的先进技术及管理经验，培养人才。

（4）有力地配合了外交工作，巩固和扩大了我国的经济援助成果。

2. 我国近年境外投资呈现新特点

近年来，外经贸部按照党中央、国务院的统一部署，认真学习贯彻中央关于新形势下与非洲发展互利互惠合作关系的重要指示精神，进一步提高开展与非洲互利合作重要性的认识，着眼于21世纪，从战略高度看待与非洲的关系和同非洲的合作，重视非洲的市场和资源，增强紧迫感，抓紧工作，积极开拓，重点做好发展与非洲经济贸易技术合作的总体规划，分步骤、有计划地组织实施。

首先，积极落实国务院领导同志关于在非洲建立中国投资工业贸易中心的战略部署。目前，我国在非洲设立的“中心”已达10家，它们将充分发挥其综合服务功能和辐射功能，带动一大批国内企业进一步加强与非洲国家企业的经贸合作，加深我国与非洲国家间的经贸关系，巩固我国与非洲国家的政治关系和外交关系，有效地遏制台湾的“金钱外交”和“弹性外交”。

其次，选择政局比较稳定、投资环境较好的国家作为突破口，结合我国企业实际情况，根据不同国家市场特点，有规划、有步骤、有重点地引导国内大中型企业开拓国际市场，积极推动亚洲、非洲和拉丁美洲国家的境外投资工作，通过企业合资合作、综合开发，带动我国商品对上述地区的出口，拓宽我国工程承包和劳务合作业务的领域。到1997年底，我国在亚洲、非洲、拉丁美洲非贸易领域的投资近10亿美元，设立境外企业近1000家。在石油开发、矿山开采、森林采伐及汽车装配和机电产品加工等行业，一批投资规模大，在当地有影响的项目陆续建成。在南非，一个以机电产品和日用消费品生产为主的中国境外企业群体也已初具规模。

经过近几年的不断发展，我国的境外投资已呈现出如下新的特点：

(1) 在近20年境外投资实践的基础上，我国境外投资稳中求进，投资规模逐步增大。1997年，我国单个境外投资项目平均投资额达150万美元，比1993年的82.45万美元增加近一倍。

(2) 结合我国国民经济发展和经济体制改革及经济结构、产业结构的调整，境外投资结构逐步趋向合理。投资重点领域集中在我国紧缺资源的开发利用和能够发挥我国比较优势、有利于提高我国商品国际市场占有率、扩大出口的机电产品加工装配项目上。

(3) 境外投资地区呈现多元化之势，特别是投向非洲、拉丁美洲、亚洲地区的项目增加较多。仅1997年，我国企业在上述地区设立的境外企业就达123家，占全年总数量的40%；中方投资额为1.6亿美元，占全部投资额的50%。

(4) 境外投资趋于合理，盲目现象减少。以市场为导向、以效益为中心已成为企业开展境外投资的基本原则。

(5) 境外投资主体进一步优化，一批行业排头兵和优秀企业到境外投资开办企业，取得了较好成效。

(6) 政府管理部门宏观调控作用加强。境外投资纳入有计划、有步骤健康发展的轨道。

(7) 对境外企业管理得到强化。依照法律实行属地化已经成为境个企业改革的重要内容。

二、我国境外企业目前存在的问题

与世界上一些发达国家及部分新兴工业国家相比，由于我国企业开展跨国经营的时间不长，目前境外企业还存在一些问题，主要是：

(1) 总体来看，我国境外企业规模较小，同类企业重复设置，特别是境外贸易公司过度集中在发达国家和地区。

(2) 部分国内企业境外投资的目的不够明确，管理不够规范，特别是与国际惯例接轨的财务管理制度和监督制约机制尚不健全。

(3) 个别企业违反国家规定，未经批准擅自投资设立境外企业，使企业失去监督，经济效益较差，导致资产流失。

造成这些问题的原因主要在于：

一方面，我国社会主义市场经济体制尚未完全建立，经济体制和企业经营方式正处在两个根本性转变过程当中。长期处在计划经济体制下的国内企业缺乏市场竞争机制、自我约束机制和投资风险意识。企业内部经营管理制度的不健全和对外部环境的不适应，使企业偏重于项目、热衷于搞投资，不重视市场风险，忽视经济效益。我国境外企业目前存在的问题，是国内企业机制问题在境外的集中表现。

另一方面，部分地方、部门和企业片面地理解跨国经营和境外投资。这些企业笼统地认为把国内过剩、闲置的设备简单地搬到国外就是境外投资；不顾自然条件、不注意市场需求，认为出了国门就是跨国经营。这种片面认识，造成了大量的盲目投资和重复建设，这也是目前我国境外企业普遍“小、散、乱”的原因之一。境外投资办厂不是一搬就灵，产品有无市场、项目有无效益才是关键。产品无市场，长线产品搬出去也没用；项目无效益，不但经济上受损失，政治上也不可能产生良好影响。

虽然我国境外企业目前还存在这样那样的问题，但是随着世界经济一体化进程的加快和我国对外开放水平的提高，根据实际需要和可能，开展国际化经营，对境外直接投资，设立境外企业将成为我国企业对外经济贸易合作的重要方式。发挥我国的比较优势，积极推动有实力的大中型企业有规划、有步骤地对外投资，设立境外企业，提高境外投资的质量和效益，有利于更好地利用国外资源，弥补国内资源短缺；有利于占领和扩大我国出口商品市场；有利于促进对外承包工程和劳务合作的发展，巩固我国的对外援助成果，同时也必将促进我国国内经济结构的优化、企业结构和产品结构的调整，进一步增强我国的综合经济实力和我国企业的国际竞争。

第二节　增强跨国公司经营优势的政策和策略

一、增强规模优势的策略和政策

规模优势分析的结果表明，现代国际经营环境已为中小跨国公司的发展提供了有利的条件。从总体而言，中国企业的平均规模不大，即使有不少在国内属于大企业，但在国际上也属于中小企业的范畴。这些企业，在现代国际经济条件下具有了对外直接投资和跨国经营的必要性和可能性。因此，鼓励中国跨国公司向更高阶段发展的时机已经比较成熟。

考虑到国际跨国公司的发展格局以及中国跨国公司经营优势的特征，中国跨国公司近期的发展战略取向应是：以大型公司大规模化发展为主导，鼓励和带动中小企业的跨国经营，形成大中小有机结合，互动互补的跨国经营体系。应该看到，国际中小跨国公司的发展，是在国际大型跨国公司发展到一个很高程度的背景下发生的。目前，大型跨国公司已成为国际经济中的绝对主体，对世界经济有着举足轻重的影响。并且，这些大型公司在经过了一段时期的调整之后，又有了增速发展的趋向。1993—1995 年，世界 100 家最大跨国公司海外资产增幅达 28%，而同期的发展中国家最大 50 家跨国公司海外资产增幅更是高达 280%。与此同时，跨国兼并的发展又达新高潮，大型跨国公司有巨型化的倾向。在规模继续增大的同时，这些大公司注重调整经营结构和管理模式，实现大与小、内部化与外部化、集权与分权、全球化与当地化的有机结合，进一步增强全球竞争能力。

中国跨国公司相比较而言规模差距很大，公司规模小且产业集中度低，产业规模也很小。1994 年美国通用汽车公司销售额达 1549.5l 亿美元，福特汽车公司销售额达 1284.39 亿美元。这两家公司的销售额就达到整个中国工业销售额的 45%。由于产业结构和生产技术水平的差距，中国企业在短期内不可能成为世界工业中的巨头，但作为企业的发展方向，重要的选择就是接近巨型跨国公司的规模和技术水平。

在明确了上述战略方向的基础上，应进一步区别考虑不同的产业状况，针对不同产业而实施不同的规模化战略和政策。不同产业中规模经济的性质和程度是不同的，且国际间同一产业的规模经济具有统一性。席勒的研究已经证明：如果一国的某些工业部门集中度较高和企业生产规模大，在其他国家内该工业的集中度也相对较高，这是由于生产的技术规模而决定的。应该说，具有规模经济的国际型产业为不同国家的企业利用规模经济都提供了机会。中国产业结构具有明显的二元特征。一方面，一些产业的规模经济效应明显，规模经济程度较高；而另一方面，一些产业却并不具有规模经济效应。因此，相应的产业政策与对外直接投资政策应包括：

(1) 对于国际上已证明具有高程度的规模经济，并且国内已具有初步的规模经济基础的产业，应引导其主导企业通过资产重组，使资源配置集中，壮大其规模实力。同时应鼓励其以获取规模经济利益为动因，加大对外直接投资的力度。主导企业也应该把利用直接投资扩大经济规模作为其重要的发展战略。同时，带动和鼓励与主导企业有专业化分工联系的中小企业(而不是有竞争关系的中小企业)扩大对外直接投资，把联合利用规模经济的范围扩大出国界。

(2) 对于国际上有规模经济，而国内规模经济不明显的产业，重点在于改善产业的技术基础，提高产业经济规模程度。同时，应鼓励企业进行以获取技术资源为目的的对外直接投资。

(3) 在国内外规模经济均不明显的产业中，企业规模对经营优势也并不重要。此时，应大力鼓励中小企业的对外直接投资，以小规模制造技术的灵活性和适应性占领、扩大国际市场。

(4) 对于内部规模经济要求较高且内部经济已较为突出的产业，应重点引导其主导企业通过直接投资来巩固和加强规模经济优势，特别是通过国际多样化发展，提高其生产和非生产性规模经济优势，逐步提高跨国经营一体化程度。

(5) 对于外部规模经济明显的产业，则应着力改善产业发展的外部环境，引导企业形成合理分工与协作的格局，并以此为基础，鼓励具有专业生产优势的企业通过跨国经营，积极参与国际分工。在此过程中,可以充分利用各种外部化的合作安排,以敏捷制造、虚拟企业等形式,扩大企业和产业规模。

从规模变迁角度的分析表明,中国跨国公司及其海外投资规模呈缓慢增长态势。随着中国工业生产能力的不断扩大,产业结构的优化,这将是一种长期基本趋势。政府部门对此趋势不应加以限制,而应该加以鼓励,以推动公司规模的扩大和真正的大型跨国公司的形成。在此过程中,财政政策、外资政策、税收政策等政策的支持是必不可少的。

二、增强组织管理优势的策略和政策

对国际跨国公司组织结构变迁与调整的分析表明,公司组织结构与公司战略和经营环境之间有明显的权变关系。处于不同跨国化发展水平和阶段的企业,其组织结构应该是不同的,并随着企业战略和经营环境的改变而改变。现代跨国公司组织结构的最高阶段已演进到大与小、集权与分权、全球化与当地化有机结合的一体化的多样性结构,其边界模糊,富有弹性,因而不仅规模庞大而且具有灵活性和适应性。中国跨国公司由于发展时间短,其组织结构的组织水平和效率与国际成熟跨国公司相比有很大差距,存在很多问题,需要在很多方面进行改进。这不仅包括组织结构的调整与优化,而且包括法律结构的改革与规范。从近期来看,应从以下几方面入手,增强中国跨国公司的组织优势。

(1) 大力推行公司化改造,建立现代企业制度,明晰产权关系,规范中国跨国公司的法律结构。从特征分析中可以看出,中国跨国公司组织管理的很多问题的根源在于产权不清,通过公司化改造,建立现代企业制度可以解决这一问题。实际上,大多数国际跨国公司是以公司制而存在的,其中主要是两种形式,即有限责任公司和股份有限公司,而股份有限公司又最为常见。这种状况可能是由两个原因造成的。一是西方国家企业制度的历史演变造成公司制本来就比较普遍；二是由于公司制本身特点适应于跨国经营活动。在公司制度下，生产者与所有者、所有者与经营者相分离，产权清晰，容易建立起科学的公司治理结构；产权具有可流动性，产权主体多元化；母子公司之间以股权关系为纽带，并逐步形成灵活的所有权与控制权格局，母公司对子公司的控制也变得灵活多样，以适应社会化大生产的需要，便于开展跨国化经营。因此，公司制度应是未来中国跨国公司的主要法律结构形式。

公司制的另一优势还在于公司治理。这是由所有者、董事会和公司高层经理人员组成的有一定制衡关系的组织体系。通过公司治理体系，可以理顺中国跨国公司内部、母公司与海外分支机构的管理关系，解决中国海外企业独立性强所形成的境内管不了、海外管不着的问题。

(2) 目前，大部分中国跨国公司组织是母子结构形式，虽然这在跨国经营的初期是合理的，但由于中国海外企业独立性强，加之产权与管理问题，很容易形成母公司对海外企业失去控制的局面。实际上，母子结构只是一种过渡性的组织结构。因此，随着海外业务量的增加，中国跨国公司应及时调整结构，建立国际部门，以加强对海外企业的协调和管理。

(3) 以国际部为基本结构的中国跨国公司，由于历史原因，其国际部很大一部分业务是国际贸易。很多国际业务部门的工作重点也是国际贸易，这限制了国际业务部门真正职能的发挥。因此，公司应转变观念，充分发挥国际业务部门统一管理海外业务的优势。加强对海外分、子公司的协调管理，引导其加强分工与合作，合理配置分、子公司的资源。充分发挥国际业务部沟通信息的职能，为公司寻找海外投资与贸易的机会；沟通海内外业务的联系；为海外分、子公司提供资金融通、技术和产品转让支持等等。发挥国际业务部培养和培训跨国经营人才的职能。

(4) 对于已建立全球组织的中国跨国公司，应根据自身业务特点、产品性质以及战略要求等，在充分分析和判断公司所处的经营环境的基础上，选择公司基本的组织结构形式。20 世纪 90 年代国际跨国公司组织结构的战略调整已为中国跨国公司组织调整指明了方向，这就是要增强企业的灵活性和适应性。为此，应正确处理好集权与分权、大与小、全球化与当地化等关系，形成有弹性、有活力的组织。

(5) 政府应为中国跨国公司组织结构的合理化，创造宽松的外部环境。除了引导企业进行制度创新外，应赋予中国跨国公司更多的组织管理自主权。主要包括：①人事的自主权，如经理及高层管理人员的委派任免权；招聘包括海外当地人员的各种人才的权力；自主确定海外工作人员的薪金、工作年限等。②海外投资决策权。海外企业的经营环境远比国内经营环境复杂，因此需要海外企业能根据东道国环境变化调整经营战略和结构，及时作出投资决策。除大规模的海外投资项目需经主管部门审批外，一般中小型项目可由跨国公司，甚至是海外企业自行决定。这样，跨国公司可根据战略安排，灵活调整经营及组织结构。③彻底实现政企分开，将海外企业的经营管理权全部交给跨国公司，以便跨国公司根据公司治理的要求规范地管理海外企业。

三、关于进入国际市场方式的策略和政策

国际经济中，基本的国际市场进入方式之间的关系，最终表现为国际贸易、国际投资与国际技术贸易三者之间的关系。这种关系已经出现了由贸易主导型向 FDI 或技术贸易主导型格局的演进，有的产业或区位甚至演进到战略选择主导型模式。相应地，贸易或直接投资的关系更多表现为互补，而不是替代。中国经济明显处于

贸易主导型阶段，出口也是跨国公司最重要的进入国际市场的方式。但随着经济及其国际化发展，中国贸易、投资和技术转让的关系也将面临变迁问题，这不仅仅是跨国公司自身的微观策略问题，同时也是经济发展的战略问题。

（1）由于经济发展水平的限制，中国目前并不具备在各行业都进行大规模对外直接投资的条件，但某些行业已处于由出口向部分直接投资转移的阶段。因此，政府应从战略高度认识这一问题，在进行大量实证研究的基础上，确定鼓励优先发展对外直接投资的产业选择。选择的标准，一是要看该产业的出口规模及其增长趋势。二是要考虑产业内贸易的潜力，因为产业内贸易越大的产业，通过对外直接投资拉动本国产业结构优化的经济效应将越大。因此，应优先考虑那些产品供求链长，产业内贸易量潜力大的产业。三是考虑产业的比较优势状况，这里是比较优势而不是绝对优势，并由此决定企业投资区位的战略选择。

（2）既然战略目的是发挥直接投资对贸易的互补优势，以及带动国内经济结构的优化，那么在对外直接投资的效益评估上，不应以经济上的充分合理性为惟一标准，而同时还应考虑实现进入、扩大市场份额、抢占市场制高点等非直接经济收益的标准。因此，海外项目的审批，应在全面考虑其成本收益的基础上判断是否可行。跨国公司也应把海外投资置于战略高度考虑，即使一些直接投资项目失败之后，也不应匆忙撤退，只要其还有战略意义，尽快度过过渡期就可以继续维持营运。

（3）由于时间上的优势，并购方式有利于加快由贸易向对外直接投资转移的进程。因此，中国跨国公司应更多地运用并购方式，增加并购方式在投资方式中的比重。特别是在东南亚金融危机过后，在对大爆发危机地区的直接投资中更应该如此。东南亚金融危机导致东南亚等地区和国家的股市大跌，资产大幅度贬值。许多企业的资产比危机爆发前降低60%～80%，远远低于其应有的市场价值。这正是兼并收购的良好时机。目前，中国跨国公司运用并购方式的比例低，且所收购与兼并的企业又多集中在香港地区。为了改变这种状况，应做好如下几方面工作：①政府要给予政策上的支持，例如，允许有条件的企业利用多种方式在海外金融市场上融资；在进行项目可行性研究的基础上，对海外并购项目实行资金上的倾斜，如给予优惠贷款，或给予项目在海外融资或贷款提供经济担保等；把培养有关方面的专业人才纳入正规的教育计划，尽快培养出合格的专门人才；提供信息咨询服务等。②对跨国公司而言，应做好如下工作：第一，充分认识并购方式的优越性，高度重视市场上并购的机会。有可能的话成立专门的机构或设置相应的职能。第二，加强调查研究，尽可能详尽地收集到目标企业及其所在国的各种资料和信息。同时应注意实现并购目标的地区多元化。第三，由专门机构在充分可行性论证的基础上，制定出具体的收购方案，确定并购方式和工作程序等，做好充分准备工作，提高利用并购方式的成功率。

四、增强内部化优势的策略和政策

对国际跨国公司内部化优势变迁的分析表明，主导跨国公司有向内部化与外部化有机结合、对立统一发展的趋势。这些跨国公司在内部化高度发展的基础上，灵活运用新的投资方式以及战略联盟等，形成灵活而又协调一致的经营机制。但是，应该注意，在不同环境中的跨国公司其侧重点也不一样。如在内部化环境中，跨国公司侧重于建立纯内部化优势，通过建立众多的分、子公司，提高内部一体化程度而实现其全球战略。在外部化环境中，跨国公司则侧重于形成外部化合作网络，实现灵活经营。目前，中国跨国公司既无明显的内部化优势，也更无外部化优势。其分、子公司数少，且分、子公司中合资经营多、控制程度低,并且也很少运用战略联盟及其他新的投资方式。因此,中国跨国公司需要从内部化和外部化两个方面增强优势。

(1) 在扩大企业规模及海外投资规模的战略方针指导下,中国跨国公司应认真考虑其未来的全球战略,根据公司的行业性质、业务(产品)范围、价值链的特性等因素,确定其内部化或外部化战略。其主要包括海外分、子公司的数量、规模及其生产的国际布局,分、子公司及与母公司之间生产经营联系、分工协调和一体化的程度和方式,内部转移价格可利用的程度和方式,以及新的投资方式的运用等等。

(2) 对在内部化环境中的跨国公司,如内部一体化程度要求较高,像汽车、石油、化工、半导体等行业中的跨国公司,应着重增强内部化优势。除了继续扩大海外投资规模外,还应对已有的海外分支机构进行整合,提高其一体化程度。为此,要注意提高对海外子公司的控制程度。在对外投资项目的股权安排方式上,要提高独资公司和多数股权合资公司的比重。即使受到客观条件的限制,在一时不能或不易控股的合资公司中,也可采取其他的控制方式提高控制程度,或者在以后的增资扩股中实现控股。当然,控股的目的是为了充分发挥内部转移价格或其他内部转移手段的作用,获得跨国公司共同管理的利益。

(3) 对于外部化环境中的跨国公司,应着重增强其外部化优势。如在电子、服装、鞋类、化妆品行业中,市场变动迅速,其跨国公司必须具有充分的灵活性和适应性。为此,跨国公司应更多地运用战略联盟、分包合同、管理合同、技术许可以及合资经营等形式,并区在合资经营中不一定强调多数股权。跨国公司只控制价值链中的战略环节,并且把更多的资源配置于关键职能或业务,其他业务。职能或环节可运用新的投资方式进行安排。值得注意的是,在强调外部化优势、建立外部化合作生产体系过程中，必须保持稳定性与灵活性的平衡，一方面要与合作企业形成稳定的关系，使合作生产经营体系正常运转；另一方面又要保持高度的灵活性，一旦公司战略目标调整，就应迅速重新组织外部化合作生产体系，以适应新的战略和环境。

（4）重视开展对内部转移价格等转移手段的研究和运用工作。目前，中国跨国公司这方面的工作十分薄弱，母子公司之间关系要么完全控制，要么完全失去控制，公司内部协调一体化的程度很低。此外，跨国公司缺乏有关专门人才，缺少经验等，也是造成公司内部市场运转不灵的重要原因。因此，应从加强母子公司或子公司之间的控制程度以及提高专业人员的业务水平人手，加强这一工作。因为，不论是侧重内部化的跨国公司，还是侧重外部化的跨国公司，内部市场都是十分重要的。

五、增强技术优势的策略和政策

中国跨国公司的技术优势主要是小规模、灵活性和劳动密集性的低成本技术优势，这在对经济发展水平相当或落后的发展中国家的投资中是有效的。但是仅靠这种技术优势很难实现规模化、全球化的战略目标。即使这种优势本身，也需要加强投入，继续保持和增强。为此，结合比较国际跨国公司技术优势特点及其变迁趋势，应努力做好如下几方面工作。

（1）加强 R&D 投入，使跨国公司逐步成为技术创新的主体。国际上一般认为，R&D 经费支出占销售额的比重达 2%时，企业才可能维持生存，而达到 5%时才有竞争力。比较而言，中国跨国公司远远低于 2%的水平。实际上，R&D 投入是技术优势的来源，只有持续足够的 R&D 投入，才能持续保持技术优势。首先，应加强中国跨国公司特别是大型跨国公司 R&D 机构的建设，使企业成为技术创新的主体。西方国家的大型跨国公司的R&D实力和水平往往比科研院所和大学还要高，甚至处于世界领先地位。由于这些公司自主创新能力强，并且与独立科研机构和国家实验室处于相同技术能级，所以能迅速消化其基础研究、应用研究成果和实验室专利，开发出新产品迅速占领国际市场。其次，应转换企业经营机制，使企业在市场竞争中不断提高自身实力。只有实力提高了，跨国公司才有更多的资金投入到R&D活动中。第三，除了主要依靠公司自身扩大R&D投入外，政府也应有辅助投资并且给予相应的鼓励政策。目前，在中国跨国公司自身财力不足和机制不利于技术进步的情况下，政府的扶持引导将会起到很大的作用。一方面，国家的科研资金应有意识地向大型跨国公司倾斜；另一方面，应大力发展科技信贷业务，扩大金融机构对跨国公司的科技投入。

（2）鉴于目前中国跨国公司的技术支持主要源于科研院所和大专院校的现实，应大力促进产学研相结合，提高企业的科研开发实力。其一，对于股份制改造的跨国公司，可吸收拥有对日专业的大学、科研机构作为公司的股东，相互形成紧密的联系，使大学、科研机构成为公司科技成果开发基地和人才培养基地，充分发挥其在基础研究、应用研究方面的优势。其二，对于股份化条件不成熟的情况，跨国公司与科研院校等也可以合资经营、合作研究与开发等形式组成有限责任公司，加强双方的结合和联系。其三，以技术市场为媒介，搞好对科研院所技术转让的吸收、消化工作，增强自身的技术实力。

（3）中国跨国公司应重视和逐步开展海外企业的R&D活动，这一工作具有两个方面的意义。一是通过在发展中国家的海外企业自身的R&D活动，可进一步拓宽投资技术的适应性和竞争力；可根据当地市场需要开发新产品，更多地占领当地市场；当地

R&D 活动还可利用当地的技术人才等资源。二是通过在技术水平先进的发达国家海外企业的 R&D 活动，可更好地开展技术获取工作。资源理论告诉我们，企业技术资源的获得可以通过多种方式，但通过自身内部化的发展是最基本最重要的。现代跨国公司研究开发的分散化、全球化趋势是跨国公司为了接近不同区位中外部技术资源的战略表现。因此，中国跨国公司应加强在发达国家的海外企业的 R&D 工作，充分利用海外企业接近当地技术资源的优势，实现跟踪先进技术的目的。当然，海外企业 R&D 活动不仅仅是为了获取技术，而且包括对获得技术的吸收和消化。在此基础上，一方面可以开发新产品，占领当地市场；另一方面还可以充分利用内部市场，进行向国内的技术转移和扩散。通过这种转移，一可以利用国内生产的低成本优势，延 K 技术生命周期；二可以使海外 R&D 的成本获得补偿；三可以带动母公司及其他子公司技术水平的提高。还可以通过产品技术关联性，带动国内关联企业与产业技术水平的提高。上述的技术转移和扩散还可以直接向其他发展中国家的子公司进行。

(4) 战略联盟作为一种迅速发展的公司间技术合作形式，对中国跨国公司具有特殊的意义，应该予以重视。资源论揭示，战略联盟也是企业获取技术资源的一个重要形式。在中国跨国公司自身内部化发展能力不足的情况下，其重要性亦更加突出。通过与国际上具有先进技术水平的跨国公司结成战略联盟，一可以获取企业所需要的技术资源；二可以利用其资金、生产力量、销售渠道等优势；三可以减少独立进行 R&D 的风险性。在具体方式上，可以吸引国外大型跨国公司到中国，与之合作兴办技术投资企业或设立科研院所，合作进行技术开发活动，也可与之合作在海外兴办技术开发中心、海外实验室等；还可以就某一方面的技术开发项目结成较松散的联盟。

（5）由于资源禀赋和历史文化的特点，中国在某些领域具有特有的技术优势，如中医、中药、餐饮等等。这些行业中的企业具有跨国经营的发展潜力。然而，这些行业中的企业在对外投资过程中，必须要解决好技术的产业化问题。否则，企业和技术只能停留于分散的、小规模的状况，而没有竞争力。为此，企业应高度重视技术创新工作，把技术的商业化应用研究放在头等重要地位。商业应用的范围不仅局限在国内，而且应扩大到国际，从而建立起复合化的技术优势。在此基础上，做好技术的转移和扩散工作，比如通过技术许可、合资经营等形式，处长技术的生命周期，获取足够的技术收益。同时，对中医、餐饮业，应重视专有技术与经营管理技术的结合，通过特许经营等形式，在国际范围内实现产业化。

▶本章小节

本章介绍了中国企业对外投资，进行国际化经营的情况。本章的先行材料首先介绍了中国政府对于中国企业走出国门的鼓励和政策上支持，然后本章详细介绍了发展中国家企业进行对外投资的理论支持、中国企业的对外投资情况以及如何增强我国跨国经营企业优势的政策和策略。

在全球化和中国入世的背景下，中国企业从事跨国经营将是中国企业的生存之道。

▶思考练习

1. 最早专门研究发展中国家跨国公司的学者是 （　　）

A. 韦尔斯。　　B. 拉奥。

C. 邓宁。　　D. 巴克利。

2. （复选）我国境外企业的作用有 （　　）

A. 直接利用国外资源，促进我国经济可持续发展。

B. 扩大我国出口商品市场占有率。

C. 有利于学习国外的先进技术及管理经验，培养人才。

D. 有力地配合了外交工作，巩固和扩大了我国的经济援助成果。

E. 成为我国企业的生存之道。

3. (复选)下列哪些成为发展中国家跨国公司竞争优势的来源？（　　）

A. 技术适应于发展中国家供求条件

B. "血缘"关系

C. 东道国政府的支持

D. 营销技术

E. 低成本投入

4. (复选)增强中国企业跨国经营的政策和策略包括（　　）

A. 增强规模优势。　　B. 增强组织管理优势。

C. 进入国际市场方式。　　D. 增强内部化优势。

E. 增强技术优势。

5. 试述韦尔斯的发展中国家企业跨国经营的理论。

6. 试述如何增强中国跨国公司经营优势的政策和策略。

7. 试论述在全球化的背景下，中国企业为什么要从事国际化经营？

▶综述材料

材料一：我国和主要国家对外投资比较

截至目前，我国已经在 160 多个国家和地区设立了 6000 多家境外企业，投资总额达 100 多亿美元，其中我方投资额超过了60.5

亿美元。

美国1998年对外投资达1330亿美元。

英国1998年对外投资达1140亿美元。

日本1998年对外投资达240亿美元。

韩国1998年对外投资48亿美元。

90年代以来,发展中国家对外直接投资由90年代初的178亿美元增至1996年的510亿美元,增幅达187%。

材料二:中国可利用对外投资来拉动出口和经济增长

由于国际政治形势的改变,中国对美国出口和对欧洲出口可能会受到一些影响,而出口又直接关系到中国的经济增长,在这种情况下,必须想出新办法来应付。一个可行的办法就是结合国际、国内的情况,积极扩大对外的政府投资,把给国有企业的政府性投资,变成对外投资,将这笔钱直接给与对外投资有关的中国企业。

这种做法有如下好处:(1) 出口可以不受国内市场的限制,等于是大量的出口补贴,但又没有采取出口财政退税的形式;(2) 由于是投资,不是政府借贷,因此这笔钱是企业在国外的财富和资产,对企业特别是国有企业有帮助;(3) 采用的是企业行为,因此还钱有保证,要是外交部去投资,那就没谱了;(4) 有利于稳定人民币的币值,为货币体制,主要是为资本账的改革奠定基础;(5) 有利于改善中国的国际环境,反过来制约美国等国对中国的围堵;(6) 由于这种投资,可以是重型设备和成套设备为主,因此对经济增长目标的达成,是直接利好。